本书为以下项目研究成果

- 教育部人文社会科学研究项目（18YJC630231）：企业家中庸思维对企业创新的影响：基于多维创新视角的纵向研究

- 厦门市集美区委托项目（HW21187）：集美区产业环境体验及优化提升研究

- 福建省科技计划创新战略研究项目（2021R0068）：福建省传统制造业数字化转型的障碍与对策研究

- 福建省本科高校教育教学研究项目（FBJY20230232）：基于学科交叉和产教融合的"商学＋工海"特色研究生创新创业教育改革

- 集美大学"四新"建设研究与改革实践项目（C150813）："商学＋工海"融合的"创新管理"课程建设研究

企业家中庸思维与企业创新

尤成德 / 著

图书在版编目（CIP）数据

企业家中庸思维与企业创新 / 尤成德著. -- 厦门：厦门大学出版社，2025.3. -- ISBN 978-7-5615-9729-3

Ⅰ．F273.1

中国国家版本馆 CIP 数据核字第 2025TA5411 号

责任编辑　潘　瑛
美术编辑　蒋卓群
技术编辑　朱　楷

出版发行　厦门大学出版社
社　　址　厦门市软件园二期望海路 39 号
邮政编码　361008
总　　机　0592-2181111　0592-2181406（传真）
营销中心　0592-2184358　0592-2181365
网　　址　http://www.xmupress.com
邮　　箱　xmup@xmupress.com
印　　刷　厦门市明亮彩印有限公司

开本　720 mm×1 020 mm　1/16
印张　17.5
插页　2
字数　235 千字
版次　2025 年 3 月第 1 版
印次　2025 年 3 月第 1 次印刷
定价　68.00 元

本书如有印装质量问题请直接寄承印厂调换

厦门大学出版社　　厦门大学出版社
微信二维码　　　　微博二维码

前言

　　中华传统文化的中庸之道对创新有什么影响？这是一个经常被社会各界热议乃至上升到中华传统文化利弊之争的重要议题。持"阻碍"观点的一方认为，中庸之道容易让人导向折中和"和稀泥"，害怕"枪打出头鸟"，不敢有创新性的想法，因此不利于创新。他们认为，近代中国在科技创新方面落后于西方世界的重要原因之一就在于中国传统的中庸文化，因此中庸是中华民族创新道路上的绊脚石。与之相反，持"促进"观点的一方则认为，作为中华传统文化精髓的中庸之道在很大程度上被误解了，中庸并不是"和稀泥"，而是在思考和处理问题的时候从全局出发，不偏不倚地寻找恰如其分的平衡点，实现整体和谐的一种智慧。中庸的基本精神是"执两端而允中""过犹不及"，强调顺势而变，注重行为的恰到好处，因此认为其有利于人际和谐、减少组织内耗、增加员工的满意度和环境掌控感，对创新具有积极作用。

　　可见，关于中庸与创新之间的关系仍然充满争议，"促进"和"阻碍"两种截然不同的观点针锋相对，双方各执一词。究其原因，主要是现有文献大多只考察了中庸对单一创新行为的影响，缺乏基于多维创新视角的辩证研究，即未能系统考察中庸对各种不同类型、不同强度的创新，以及中庸在创新过程不同阶段的异质性影响,使中庸对创新影响的结果显得过于简单化和笼统化,从而失之偏颇。而且,多数研究局限于员工个体层面的横截面数据,少数研究探讨了团队层面的中庸与创新,针对企业家这一重要创新群体的中庸思维对企业创新的纵向实证研究尚付之阙如。

为回应这一难题,本书跳出传统研究的窠臼,基于高阶梯队理论和管理者认知理论,充分借鉴创新的两栖模型和双元模型等,将中庸思维的研究对象从员工拓展到企业家,将研究层面从个体上升到企业,将创新的考察视角从单一类型扩展到多种类型,从单个阶段拓展到多个阶段,而且将研究方法由静态的截面分析发展为动态的纵向研究,从而全面深入地探寻企业家的中庸思维在企业的多维度创新、多阶段创新过程中所扮演的各种角色,廓清中庸与创新之间的迷雾,试图在一定程度上解答中华传统文化在现代企业创新中的价值这一重要议题。

本书主要研究结论如下:

第一,企业家中庸思维对技术和管理创新在创新的不同阶段具有差异化影响。在创新构想阶段,企业家中庸思维对技术创新和管理创新都具有显著的正向影响;相较于管理创新,中庸思维对技术创新具有更强的影响。这表明,在当前数字经济时代,新兴的数字技术催生了许多技术和管理变革,中庸思维使企业家善于审时度势,积极顺应环境变化,进而主动构思和设计企业的技术方案和管理创新方案。由于管理创新涉及公司整体的管理理念、管理模式和组织结构等方面的调整,创新的难度和阻力比较大,而技术创新主要集中在产品和技术领域,创新难度较小,因此,注重稳妥与和谐的中庸思维将导致企业家更倾向于优先开展技术创新。此外,企业性质、产业属性、企业规模和企业发展阶段等方面的不同将导致企业家中庸思维对技术创新、管理创新影响存在差异。研究发现,在企业家中庸思维对技术创新、管理创新的作用关系上,对国有企业的作用效果要强于民营企业,对大型企业的促进作用要强于中小型企业,对传统企业的影响要强于战略性新兴产业,对处于成熟阶段的企业的影响要强于成长期的企业。

在创新实施阶段,技术创新和管理创新对组织绩效都有显著的正向作用,且管理创新对组织绩效的作用效果要强于技术创新。这表明,企业通过开展技术和产品创新,有助于提升生产效率,产品和服务更能满足客户需求,提高市场占有率,从而有利于组织绩效的提升;企业推动管理创新有利于提高组织效率,降低运营和管理成本,实现降本增效。而且,管理创新能给企业带来系统化的变革,形成更加难以复制、难以模仿和替代的差异化竞争优势,因此,管理创新对组织绩效的影响效果强于技术创新。

在创新实施过程中,中庸思维在技术创新与组织绩效之间起着正向调节作用,而中庸思维在管理创新与组织绩效之间起着负向调节作用。这意味着,在技术创新的实施过程中,注重全局系统思考和整合资源的中庸思维善于对各方因素进行协调整合,有助于技术创新方案的落实。但在管理创新方案的实施中,中庸型企业家在协调平衡各方利益时面临着比技术创新更加复杂和困难的形势,他们很可能为了维持和谐的局面而采取妥协策略,导致管理创新实施的效果弱化,这体现了中庸"知易行难"的特征。

第二,企业家中庸思维对渐进型和激进型技术创新在创新不同阶段具有异质性影响。在创新构想阶段,企业家中庸思维对渐进型和激进型技术创新都具有显著的正向影响,且对渐进型技术创新有着更强的影响。这表明,在企业面临的技术和市场环境都在发生剧烈变化的情境下,具有中庸思维的企业家会密切关注产业变革趋势,因应环境变化,积极开展渐进型和激进型的技术创新。但考虑到激进型创新所产生的颠覆性效果可能会面临较大阻力，注重稳妥和谐的中庸思维将使企业家更倾向于考虑对现有产品和技术进行调整优化的渐进型技术创新。

在技术创新实施阶段，渐进型和激进型创新对组织绩效都具有正向影响。然而，相比于渐进型创新，激进型创新对组织绩效的影响更为显著。这表明，无论是在现有技术轨道上进行循序渐进扩展和优化的渐进型创新，还是脱离既有轨道实现技术跃迁的激进型创新，企业通过技术创新都能实现提升组织绩效的目标。但激进型技术创新通常伴随着核心技术的突破，具有较强的收益独占性特征，能给企业带来更多的绩效改进。研究还发现，企业家中庸思维在渐进型和激进型技术创新的实施阶段都起着正向调节的作用，这表明中庸型企业家能够在技术创新的实施过程中整合各方资源，营造和谐的创新氛围，协调和平衡好创新过程中出现的各种问题，使企业无论是开展变革幅度较小的渐进型创新，还是变化幅度大的激进型创新，都能够顺利推进。

第三，企业家中庸思维的多方思考、整合性、和谐性三个维度对技术和管理创新在创新的不同阶段具有差异化的影响。在创新构想阶段，中庸思维这三个维度对企业技术创新和管理创新都具有显著的正向影响。这表明，善于全局系统思考、有效整合内外部资源和营造和谐氛围的企业家对于企业创新性想法的形成和创新方案的制订都将产生积极影响。而且，中庸思维的三个维度分别对技术创新的影响都要强于对管理创新的影响。在创新实施阶段，中庸思维的三个维度具有不同的作用。整合性与和谐性在技术、管理创新和组织绩效之间起着正向的调节作用，而多方思考在创新实施过程没有调节作用。这可能是由于多方思考会使企业家在行动过程中考虑太多因素，导致行动的实施有所犹豫或拖延，错过解决问题的最佳时机。

第四,企业家中庸思维对绿色创新具有正向影响。这意味着,源自中国传统文化的中庸思想本身所蕴含的"天人合一"和和谐共生等生态智慧有助于形成企业领导者的绿色发展意识,更注重遵循自然规律,强化企业的绿色创新责任,积极开展绿色创新活动。而且,规制性和规范性这两种制度压力对中庸思维与绿色创新之间的关系起着正向调节作用,这体现了企业的创新活动等将受其所处制度环境的影响与制约。此外,与民营企业相比,在国有企业中,企业家中庸思维对绿色创新的影响更加显著。这表明,受体制机制的影响,国有企业在开展绿色创新时将面临更多的压力与挑战,中庸思维所蕴含的协调和整合优势,使其对企业绿色创新的影响在国有企业里更为显著。

第五,环境动态性在中庸对创新的影响关系中具有权变影响。在创新构想阶段,环境动态性在企业家中庸思维与技术、管理创新之间具有正向调节的作用。可见,外部环境越是剧烈变化,中庸思想越能体现其价值。在创新实施阶段,当环境动态性高时,中庸思维对管理创新与企业绩效之间的负向调节作用将减弱,而企业家中庸思维对技术创新与企业绩效之间的正向调节作用并未受到环境动态性的影响。这表明,当面临更加复杂动荡的外部环境条件时,企业开展管理创新所面对的形势比技术创新更为复杂,中庸思维所具有的平衡协调和整合资源的优势将更加彰显,中庸思维在管理创新实施过程的负向作用将相应减弱。

第六,企业家中庸思维在性别、年龄、学历和地区等不同人口统计学特征方面存在差异。研究发现,男性企业家在中庸思维及各维度上的得分都要大于女性,但两者并不存在显著差异;企业家中庸思维在不同年龄段上不存在显著差异;不同学历背景的企业家在中庸思维上具有差异,本科学历的企业家中庸思维得分显著高于研究生及以上学历背景企业家的得分;但在和谐性这个维度上,本科学历的企业家要高于大专和

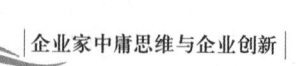

研究生及以上学历；北方企业家在中庸思维及其各维度的得分上都高于南方企业家，即来自北方的企业家具有更高程度的中庸思维。

本书聚焦中庸与创新这一充满争议的研究议题，通过整合创新两栖过程模型和创新双元等多维创新的视角，系统阐述了企业家中庸思维对企业各种创新活动影响的复杂关系，明晰了中庸思维对不同强度和类型的创新所产生的异质性效果，厘清了中庸思维在创新过程不同阶段的异质性作用，区分了中庸思维三个维度分别对企业创新的差异化影响，从而深化了对中庸思维作用价值的辩证理解，在一定程度上调和了中庸与创新之间关系的理论分歧，推进和完善了中庸思维的理论研究，也推动了中国本土特色的领导理论的发展。

根据理论分析和实证结果，本书对正在积极推动和开展企业创新工作的企业家提出了管理建议。在当前科技革命不断驱动创新的形势下，企业家等公司高管应充分运用中庸智慧，从全局和整体的角度进行谋划，积极顺应环境变化提出创新性的构想。同时，要积极营造和谐的组织氛围，鼓励下属和员工也密切关注外部环境变化，提出各种具体的创新建议，然后在此基础上整合各方意见，充分酝酿，提出高水平的创新方案。当然，面对各种层出不穷的新变化，企业家也要冷静分析，谋定而后动，选择契合企业实际的创新方式，而不是盲目追求热点和潮流。

当然，对中庸尺度的拿捏存在不小的难度，要达到既坚持原则又恰到好处的境界，需要有坚毅的精神和意志，持之以恒去实践，才能不偏不倚地实现中庸之道。企业家等企业领导者在创新管理工作中运用中庸思维时，要在实践过程中反复练习，不断复盘和持续改进，才有可能真正掌握中庸智慧的精髓，实现"极高明而道中庸"。

尤成德

2025 年 3 月

目录

第一章 绪论 ... 1
- 第一节 研究背景 ... 1
- 第二节 研究对象和研究内容 ... 7
- 第三节 研究意义 ... 9
- 第四节 研究方法和技术路线 ... 12
- 第五节 本书的创新之处 ... 14

第二章 传统文化里的中庸思想 ... 16
- 第一节 中庸的历史源流 ... 16
- 第二节 中庸的价值及争论 ... 20
- 第三节 中庸的定义和内涵 ... 32

第三章 现代社会科学的中庸研究 ... 38
- 第一节 中国人民族性格与中庸的研究 ... 38
- 第二节 心理学视角的中庸思维研究 ... 41
- 第三节 管理学领域的中庸研究 ... 50
- 第四节 中庸与创新的关系研究 ... 59

第四章 企业家中庸思维对企业创新影响的理论基础 …… 71

- 第一节 高阶梯队理论 …… 71
- 第二节 管理者认知理论 …… 74
- 第三节 企业创新相关理论 …… 76
- 第四节 研究框架构建 …… 83

第五章 企业家中庸思维对技术创新和管理创新的影响研究 …… 85

- 第一节 研究假设 …… 86
- 第二节 研究设计与数据收集 …… 97
- 第三节 实证分析结果及讨论 …… 101
- 第四节 进一步的调节效应研究 …… 112
- 第五节 企业家中庸思维的人口统计分布情况分析 …… 127
- 第六节 本章小结 …… 134

第六章 企业家中庸思维对渐进型创新和激进型创新的影响研究 … 136

- 第一节 研究假设 …… 137
- 第二节 数据收集和变量测量 …… 145
- 第三节 数据分析及讨论 …… 146
- 第四节 本章小结 …… 158

第七章 企业家中庸思维各维度对技术创新和管理创新的影响研究 …… 160

- 第一节 研究假设 …… 161
- 第二节 数据收集和实证分析 …… 171
- 第三节 本章小结 …… 187

第八章 企业家中庸思维对绿色创新的影响研究 188

第一节 研究假设 190

第二节 研究设计与样本情况 195

第三节 实证分析与讨论 197

第四节 本章小结 209

第九章 研究结果及启示 210

第一节 研究结论和讨论 210

第二节 研究的理论价值 215

第三节 研究的实践启示 222

第四节 研究局限和展望 226

参考文献 228

附录 企业家认知思维与企业创新情况调查问卷 259

后记 266

第一章

绪 论

第一节 研究背景

创新是引领发展的第一动力,是建设现代化经济体系的战略支撑。近年来,我国以创新发展理念为引领,坚持创新在我国现代化建设全局中的核心地位,大力推动经济结构性战略调整,加快建设创新型国家,持续加大对创新的关注和投入,企业的创新能力得到显著提升,国家整体的创新水平持续提高,在不少领域都取得了重要突破。中国科学技术发展战略研究院发布的《国家创新指数报告2022—2023》显示,我国国家创新指数综合排名在2023年位居世界第10位,较前一年上升了3位。我国国家创新指数从2000年的世界排名第38位快速提升到2011年的第20位,之后又稳步上升到2023年的第10位,国家创新能力不断提升。在看到创新成绩的同时,我们仍然必须清醒地认识到,尽管我国在创新发展方面取得了诸多进步,但整体的创新实力仍然不强,科技发展水平总体不高,科技创新对经济社会发展的支撑能力有待提高,创新对经济增长的贡献率仍远低于发达国家水平。创新能力不足已经成为我国这个世界第二大经济体的"阿喀琉斯

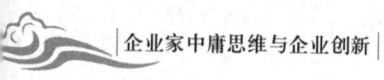

之踵"。

那么,是什么因素影响和制约着我国的创新能力发展呢?这是我国在发展新质生产力、建设创新型国家过程中面临的重要议题,也引发了理论界和实践界的广泛思考和关注。关于这个问题的追问可以追溯到晚清时期。晚清以降,近代中华民族不断遭受西方列强的冲击,在科技创新领域明显落后于世界先进水平,一些仁人志士对中国创新能力严重滞后的原因进行了反省和剖析,并从专制统治的封建王朝制度、大一统的社会结构、过于注重技术实用性、传统文化基因等方面进行了广泛而深刻的讨论与反思(吴国胜,2013)。

近代以来,著名的"李约瑟之问"更是激发了各界对近代中国科技创新落后于西方世界这个话题的热议。在很长的历史时间里,中国不仅在人文思想上有着灿烂辉煌的成就,而且在科学技术创新方面也领先于世界其他国家。著名的科学史学家李约瑟(1990)提出:"为什么中国的科学技术在古代社会如此发达,但是近代科学却产生于西方,而不在中国?"李约瑟对中国古代科学技术的进展进行了详尽的分析,并将中国科技创新在近代的落后归因于儒家思想和科技制度,认为儒家文化是抑制技术创新的重要因素(古志辉 等,2023)。由于文化所包含的价值观和行为规范对人们的创新等行为的影响,李约瑟的问题引发了我国学界的共同追问:"中国古代文化为什么没有发展出近现代科学",并就此展开了许多热烈而持续的讨论(李工,2015)。许多学者都将矛头对准了中华传统文化特别是儒家文化,认为儒家文化的保守性、重学轻问、守旧崇古等特征,使其缺乏对科学的探索精神,因此阻碍了近代科学创新在中国的产生和发展(郑晔 等,2003;林剑,2017)。当然,也有学者对这种文化决定论的观点提出了质疑,认为这样的逻辑无法解释同样是在儒家文化浸润下的中国先贤们为何能在古代的科技创新中取得辉煌的成就(张柏春,2017;孙冠臣,2020)。儒家文化中也蕴含着创新的基因,对传统科技的发展也具有推动作用(陈卫平,1998)。但是,既有关于传统文化与创新的研究整体上更多是关注儒家文化的消极方面,将儒家文化视为近代以来中国科技创新滞后的一个主要原因。

进一步地,在有关儒家文化影响我国科技创新的讨论中,中庸之道作为儒家文化的重要代表性内容,经常被视为阻碍创新的主要因素。例如:吴以桥(2009)认为,长期以来的中庸思想使人们习惯于因循守旧、墨守成规和唯唯诺诺,习惯于事物现有的状态而不想去变革与创新,而且还会用"离经叛道"去指责创新的人们。这样的文化压制了人的创新潜能,不利于创新人才的培养。中国工程院院士钟南山在接受记者采访时表示,纵容平庸无奇、扼杀标新立异、枪打出头鸟的中庸文化,是我国科技创新之路的绊脚石之一(钟南山,2011)。中国科学院院士、中国科学院动物研究所研究员康乐也指出,我们的文化习惯讲究中庸,不太鼓励标新立异,使很多研究更多只是跟随性或补充性的,缺乏原始创新的主动性(康乐,2018)。经济学家陈志武(2020)基于金融学的视角对儒家文化的反思中认为,"中庸之道"扼杀的不只是物质文明上的创新能力,也导致人们倾向于不追求在精神资源上有"出众"的创新突破。当然,也有学者对此提出异议,认为中庸文化被片面理解或误读了,真正的中庸思想强调恰到好处地去因应环境变化,其中就蕴含着创新与变革的思想(杨中芳,2010;耿紫珍 等,2020)。

可见,关于传统中庸之道对创新的影响已经成为一个社会各界热议的重要议题,但前述的争论更多还停留在宏观层面的分析和论述上。随着新中国成立以来特别是改革开放以来经济社会的快速发展,我国已经由传统的小农经济社会转变为强大的工商业强国,广大企业已经成为创新的主体和推动创新创造的生力军。探寻影响企业创新活动的原因,是理解国家和民族整体创新能力症结的关键所在。因此,要更好地理解中庸与创新之间的关系,应当从原来传统的从国家、民族等宏观视域转向企业创新的微观

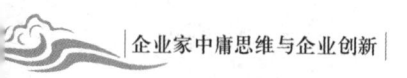

情境,才能对这一议题进行更加精准的探讨。而且,应当采用现代社会科学的各种更为严谨科学的研究方法,推动对中庸与创新之间关系的探究更加细致而深入。

我们注意到,近年来陆续有学者开始立足于现代企业创新的情境,借鉴心理学对中庸思维的构念化和可测量化的成果,采用实证分析的方法,对传统中庸与现代创新之间的关系开展了许多研究(Ning et al.,2021)。例如,Yao 等(2010)基于来自多个行业的 237 位员工的调查数据进行实证检验,发现中庸思维使员工容易为了避免冲突而放弃自我,尽量寻求折中方案,进而阻碍创新。Tang 等(2020)基于北京市的律师事务所里的调查数据,发现在不确定的环境下,高水平的中庸思维由于过于强调妥协和让步影响了创新,而低水平的中庸思维更有利于员工的创造力,因此中庸不利于创新。然而,与之对应的是,也有不少实证研究得出了不同的结论。例如,张光曦和古昕宇(2015)基于来自成都市的 290 份企业员工的调查数据的实证研究发现,企业员工的中庸思维有利于周围人际和谐,提高工作满意度,促进员工创造力的提升。廖冰和董文强(2015)利用 796 份企业知识型员工的大样本研究发现,知识型员工的中庸思维有利于其多方位思考,减少组织内耗,正向影响个体创新行为。杜旌和段承瑶(2017)通过 266 名员工及领导的配对数据分析发现,中庸价值取向通过提升员工环境掌控感而促进员工渐进型创新行为。Zhou 和 Yang(2022)基于 351 名中国员工的问卷调查数据显示,员工的中庸思维与其创新行为呈正相关,个人—组织的匹配强化了员工中庸思维对创新行为的影响。上述研究存在着阻碍和促进两种截然不同的观点,研究结果相互矛盾,令人疑惑。

最新的研究则在阻碍观和促进观争论的基础上,用更加全面和辩证的方式展开分析,试图进一步理清中庸与创新之间的关系。例如,杜旌等(2018)将员工创新分为渐进性创新和激进型创新,通过 32 个团队的 167 名员工的实证样本研究表明,中庸价值取向显著抑制激进型创新;在高氛围强度的情境下,中庸价值取向对渐进型创新有显著的促进作用。魏江茹(2019)通过 210 份主管和员工配对样本的实证检验发现,中庸思维与创新行为呈现出"倒 U 形"的非线性关系。Lang 等(2022)将创造力分为渐进式和激进式创造力,通过 106 个团队(106 名主管和 770 名下属)的问卷调查发现,团队中庸思维通过团队决策综合性与团队渐进性创造力正相关,而与团队激进式创造力不相关。

可见,关于中庸思维对创新影响的研究日益引发管理学领域学者们的重视,大大加深了我们对中庸思维与创新之间关系的认识和理解。但通过对文献进行梳理,笔者发现既有研究仍存在一些不足:第一,既有研究主要关注的是企业员工的中庸思维对创造力或创新行为的影响,部分研究探讨了团队层面的中庸与创新之间关系,但关于企业家等公司高层领导这一重要的创新群体的中庸思维对企业创新影响的研究较为匮乏。第二,创新包括技术创新、管理和商业模式创新、绿色创新等多种类型,但既有文献研究侧重关注中庸思维对技术或产品创新的影响,而管理创新作为数字经济时代背景下企业获取竞争优势的一种重要创新类型,与技术创新所面临的决策场景存在差异,但中庸思维如何影响管理创新却长期受到忽视。而且,绿色创新日益成为引领企业可持续发展的重要创新方式,但关于中庸思维如何影响企业绿色创新的研究还缺乏关注。第三,创新是一个涵盖了从创新构想到创新行动,以及将创新行动转化为企业绩效提升的过程,创新活动在创新过程的不同阶段具有不一样的特征,但现有研究只考虑了中庸思维对创造力或创新行动构想的影响,没有考虑中庸思维在创新过程的不同阶段中所具有的差异化影响。而且现有研究多数采用横截面的数据,缺乏纵向的调查数据研究。第四,现有文献在考察中庸思维对创新的影响时将中庸思维视为单一的复合变量,忽视了各个维度的独特、潜在的异质性作

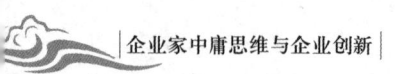

用。虽然有部分研究开始尝试探讨中庸具体维度与个体创造力之间的关系,但对于企业家等公司高管的中庸思维各维度与企业创新之间的影响关系,还缺乏深入细致的探究。第五,中庸思维高度依存于环境,主张随具体环境而变化以实现个体与环境的和谐。当今世界正面临"百年未有之大变局",企业经营管理面临的外部环境正经历着剧变,由此猜测:企业家中庸思维对创新的影响是否受到外部环境变化的权变影响?

而且,从企业创新研究的角度看,自从熊彼特开创性地提出创新理论以来,关于企业创新的驱动和影响因素已经引发了学术界和实务界的广泛关注(吴延兵,2007;Khosravi et al.,2019)。学者们基于不同视角研究了企业创新的影响因素,其中企业家的个体特征对创新的决策和实施将产生重要影响,在企业创新的管理活动中扮演着重要角色(Crossan et al., 2010)。但目前的研究主要关注企业家的年龄、性别、教育水平、任期等人口统计学特征,有关企业家的认知和价值观等因素对企业创新影响的研究仍然偏少。企业家的认知思维是企业创新活动的重要影响因素(武亚军,2013;Yang et al.,2019)。然而,由于东西方文化存在的差异,西方文化背景下的企业家认知思维模式和中国情境下的企业领导者的认知思维存在不少区别。在中国文化背景下,中庸认知思维被视为中华传统文化里典型的思维模式,是许多中国人日用不察的思维习惯(杨中芳,2009)。那么,传统中庸思维方式在现代企业创新活动中还起作用吗?起着什么样的作用?作为重要创新主体的企业家在企业创新实践中应该如何对待传统中庸思维?这是当前我国在建设创新型国家和扬弃地继承传统文化过程中面临的重要问题。

为此,针对现有研究中存在的缺陷,本书将跳出传统的窠臼,将中庸思维的研究对象从员工拓展到企业家,研究的层面从个体提升到企业,将创新的考察视角从单一类型扩展到多种类型、从单一阶段扩展到多个阶段,而且将研究方法由静态的截面分析发展为动态的纵向研究,从而全面深入地探寻企业家的中庸思维在企业的多维度、多阶段过程中所扮演的各种角色,廓清中庸与创新之间的迷雾,试图在一定程度上解答中华传统文化在现代企业创新中的价值这一重要议题。

第二节 研究对象和研究内容

与之前基于个体层面探讨员工中庸思维对其自身创新活动影响的研究不同,本书关注的是企业家的中庸思维对企业层面的创新将如何产生影响,因此,研究对象为企业家及其所管理的企业。企业家是企业的实际战略决策者,而且在本次纵向研究的期限内都持续在企业任职;企业必须在研究期限内有创新的构想和行动。本书的企业家表述为泛指,既包括董事长、总经理,也包括公司其他高管。

本书的主要研究内容包括:

(1)企业家中庸思维对企业技术创新和管理创新的影响。根据双核创新模型(Daft,1978),创新类型分为技术创新和管理创新。技术创新包括产品、流程和技术的创新,与提供产品或服务的基本活动直接相关,主要与研发和生产部门关系密切;管理创新包括管理措施、管理流程、组织结构和人力资源等方面的创新,与产品或服务间接相关,但涵盖企业各个部门甚至公司高层,涉及面广(Crossan et al.,2010)。那么,企业家的中庸思维将如何影响其对外部信息和组织内部因素的综合认知与判断,进而对企业的技术创新和管理创新分别产生什么影响?影响存在哪些差异?本书将基于高阶梯队理论和管理者认知理论的基础上展开分析,通过大样本实证检验企业家中庸思维对这两种创新类型的作用效果。

此外,中庸高度依赖于环境,强调随不同的情境而进行调整变化(杨中

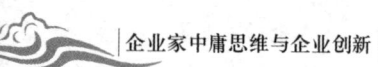

芳,2010)。为此,本书将进一步将外部环境的动态性情况作为重要的情境条件,研究其在企业家中庸思维和技术、管理创新关系中的权变影响。本书还将探讨由于企业性质、产业属性、企业规模和企业发展阶段等方面的不同所导致企业家中庸思维对技术创新和管理创新影响所产生的差异,从而更加深入地理解不同情境下企业家中庸思维的特征及其对企业创新活动的影响效果。

(2)企业家中庸思维的人口统计特征分布情况。近现代以来,中国的经济社会发生了巨大的变化,人们的思想观念、价值体系也日趋多元。作为推动经济社会创新发展重要力量的企业家群体,其不同人口统计学特征下所体现的中庸思维状况可能存在一些差异。为此,本书将进一步探讨不同性别、年龄、学历背景、地区等人口统计学特征变量背景下企业家中庸思维程度的区别,从而更进一步了解传统中庸文化在当代企业家群体中的具体情况。

(3)企业家中庸思维对渐进型创新和激进型创新的影响。创新依据强度不同可分为渐进型创新和激进型创新(Garcia et al.,2002)。渐进型创新由逐步的、连续的小创新组成,注重在现有基础上的强化、调整和改进;激进型创新指重大的不连续创新,强调核心理念的显著改变以及与现状的本质差异,是一种规模和幅度较大的创新。激进型创新将对现有技术、产品、理念或流程进行破坏,使旧格局产生革命性的彻底改变;渐进型创新则是循序渐进地逐步调整和改良(Dewar et al.,1986)。基于管理者认知理论,企业家的认知思维将对企业创新构想决策产生影响。那么,企业家中庸思维和企业的渐进型创新、激进型创新分别是什么关系?其影响作用有何不同?影响是直线还是曲线关系?本书将阐述企业家中庸思维对企业的渐进型创新和激进型创新分别产生的影响,并基于大样本调查进行实证检验。

（4）企业家中庸思维各维度对技术创新和管理创新的影响。既有研究在考察中庸思维对创新的影响时，通常将中庸的三个基本维度（多方思考、整合性与和谐性）合并为一个单一的复合变量，忽视了各维度独特的异质性影响。企业家中庸思维在这些维度内涵上存在的不同，使其对企业创新具有不一样的影响。本书将企业家中庸思维分为多方思考、整合性和和谐性三个维度，并进一步探讨创新构想阶段，企业家中庸思维三个维度对技术创新和管理创新的影响作用如何？这些影响存在哪些差异？在创新实施阶段，企业家中庸思维三维度对技术创新和管理创新实施过程存在何种调节影响？本书将通过大样本的问卷调查对这些问题进行检验。

（5）企业家中庸思维对绿色创新的影响。企业开展绿色创新是我国新时代绿色经济发展和转型的重要内容，但既有研究对企业家的价值观和认知等特质对绿色创新影响的研究十分匮乏。在中国传统文化背景下，中庸思维强调人与自然、人与环境的和谐共生，注重人类发展与生态的平衡统一，这与企业绿色创新的内涵相一致。为此，本书将探讨：企业家中庸思维将对企业绿色创新产生什么影响？在开展绿色创新时，规制性和规范性这两种制度压力，以及企业所有制性质将给企业家中庸思维对绿色创新的作用产生何种权变影响？本书将通过相关文献的梳理，从管理者认知和制度理论等视角进行分析，进而通过调查数据进行实证检验。

第三节　研究意义

本书具有的理论意义和现实意义具体体现如下：

一、理论意义

本书的理论意义主要包括：

(1)本书首次借鉴创新两栖过程模型,采用管理学的科学研究方法,探讨和实证检验了企业家中庸思维在创新构想和创新实施两个阶段的异质性作用。虽然中庸与创新之间关系的研究日益受到学界的重视,但既有研究主要集中在创新构想阶段,对中庸在创新实施阶段的作用,以及中庸在创新的不同阶段会有何种不同影响仍缺乏讨论。本书通过创新两栖模型,将研究焦点从创新构想阶段拓展至创新实施阶段,理清了中庸思维在创新发展不同发展阶段的复杂关系,是对既有中庸与创新之间关系研究的补充和完善。

(2)现有研究大多基于个体或团队层面探讨中庸与创造力或创新行为的关系,尚未有研究探索企业家等高层领导的中庸思维对组织层面创新的影响。企业家等企业高层领导是创新的重要主体,管理创新正日益成为企业重要的创新方式。本书检验了企业家中庸思维在技术、管理创新构想产生和实施过程两个阶段的不同影响,丰富了对技术创新和管理创新驱动和实施过程重要影响因素的理解。而且,本书进一步探讨了企业家中庸思维对渐进型和激进型这两种不同强度的技术创新的差异化影响,以及企业家中庸思维的三个维度分别对企业的技术、管理创新的影响,从而明晰了中庸思维对不同创新类型的异质性效果,深化了对中庸思维与创新之间关系更加全面和辩证的理解,推动了技术创新和管理创新理论的发展。

(3)本书尝试将本土心理学的中庸思维研究成果应用于绿色创新理论的研究之中,拓展了企业绿色创新的驱动前因的理论研究,加强了传统中庸思维与绿色创新文献的对话。而且,通过考察制度压力和公司所有权结构对企业家中庸思维与绿色创新关系的调节作用,深化了对中庸思维作用效果权变因素的理解,拓展了企业绿色创新在制度压力和所有权结构下的研究情境。

(4)本书研究发现,环境动态性这一外部情境因素在中庸对创新的影响关系中具有调节作用。一方面,外部环境的状况对企业创新决策和组织绩效等都有重要影响,创新领域的研究呼吁将环境因素引入创新过程中,分析环境变化对创新带来的影响。另一方面,在当前复杂多变的环境下,中庸的研究强调要进一步考察环境对中庸作用效果的调节影响。本书证实了环境动态性对中庸在管理创新的构想、实施两个阶段的影响都具有调节作用,对技术创新只在构想阶段具有调节影响,从而回应了创新和中庸的研究都希望进一步探索当前动态变化的环境所产生权变影响的建议,对这两个领域的研究都作出了理论贡献。

(5)从中华优秀传统文化中所蕴含的智慧出发,重构现代管理中的一些理念,具有非常重要的理论意义,也是中国管理理论研究者的时代使命。本书从企业家中庸思维的视角考察其对企业创新的影响,拓展了主要聚焦于西方情境的领导理论,丰富了有关中国本土特色的领导理论,促进管理理论逐步从"西方领导东方"向"融汇东方与西方"转变。除此之外,深化了对传统中庸思想更加全面、深刻和辩证的认识,拓展了中庸在管理学科特别是创新管理领域的理论研究,使本土管理学"接着传统文化讲"得到赓续,有助于对中华传统文化在管理学理论中作用价值的重新认识,促进了中华优秀传统文化和现代管理的进一步融合,推动了中华优秀传统文化在管理学领域的应用和发展。

二、现实意义

本书的现实意义主要体现在:

(1)对提升企业创新能力,推进我国创新驱动发展战略的实施、建设创新型国家和发展新质生产力具有重大的现实意义。企业是创新的知识生产和成果转化的中心,对发展新质生产力、推动高质量发展具有重要作用,是国家实施创新驱动发展战略的重要主体,而企业家又是推动企业创新发展的关键,是企业创新发展的探索者、组织者和引领者。为此,本书通过理清企业家中庸思维对技术和管理创新、渐进型创新和激进型创新在创新构想和实施阶段的复杂而微妙的作用,有助于企业家在组织企业创新活动的过程中采取更加契合的思维模式,从而提升对企业创新活动的组织管理效率,增强企业创新能力,有利于促进创新驱动和高质量发展。此外,通过加深中庸思维对绿色创新作用影响的认识,有助于企业家更好地开展企业绿色创新,实现可持续发展,推动新质生产力的发展。

(2)深化对传统中庸思维作用价值的认识,促进中华优秀传统文化的扬弃和发展。本书对人们传统中庸思维在当代企业创新实践作用的深入研究,有利于对我国传统文化中蕴含的丰富元素进行重新认识,促进人们对中庸思维的科学对待和正确取舍,实现有扬弃地继承;将其与西方科学管理方式有机结合,赋予其新的时代内涵,能够推动实现中华传统文化在企业管理实践的创造性转化和创新性发展。

第四节 研究方法和技术路线

本书采用规范研究和实证研究相结合的研究方法,具体的研究方法如下:

(1)文献研究和理论阐述法。本书利用中国知网、谷歌学术等平台,对有关企业家中庸思维、技术创新、管理创新、绿色创新、渐进型创新、激进型创新、组织绩效等方面的研究文献进行搜集整理,认真研读,并在此基础上系统梳理了各变量的内涵界定、维度测量、变量前因和后果等相关研究,理清了现有研究的主要成果和不足之处。接着,在文献研究的基础上,结合创新的过程模型等分析框架,运用理论分析、逻辑推理、案例论述等方式,构建研究模型,提出研究假设,为后续的实证研究奠定基础。

(2)问卷调查法。本书结合各个研究问题所涉及的变量,借鉴国内外主流文献上的成熟量表,对英文文献上的量表进行双向互译,并结合中国本土的研究情境,通过企业家访谈和专家研讨的方式,对问卷条目进行适当的调整修订,以此形成初步的调查问卷。接着,选取一定数量有代表性的企业家进行预调查,根据他们的反馈意见,对问卷的内容和结构安排进行适当的调整和完善,形成最终确定的问卷。最后,通过对企业进行大规模的问卷发放,为后续实证研究提供一手的资料和数据。

(3)统计分析法。本书综合运用 SPSS 25.0、Amos 26.0 和 STATA 17.0 等软件进行定量分析,具体的统计方法包括:对样本数据进行描述性统计,分析样本基本情况;采用皮尔逊相关分析法对各个研究模型中的变量进行相关系数统计;通过 Cronbach's α 值和 CR 值来检验变量的信度情况;通过验证性因子分析(CFA)和平均方差萃取值(AVE)等检验量表构念的效度情况;采用 Harman 单因子分析的方法进行共同方法偏差检验;通过多元线性回归方法,对研究假设涉及的自变量、因变量和调节变量之间的关系进行实证分析,对本书提出的各个假设进行验证。此外,还通过 Bootstrap 的方法进一步开展一些变量的中介机制检验。

(4)系统分析法。本书在理论分析、案例论述和定量实证分析的基础上,根据实证研究结果,进一步开展讨论,对企业家中庸思维与各种不同创新活动之间的辩证关系进行系统归纳,提炼出企业在创新活动过程中有效运用中庸思维的一般性规律,为企业更好地开展创新活动提出管理建议,供企业家借鉴参考。

本书的技术路线如图 1-1 所示。

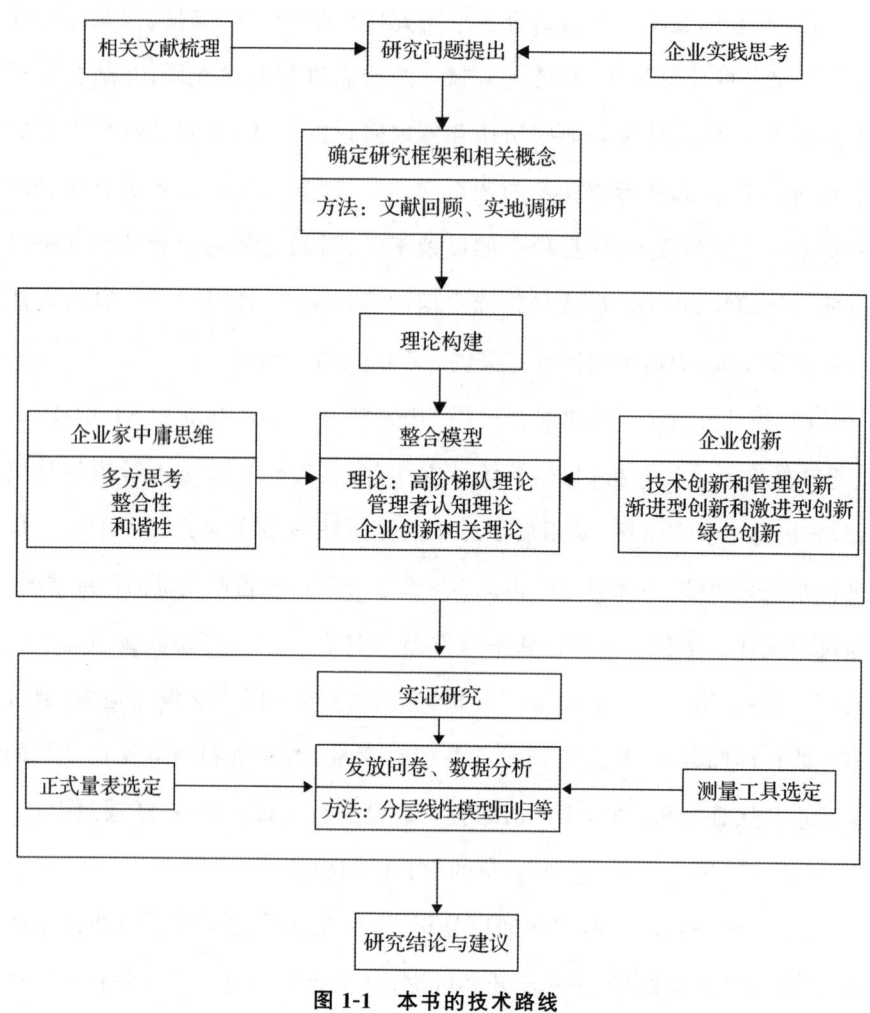

图 1-1　本书的技术路线

第五节　本书的创新之处

与之前的研究相比,本书的创新之处主要体现在:

第一,研究内容和视角上的创新。既往研究只关注中庸思维对创造力或者单一创新行为的影响,忽略了中庸对多种创新类型,以及创新不同阶段的差异化影响。本研究借鉴了创新的两栖和双元模型,一方面充分考察了企业家中庸思维对技术创新、管理创新、绿色创新等不同类型的创新行为的直接影响，以及中庸思维对渐进型和激进型这两种不同强度的创新所产生的差异化影响；另一方面研究了企业家中庸思维在创新的实施过程中，对技术创新、管理创新、渐进型创新和激进型创新所产生的调节影响。而且，本书还实证检验了中庸思维的三个不同维度对企业创新的差异化影响。通过这些细致而系统的考察，分析了中庸思维对企业各种不同类型和各个不同阶段的创新的异质性作用，避免了既有文献关于中庸与创新的研究往往落入笼统地给予全面肯定或者全盘否定的绝对主义窠臼的缺陷，使中庸与创新之间关系的研究内容比以往更为丰富和辩证，在一定程度上调和了中庸与创新之间关系的理论分歧。

第二，研究对象和层面上的创新。针对既有研究主要基于员工个体或者大学生样本作为研究对象的局限，本书聚焦于对公司的决策和管理具有重要影响的企业家群体。在企业创新的情境下，企业家在创新中扮演着重要角色，是创新活动的重要组织者和推进者。为此，本书在研究对象上进行了突破。此外，在中庸思维与创新的研究层面上，之前研究主要集中在"个体—个体"的微观层面，本书则基于"企业家—企业"进行企业宏观层面开展研究，突破了既往的研究层面。

第三，研究方法的创新。现有关于中庸与创新之间关系的研究主要是采用横截面数据进行静态分析，不利于探索中庸思维与创新的因果关系。本研究分三个时点采集动态的纵向跨期数据，第一阶段主要收集企业基本情况和企业家中庸思维的数据，第二阶段收集技术创新、管理创新、绿色创新和外部环境等数据，第三阶段收集组织绩效的数据。通过这样的纵向数据收集，能对中庸思维对企业创新的作用效果更加可靠和准确地进行检验，具有研究方法上的创新。

第二章

传统文化里的中庸思想

中庸思想是中华传统文化的重要精髓,长期以来深刻影响着中国人的思想和行为方式。然而,中庸的思想是什么时候出现的,又是怎么形成的?近代以来,关于中庸思想又产生了哪些争论?本章主要对中庸思想的历史演进和发展脉络进行分析,并对近代中国关于中庸思想的争论进行介绍,从而对中华传统文化里的中庸思想增加认识和理解。

第一节 中庸的历史源流

"中庸"一词出自《论语·雍也》,但其思想可追溯到《周易》《尚书》等典籍。在中华思想文化源头的《周易》里就有"中正以观天下""得中道也""刚柔分而刚得中""中行,无咎""得尚于中行,以光大也"等表述,强调"中正""中道""适中"等概念。《周易》的这些表述及概念被视为"中庸"思想的重要根源(王岳川,2009)。

《尚书》里也有不少关于"中"的论述,例如"今予告汝不易!永敬大恤,无胥绝远!汝分猷念以相从,各设中于乃心""兹式有慎,以列用中罚"等。一向被视为儒家乃至中华传统文化"十六字真言"的"人心惟危,道心惟微,惟精惟一,允执厥中"就出自《尚书》,认为人心变幻莫测,道心幽微难察,只有用精一的功夫,真诚地秉持中道,方为解决之道。这体现出在治国理政和为人处世上需要"无偏无倚"地"执中",行中正之道。"执中"是从尧舜禹到商汤时期都持续传承和高度重视的一种治国理念,强调对"中"的把握。而且,"中"逐步从治理国家的准则发展为一种德行,是从君王到老百姓都必须遵循的道德规范(陈来,2018)。《尚书》中首次使用"中德"一词,并提出了蕴含"中"的思想的九种道德规范:"宽而栗,柔而立,愿而恭,乱而敬,扰而毅,直而温,简而廉,刚而塞,强而义。"可见,"中"既是"中道",也是"中德",其内涵不断丰富。

　　孔子总结和发展了先贤关于"中"的思想,首次提出"中庸"一词。在《论语·雍也》中,子曰:"中庸之为德也,其至矣乎!民鲜久矣。"可见,孔子非常推崇中庸理念,称之为"至德",即最根本和最高的德行,普通百姓很少能持久做到。《论语》中多处记载孔子在修身和为人处事时对中庸思想的强调和应用。譬如:"君子惠而不费,劳而不怨,欲而不贪,泰而不骄,威而不猛"(《论语·尧曰》)、"乐而不淫,哀而不伤"(《论语·尧曰》)、"子温而厉,威而不猛,恭而安"(《论语·述而》)、"子钓而不纲,弋不射宿"(《论语·述而》)等体现了孔子对君子中庸式美德的表述,认为君子既有原则,又讲分寸。《论语》中多次对君子与小人在多个方面进行了区分。如"君子道者三,我无能焉:仁者不忧,知者不惑,勇者不惧"(《论语·宪问》)、"君子怀德,小人怀土;君子怀刑,小人怀惠"(《论语·里仁》)、"君子泰而不骄,小人骄而不泰"(《论语·子路》)、"君子成人之美,不成人之恶,小人反是"(《论语·颜渊》)等。孔子认为,君子的言行契合中庸之道,是中庸的模范和实践者,与之相反,小人的德行是违反中庸的,"君子中庸,小人反中庸"(《礼记·中庸》)。孔子最反对的是无原则的老好人"乡愿",他说,"乡愿,德之贼也"(《论语·阳货》)。"乡愿"是"一乡皆称愿人焉"(《孟子·尽心下》)的

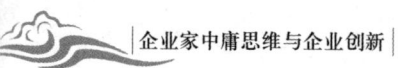

简称,是"巧言令色鲜矣仁"(《论语·学而》)的圆滑之徒。但是,由于中庸之道在具体实施时的难度较大,导致后来不少人误以为中庸就是当好好先生、不得罪人、和稀泥,其实这是"乡愿",貌似中庸但不是中庸,是对中庸的错误理解。

孔子除了将中庸作为至德,进一步将之前《尚书》里的"执中"思想发展为"执两用中",强调无过不及,恰到好处地掌握好平衡。在《论语·子罕》里,子曰:"吾有知乎哉?无知也。有鄙夫问于我,空空如也。我叩其两端而竭焉。"在《论语·尧曰》中,尧告诫舜:"天之历数在尔躬,允执其中",这体现了孔子"执两用中"的中庸观,注重不偏不倚地去处理和解决问题。在《论语·先进》里,子贡问:"师与商也孰贤?"子曰:"师也过,商也不及。"曰:"然则师愈与?"子曰:"过犹不及。"体现了孔子无过无不及的中庸思想。在《论语·先进》里,子曰:"不得中行而与之,必也狂狷乎!狂者进取,狷者有所不为也。""狂"有些过,"狷"则有所不及。"中行"的人是最为理想的,但也最难。在《论语·雍也》里,子曰:"质胜文则野,文胜质则史。文质彬彬,然后君子。"过于"质",或者过于"文"都不好,要把文和质这两方面统一起来才是君子。此外,论语里还包含着孔子的"和"以及灵活变通的理念。例如,"君子和而不同,小人同而不和"(《论语·子路》)、"大德不逾闲,小德出入可也"(《论语·子张》),体现了孔子对中庸思想的不断思考、丰富和完善。

孔子之后,颜子、曾子、孔子的孙子子思和孟子等都对中庸思想进行了传承和发展,特别是子思所作的《中庸》,对中庸思想进行了系统的总结和论述,并成为儒家学说乃至中华传统文化里非常重要的经典论著。尽管关于《中庸》的作者还存在争议,但本书对此不展开讨论,而是采用多数学者认可的司马迁在《史记·孔子世家》中所言"子思作《中庸》"的说法,认为《中庸》的作者为子思。关于子思作《中庸》的原因,朱熹在《四书章句集注

·中庸章句》中指出:"《中庸》何为而作也？子思子忧道学之失其传而作也。盖自上古圣神继天立极,而道统之传有自来矣。其见于经,则'允执厥中'者,尧之所以授舜也;'人心惟危,道心惟微,惟精惟一,允执厥中'者,舜之所以授禹也。尧之一言,至矣,尽矣！而舜复益之以三言者,则所以明夫尧之一言,必如是而后可庶几也。""此篇乃孔门传授心法,子思恐其久而差也,故笔之於书,以授孟子。其书始言一理,中散为万事,末复合为一理。放之则弥六合,卷之则退藏於密。其味无穷。皆实学也。善读者玩索而有得焉,则终身用之,有不能尽者矣。"朱熹认为,子思作《中庸》的目的是担心孔子所继承的尧、舜到周、召"圣圣相承"的道统会失传或不能真传,于是将其写成《中庸》传给孟子。朱熹这里说的"道统",是始于尧舜禹以"人心惟危,道心惟微,惟精惟一,允执厥中"这十六字真言为传承而形成的,孔子也是继承了这个古圣相传的心法的道统;而以"允执其中"为核心的思想内容,就是道学。道统是道的传承谱系,道学则是道的传承内容,《中庸》是子思对孔子道学思想的具体展开和论述(陈来,2007)。

《中庸》的文本最早是"五经"之一《礼记》里的第三十一篇。随着东汉著名经学家郑玄给《礼记》作注后,《礼记》的影响力逐渐增强,到唐代《礼记》升格为经。《中庸》也随着《礼记》地位的提升,成为整个儒学中非常重要的文献。到了宋代,理学家程颢和程颐非常尊崇《中庸》,将其视为"孔门传授心法"。之后,儒学的集大成者朱熹将《中庸》从《礼记》中抽出来,选作"四书"之一,并花费了毕生的时间重新校订章句和注释,整理出了《四书章句集注》。朱熹对《中庸》给予了极高的评价,认为《中庸》"历选前圣之书,所以提挈纲维,开示蕴奥,未有若是之明且尽者也"(《四书章句集注·中庸章句》),并将中庸作为他自身修身功夫论的基本依据。《中庸》也是朱熹中和说思想的重要源泉,深刻影响着其心性论体系的主要结构(陈来,2007)。

元朝开始,朱熹的《四书集注》成为科举考试的必读书目和答案。明朝永乐皇帝敕撰《四书大全》,"四书"和"五经"共同列为经书,确立了"四书"作为儒家重要经典的地位。从1313年到1905年,《中庸》一直是中国古代文官应试的基本科目之一,每一位中国的读书人在其青少年时代都要背诵这部著作(杜维明,2013)。《中庸》因此成为儒家最重要的经典之一,影响着中华民族几千年来的民族文化(南怀瑾,2022)。《中庸》所体现的中庸思想也成为儒家乃至中华传统文化中的重要思想精髓。

第二节 中庸的价值及争论

《中庸》一书及其体现的中庸思想在中国传统社会乃至当下都具有重要的价值,受到许多学者的充分肯定。但是,其作用价值也引发了一些不同的意见,特别是近代以来,关于中庸价值的争论在社会各界都较为激烈。

一、中庸的价值和意义所在

《论语》里多处记载着孔子用中庸思想进行修身、育人和解决问题的记载,彰显着中庸的智慧和重要价值,为后人提供重要的启迪。如前文所述,孔子对"中庸"非常推崇,将其视为"至德"。《中庸》在阐述中庸之道的同时,还列举了帝舜、周文王、周公等在道德伦理上的中庸典范。按照朱熹的说法,《中庸》是子思为了接续可能失传的古圣先贤之道而作,是子思"推本尧舜以来相传之意,质以平日所闻父师之言,更互演绎,作为此书,以诏后之学者"(《四书章句集注·中庸章句》)。张汝伦(2023)认为,与《论语》在日常经验中随处指点、《孟子》论辩驳难为主不同,《中庸》是儒家经典中第一部正面阐述哲学义理的著作,奠定了儒家哲学的基础,是儒家哲学之集大成者,在中国传统哲学经典中占有突出的地位。《中庸》"历选前圣之书,所以提挈纲维、开示蕴奥,未有若是之明且尽也"(《四书章句集注·中庸章句》)。唐君毅(2006)认为,"儒家之思想发展至中庸,即不只为一人生之道德、伦理、政治与人性之哲学,亦为一形上学、宗教哲学与历史哲学"。

钱穆(2019)在《中国学术思想史论丛(卷二)》的《〈中庸〉新义》及《〈中庸〉新义申释》中指出,《中庸》是到秦汉为止中国哲学的一个结晶,它不仅与《易传》的理论相通,也渗透了道家哲学的思想。而且,《中庸》并不是简单地融合儒道两家之前已有的思想,而是在对之前儒家思想批判性扬弃的基础上,对中国传统哲学思想的精义有进一步的发展与综合。《中庸》对之前中国思想的核心有系统的总结和论述,成为中国哲学最具代表性的著作之一。

陈荣捷(2018)在其编著的《中国哲学文献选编》里,也给予《中庸》非常高的评价,将其视为精神的向度。《中国哲学文献选编》是世界著名的中国哲学史家和宋明理学研究权威陈荣捷先生对中国哲学史上的经典文献的汇编和细致解读,该书一直是美国院校教授中国哲学的标准教科书,被欧美学术界誉为介绍东方哲学文化思想完备、周详的珍本。陈荣捷认为,《中庸》和《大学》在过去八百多年间对中国影响极大,尤其对于新儒家而言更显重要,因为他们将其视为他们思想动力的主要源泉。《中庸》是本哲学的著作,而且很可能是古代儒家文献中,最富有哲学意味的一本。在新儒家的学者注意到这篇经典以前,《中庸》精巧的思想已深深地吸引了道教徒和佛教徒。《中庸》是道家、佛教和儒家之间沟通的桥梁,而且为道佛之影响新儒家预先铺路,因而开启了新儒学运动。陈氏认为,《中庸》吸引道家、佛家和新儒家学者之处在于两点:性与天道。人性由天道所赋予,但只有在中和的状态中才能显现出来。中和是"天下之大本"与"达道"。天道超越了时间、体用与动静,但它同时又是於穆不已,永恒而自明。

徐复观(2004)在《中国思想史论集》中的《〈中庸〉的地位问题——谨就正于钱宾四先生》一文中认为,《中庸》一书在儒家思想系统中占有重要地位。儒家思想以道德为中心,而《中庸》指出了道德的内在超越的性格,因而确立了道德的基础。特别是《中庸》的中和,指的是内在与超越合一的"性",及由此性所发生的成己成物的作用。由此"致中和,天地位焉,万物育焉"乃有其真实的内容与其确实的条贯,而不是浮言泛语。这是中国文化的核心,是《中庸》承先启后的第一贡献。徐复观进一步指出,《论语》主要是就"下学而上达"的"下学"方面立教,而《中庸》则提出道德的最高境界与标准,指出人类可由其德性之成就,以与其所居住之宇宙相调和,并进而有所致力。《论语》中虽屡提到圣人,但对圣人未作明显的叙述,《中庸》则对圣人之所以为圣人叙述得相当的详尽。同时,《论语》对"修己以安人,修己以安百姓"这一类的问题,谈得不少;《中庸》承继了这方面的思想并进一步加以系统化。《论语》几乎没有谈到人与天的关系,而《中庸》以圣人为最高道德的标准,认为由圣人"峻极于天"之道,与天地同功,因而尽其对天地万物的责任,以得到人与天地万物的和谐。尤为重要的是,《中庸》提出了道德价值、人格价值的最高标准,以为人道立极,使人生成为一上达的、无限向上的人生,同时,更为走向此最高标准而提供了一条大路。

杜维明(2013)在《中庸:论儒学的宗教性》这部用英文诠释国学元典《中庸》深层义理的著作中指出,作为儒家重要经典的《中庸》,在中国思想史上一直是创造性心灵的灵感源泉。《中庸》虽然是"四书"中篇幅最小的一部,但却是其中最富形上意蕴、最具理论系统和最见宗教气象的著作,最能淋漓尽致地展现我们中国人人生智慧和哲学洞见的著作。杜维明认为,倘若认为《中庸》仅仅强调为了社会稳定而要求道德上循规蹈矩之极端重要性,却是一种误解。在儒家传统中,道德观念要比社会准则多得多。就《中庸》而言,道德的终极展现超越了社会伦理,进而在天人合一中致其极。儒家"极高明而道中庸"的人文精神和现代西方启蒙心态所代表的世俗人文主义形成鲜明的对比,因为儒家既不排拒天道,又不征服自然,它

第二章 传统文化里的中庸思想

所体现的是"与天地合其德,与日月合其明,与鬼神合其吉凶"那种突出涵盖性和包容性的人文精神。

庞朴(1980)认为,中庸不仅是儒家学派的伦理学说,一种形而上学的发展观,更是他们对待整个世界的一种看法,是他们处理事物的基本原则或方法论。这样的中庸之道,固然有其整体上的形而上学痼疾,但它于探寻对立面的相互依存、相互联结方面,却留下了大量的、尚未得到足够注意的资料,闪烁着辩证思想的光芒。它们以其特有的形式和智慧,诱导人们去深入研究对立统一的原理,去细致发掘祖国的文化宝藏。中庸是孔子所认为的道德真理,是他处理各种社会问题的准则,是儒家学说的理论基础。这种意义上的中庸之道,是儒家学派关于矛盾的一种观点,是关于矛盾的同一性的一种看法,被运用去处理一切矛盾,构成儒学体系的杠杆,将此称为儒家的矛盾观或发展观,更能抓住问题的本质。庞朴指出,中庸之道,对于对立统一规律的一个方面,即对立面的互相依存、互相联结,所做的分析和表述是相当详尽而又充分的。它在人类认识史上,无疑是一项可贵的成就和有益的贡献。直至今天,我们仍在有效地利用这些形式,来进行思维活动,以捕捉事物的客观法则。

何兹全(2004)在《中国文化六讲》中指出,"我现在深深地理解:中庸之道是中国传统文化的核心。我觉得中国文化异于西方文化之处,就在于中国文化中处处贯注着中庸之道的思想和精神"。何兹全认为,中国传统文化讲忠孝仁爱、信义和平,讲恕,讲礼,讲仁政,讲修身、齐家、治国、平天下,都贯注着一个中庸之道的精神。一切都不要"过激",又不要"不及";适可而止、和为贵。儒家是讲"礼"的,但孔子认为"事君尽礼,人以为谄也"。礼是好的,礼过了,人就会说是"谄"了。儒家是讲"爱"的,但讲得宽了,就会是"无父",是"禽兽"。礼、爱,都不能过,过了就会出毛病。因此中庸之道是核心。

23

姚淦铭(2010)指出,《中庸》尽管字数不多,但是一旦走进《中庸》,恰似一座深邃思想与智慧的殿堂。蕴藏在《中庸》里的哲学理论,被宋儒们尊视为"圣学"的宝藏,"汲汲开掘之,涛涛阐扬之",才使宋代新儒学勃然兴起。《中庸》里面,存心养性之理、穷神知化之方、聪明睿智之法、天人合一之机、治乱存亡之候,具载于是书。而且,《中庸》除了谈义理和哲学,也给与人们丰富的处世、处事、修身、管理、学业、家庭以及日常生活的许多智慧。通过对《中庸》的精蕴与价值的解读、分析,姚淦铭指出,《中庸》是一本特别厚重的文化经典,承载着数千年的文化与智慧的深湛内涵。

上述这些关于《中庸》典籍及中庸思想的探讨主要集中在儒学和哲学等文史哲领域的学者,其中有不少还是在全世界范围内享有盛名的学问大家,例如钱穆、陈荣捷和杜维明等。他们从各自的研究角度,对中庸在中国传统文化中的价值和意义进行了讨论和阐释,加深了我们对中庸思想的理解。尽管不同学者对中庸的认识有所侧重,但上述学者对《中庸》及中庸思想基本上都给予了积极的评价,将其视为儒家乃至中华传统文化的重要思想精髓,深刻影响着中国人的思维模式和行为准则,具有历久弥新的重要价值。

二、关于中庸的讨论与争论

晚清以降,伴随着西方坚船利炮的打击,中国遭逢"三千年未有之大变局"。面对内忧外患的严峻局面,各界人士开始救亡图存,其中包括对中国传统文化的批评与反思。在"打倒孔家店"的历史背景下,作为儒家思想文化重要内容的中庸之道被视为近代以来发展落后的根源之一,甚至被一些人当作封建主义的腐朽文化加以批判和唾弃。

例如在新文化运动中具有重要作用的《新青年》杂志,在1917年5月1日第三卷第三号上发表了胡哲谋的《偏激与中庸》一文,对中庸进行了抨击。胡哲谋在文章中认为:"中庸者何?不问时势之适否,不问事理之是非,而惟持一中立调和之态度,成则居其功,败则不任其责。其所主张,虽或有近于是者,然要皆折中两间,非自心之确有所见者是也。夫天下之事,有可以为中庸之论断者,有不可以为中庸之论断者。世界时势万变,有可以取中立态度之时,有不可以取中立态度之时。而我国人则往往于不可取中立态度之时,对于不可为中庸论断之事,而仍取中立之态度,为中庸之论断。驯至今日,于是每建一议举一事,人人皆不欲表一异众之意见,而唯以模棱两可之言为不二法门。其结果,遂养成一弱懦寡断、迂缓不进、毫无真知灼见之民族性。"在文章的最后,胡哲谋总结道:"中庸者,无损于己无益于人者也。夫既处于群中,而不能有益于其群,则即谓之有害于群可也,乡愿之道德也。偏激者,损己利人者也。夫既处于群中,而能有利于其群,则实亦有利于己者,国士之道德也。外患日迫,国亡无日,我青年宜知所择矣。"

在鲁迅先生的《华盖集》中的《通讯》一文里,当时北京大学哲学系教授徐炳昶的来信和鲁迅先生的回信中都对"中庸"进行了批评(鲁迅,2021)。徐炳昶在1925年3月16日给鲁迅先生的来信中说:"人类思想里面,本来有一种惰性的东西,我们中国人的惰性更深。惰性表现的形式不一,而最普通的,第一就是听天任命,第二就是中庸。听天任命和中庸的空气打不破,我国人的思想,永远没有进步的希望。"

鲁迅在1925年3月29日的回信中对徐炳昶做了回复:

> 先生的信上说:惰性表现的形式不一,而最普通的,第一就是听天任命,第二就是中庸。我以为这两种态度的根柢,怕不可仅以惰性了之,其实乃是卑怯。遇见强者,不敢反抗,便以"中庸"这些话来粉饰,聊以自慰。所以中国人倘有权力,看见别人奈何他不得,或者有"多数"作他护符的时候,多是凶残横恣,宛然一个暴君,做事并不中庸;待

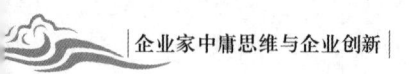

到满口"中庸"时,乃是势力已失,早非"中庸"不可的时候了。一到全败,则又有"命运"来做话柄,纵为奴隶,也处之泰然,但又无往而不合于圣道。这些现象,实在可以使中国人败亡,无论有没有外敌。要救正这些,也只好先行发露各样的劣点,撕下那好看的假面具来。

正因为中庸是儒家文化的重要思想,且长期以来对中国人的为人处世产生了重要影响,近现代以来才引发了对中庸思想的激烈争论。上述关于中庸的批评并不是没有道理的,类似的观点和争论甚至延续到了当下。但是,如果对这些批评进行详细分析,会发现多数批评的中庸并非《论语》《中庸》等典籍里本义上的"中庸",而是被庸俗化了的中庸。在世俗意义上,中庸一词经常被曲解为"折中主义""不彻底""和稀泥""无原则的妥协""模棱两可"等。

针对许多人对中庸所存在的误解,冯友兰在《新世训》的《道中庸》一文中进行了不少阐述(冯友兰,2011)。冯友兰指出,在误解中庸之道的人的心目中,所谓行中庸之道的人,都是些做事不彻底、遇事模棱两可、庸碌无能、俗而不堪的人物。他们以为这种人物正是儒家的理想人物,其实这以为是大错的。这种人物不但不是儒家的理想人物,反而是儒家所最痛恨的人物。这种人正是儒家所谓乡愿,或者德之贼者。这种人的行为与所谓中庸之道有点类似,很能"鱼目混珠"。在冯友兰看来,真正意义上的中庸是恰到好处,既不太过,又不不及。而且,应该是在坚持一些不变的原则基础上去灵活应变。

当然,中庸并非无可批评之处。特别是在长期的历史过程中,传统典籍中的中庸思想在流传过程中受到各种因素的影响而走样,使世俗层面的中庸逐渐偏离其应有之义。刘昌(2019)认为,中庸在现代中国社会备受误解,大概与自古及今中国社会变迁中人们的处世观念变化有关。中庸的思想影响深远,尤其是宋代以来,所谓"不偏之谓中,不易之谓庸",不但为学

第二章 传统文化里的中庸思想

者所接受,而且渗透到一般人的社会心理之中(张岱年,2017)。但是,究竟什么是不偏?什么是不易?如果不能把握中庸的核心原则,必然导致对中庸理解出现偏差,甚而还可能使这种理解沉淀为社会的集体无意识。刘昌(2019)指出,南宋以后,元明朝代的中国人的整体精神状态和唐宋时期相比迥然不同,当然更是异于秦汉,许多人在社会处世上受到整体环境的影响,习惯于无原则的妥协、和稀泥、做老好人。这种随着社会变迁所导致的社会处世风格,自然会被人们投射到对中庸一词的理解中。更何况近现代以来,中国处于"数千年来未有之大变局",经历着非常复杂的社会变迁,普通大众群体心理的观念和先秦抑或汉唐时期相比不啻天壤之别。那么,将原本典籍里被视为"至德"的中庸曲解为"老好人""和稀泥",也是可以理解的。尽管在事实上,孔子所推崇的中庸思想和庸俗的折中主义是完全不同的两回事,而折中主义者就是孔子最痛恨的"乡愿"(匡亚明,1990)。正是从这个意义上说,更需要正本清源,对传统文化里的中庸在当代的价值展开探究,才能实现对中华优秀传统文化实现扬弃地继承和创新性转化、创造性发展。同时我们也应当看到,在一些情境下,中庸可能会有其倾向于妥协、折中和安于现状的消极方面,以及一般人很难把握和拿捏到位之处,这些都需要我们对如何更好地发扬中庸原本积极的一面、更好地运用中庸思想开展深入研究。

此外,值得特别指出的是,中庸在五四新文化运动和"文革"期间等特定期间被批判,是由当时特定社会状况和时代特点所决定的,因此也要把对中庸的那些批评放在当时的历史环境下去理解其具体的针对性。例如邱存平(1987)指出,鲁迅先生批评中庸的言论,没有一篇是纯学术的批判或者是无的放矢的空泛议论,而是从社会斗争的实际出发,针对中庸思想在当时的具体表现、具体论点进行剖析。鲁迅所批判中庸的言论,大部分是在1925年前后,围绕着女师大学生运动,针对反动统治者及其帮凶而发的,主要是反对政治上的骑墙态度和对敌斗争中的无原则宽容。女师大的学生运动带有鲜明的反帝反封建政治色彩,需要不同阶级、不同政治倾向的人们在斗争中表明立场。北洋军阀政府一方面用凶残的手段镇压进步学生,另一方面又高调鼓吹尊孔读经,宣传中庸思想。鲁迅先生着重揭露他们鼓吹中庸的欺骗性,指出他们自命为爱"中庸"、行"中庸",其实是非常过激的。而在革命队伍和人民群众中,也有一些讲中庸的"老实人"或"糊涂人"在阶级斗争的短兵相接中,竟然把纵恶当成宽容。在当时的思想文化界,中庸之说实际上已经成为反动统治者及其帮凶们用来抹杀阶级斗争,模糊敌我界限,麻痹人民斗志的"行私利己"的工具。在这样的情况下,只有揭穿这些所谓的中庸论者的谎言和假面,才能分清敌我,分清是非,把反帝反封建的斗争向前推进。

袁少冲(2023)在《真假"中庸"及鲁迅的"中庸"之道》一文中进一步指出,以往对鲁迅与"中庸"关系的认识多有误读之处,需要被重新正名。在鲁迅的文章里提到"中庸"的有19篇,提到"中行"的有2篇,提及"中道""执中""允执厥中"的各1篇,这些文章里体现着鲁迅和"中庸"之间多位面的复杂关系。"中庸"的本真义是中正合宜、恰如其分,然而在精神境界被降格、外在形式压倒实质内涵的情况下,衍生出另一个"中庸"的庸俗义。鲁迅所批判的"中庸",恰恰是被庸俗化了的假中庸、非中庸、反中庸,是假借中庸之名,或行利己谋私之实,或掩盖其伪饰卑怯。鲁迅先生在儒家经典上有着颇深的根基,也在作品中多处引用《中庸》原文和朱熹的注解。鲁迅自然是明白在庸俗义之外,还有一种真正的中庸之道。例如在《南腔北调集》的《由中国女人的脚,推定中国人之非中庸,又由此推定孔夫子有胃病》一文中,鲁迅先生就提到"然则圣人为什么大呼'中庸'呢？曰:这正因为大家并不中庸的缘故。人必有所缺,这才想起他所需""孔子曰,'不得中行而与之,必也狂狷乎,狂者进取,狷者有所不为也!'以孔子交游之广,事实上没法子只好寻狂狷相与,这便是他在理想上之所以哼着'中庸,中庸'的原因"。鲁迅理解圣人孜孜以求的本真义的中庸,深知其中蕴含着"道"的向度,因为这种中庸的理想状态难以达致才令人心驰神往。鲁迅在批判儒家和国民的劣根性上虽然很激烈决绝,看起来似乎是反儒家、反中庸的,但从实践和实质的层面看,其批判对于中华民族的现代生存而言,恐怕正是恰到好处、恰如其分的"中庸"精神。他的行"中庸"是就其本真义而论的,在彼时极端非常态的"非生即死"的"大时代",鲁迅的大声疾呼和批判其实恰恰是真的"中庸"。因为,他的言行在彼时的历史情境中才是真正合宜恰当的。鲁迅看起来是"不合时宜"的旧传统及儒家思想庸俗化的批判者,但事实上是真儒思脉灵魂层面的继承者和中华民族人文精神的传续人。

新中国成立后的前十年左右,关于中庸的研究和探讨比较少,但到了1960年代初期,一些学者开始在孔子的研究中注意到了"中庸"学说,发表了一些学术水平较高的研究文章,而且不同的学术观点之间还展开了激烈的争论(徐志祥 等,1990)。例如著名史学家吴泽(1962)在《学术月刊》发表的《论孔子的中庸思想》一文,认为孔子的中庸思想蕴藏着深刻的变易思想和辩证法思想的因素,以及"执两用中"的"忠恕"伦理原则,和"执两一贯"的论理方法。而另一位著名历史学家蔡尚思(1963)也在《学术月刊》发表了文章《论孔子中庸及其变革思想的实质》,对吴泽的观点提出了异议。蔡尚思认为,不少同志都认为,孔子的中庸及其变革思想是辩证法的而不是折中主义的,是随时的而不是执中的,是革命的而不是保守的,这些论点很值得商榷。他认为,孔子的中庸思想,基本上是一种带庸俗气的调和主义、折中主义。无论孔孟的中庸说怎样重视"变"和强调"权"的重要性,也绝对不致使"中"起了质变。孔孟最重视的是"中",最强调其重要性的也是"中"。"中"是主要的,"权"是次要的。这些关于中庸思想的不同观点的学术讨论加深了我们对中庸的理解,但是随后不久就被接踵而来的政治运动冲断了,特别是十年"文革"期间,在特殊的时代背景下,中庸思想被批判为"折中主义""调和论",阻碍了对这一问题的深入研究(徐志祥 等,1990)。

1977年以后,关于中庸思想的研究和讨论又掀起了一股热潮。著名历史学家庞朴(1978)在《历史研究》发表的《孔子思想的再评价》一文中认为,孔子的"过犹不及"论断经常被当作折中主义来指责,其实是不应该的。其所包含的思想是辩证的。它指出,"过"并不比"不及"更好,而是同"不及"一样;强调了超过正确,就要向对立面转化,成为不正确。它同模棱两可、调和对立的折中主义,不仅全无共同之点,而且正相反。而著名中国哲学史家李德永(1978)在《武汉大学学报》发表《"中庸"剖判——简论孔子的形而上学思想的时代特征》一文,提出了与庞朴截然不同的学术观点,认为孔子的中庸之道是调和折中之道,具有精巧圆滑的理论特征,需要对孔子中庸之道的主要政治倾向及其形而上学的思想特征进行科学的剖析和批判。这逐步引发了对中庸的进一步讨论。

庞朴(1980)于《中国社会科学》发表了文章《"中庸"平议》对中庸进行了系统阐述。庞朴认为,中庸是儒家学说的理论基础,它在论述对立面的相互依存方面留下了大量珍贵的思想资料。他在文章中归纳了中庸的三种含义(即前文所述的一为用中,二为用中为常道,三为平常),分析了中庸的四种形式(即A而B,A而不A',不A不B,亦A亦B这四种形式),揭示了中庸在构造儒学体系中的杠杆作用,并对指责中庸为折中主义、调和主义、合二为一的说法提出了异议。庞朴指出,把中庸说成是折中主义、调和主义,折中结论是片面的、轻率的,经不起推敲。庞朴此文把中庸学说由原来的"知识论的方法论"和"决疑时常常采用的一种方法"一下子提升到了世界观、方法论的哲学高度,引起了广泛的关注(徐志祥 等,1990)。

庞朴该文章发表后不久,钟肇鹏和范宁分别就其中部分内容提出了商榷意见,并以《对〈"中庸"平议〉的意见》为题刊发在《中国社会科学》1980年第3期。对此,庞朴又写了《敬答对〈"中庸"平议〉的意见》一文,进行了相应的回应和说明,刊发在《中国社会科学》1980年第5期。由此引发了1980年代国内文史哲领域的学者关于中庸思想的大讨论,不断深化着我们对中庸的认识和理解。关于这一时期中庸思想讨论的主要文章整理如表2-1所示。

表2-1 1980年代中庸思想大讨论的主要文章

序号	文章名	作者	刊物	期数
1	"中庸"平议	庞朴	中国社会科学	1980年第1期
2	《对〈"中庸"平议〉的意见》	钟肇鹏、范宁	中国社会科学	1980年第3期
3	敬答《对〈"中庸"平议〉的意见》	庞朴	中国社会科学	1980年第5期
4	中庸之道是反辩证法的思想体系	刘蔚华	武汉大学学报(哲学社会科学版)	1980年第5期
5	中庸之道有无可取之处	唐泽钰	学习与探索	1982年第2期
6	对孔子中庸思想的一点剖析	叶子	河北学刊	1982年第2期
7	孔子中庸思想新探	姜晓星	学习与研究	1982年第7期
8	《中庸》教育思想初探	周祺家	中州学刊	1983年第5期
9	释"中庸"	沈道初	南京大学学报	1983年第2期
10	"中""和"之辨	殷鼎	新疆大学学报(哲学社会科学版)	1983年第3期
11	"中庸"新探	徐克谦	学术月刊	1984年第10期
12	再论"中庸"	申辰	国内哲学动态	1985年第2期
13	孔子中庸含义析	王法周	郑州大学学报(哲学社会科学版)	1985年第4期

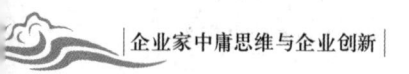

续表

序号	文章名	作者	刊物	期数
14	"中庸"——孔子的矛盾方法论	韦感恩	汕头大学学报	1986年第1期
15	孔子"中庸"辨正	吴桂就、全秋菊	孔子研究	1988年第2期

1990年代以后,关于中庸思想的研究依然引发许多学者的关注,更多的文章源源不断地见诸各种学术期刊。尽管仍然有一些不同观点的争论,但是整体上对于中庸思想的肯定意见还是占据主导,关于中庸作用价值的讨论并未出现太多创新性的学术观点。文史哲领域的学者的研究更多开始聚焦对《中庸》经典的考据、诠释并展开深入的探讨。进入21世纪以后,随着中华传统文化的价值日益受到重视,中庸思想的研究日趋多元化,社会学、心理学和管理学等领域的学者开始关注中庸思想在现代社会生活和企业管理等方面的作用价值,他们运用多学科交叉的方法对中庸开展新的研究,使古老的中庸智慧焕发出新的活力。关于现代社会科学对中庸的研究,本书将另辟章节进行介绍和总结。

第三节 中庸的定义和内涵

一、关于中庸含义的讨论

对于"中庸"的定义及内涵,《论语》和《中庸》里都未进行明确界定,这也引发了后续学者对中庸内涵的各种解释和讨论。其中,北宋的程颢、程颐和南宋的朱熹对"中庸"的解释具有较大的影响力。二程兄弟认为"不偏之谓中,不易之谓庸。中者,天下之正道;庸者,天下之定理"。朱熹对中庸的理解是,"中者,不偏不倚、无过不及之名。庸,平常也""中庸者,不偏不倚、无过不及,而平常之理,乃天命所当然,精微之极致也。惟君子

第二章　传统文化里的中庸思想

为能体之,小人反是"。朱熹对"中"字的理解基本延续了二程兄弟的说法,但对"庸"的理解有所差异。朱熹对此还在《中庸或问》中进行了说明:"庸字之义,程子以不易言之,而子以为平常,何也？曰：唯其平常,故可常而不可易,若惊世骇俗之事则可暂而不得为常矣。二说虽殊,其致一也。但谓之不易,则必要于久而后见,不若谓之平常,则直验于今之无所诡异,而其常久而不可易者可兼举也。"可见,朱熹更强调中庸是需要在平常实践中持续地用中,认为只有平常的东西才是实践中能长久的(陈来,2007)。

著名哲学家张岱年(2023)在《正道:中国文化传统》一书里的《孔子哲学解析》中,将"道中庸而疾必固"作为孔子思想的十个要点之一。张岱年指出:事情有一个适当的标准,叫作中;超过这标准,就是过;没有达到这标准,就是不及。处理许多事情,要合乎这个标准,这就是执中。这标准是经常性的,故称为中庸。按照张岱年的看法,"中"是合适的标准,"庸"指的是经常,与朱熹的观点相接近。张岱年进一步分析说,中庸有两层意思:第一,肯定事物的变化超过一定限度就要转向反面。第二,要求坚守这个限度,以免转向反面。这第一层意思合乎辩证法,第二层意思就是反辩证法的了。无论在自然界还是社会历史里,事物在发展过程中,在一定条件下,必须保持平衡,才能维持事物的存在状态;而在另一条件下,必须打破平衡,才能继续向前发展。如果不论在什么条件下都要保持平衡,那就难以进步了。张岱年还指出,孔子讲中庸,要求遵守一定标准,但他又反对"必""固",认为不宜不顾条件专守某一固定标准。《论语》里对此有多处阐述,例如:"毋意,毋必,毋固,毋我"(《论语·子罕》),"微生亩谓孔子曰：'丘何为是栖栖者与？无乃为佞乎？'孔子曰：'非敢为佞也,疾固也'"(《论语·宪问》),"无可无不可"(《论语·微子》)。所谓"毋必毋固",所谓"疾固",所谓"无可无不可",都表示处事接物要看实际情况,要有一定的灵活性。可见,

33

孔子一方面讲"过犹不及",一方面又着重"毋必毋固",这些思想中都包含着辩证法。

著名儒学研究专家庞朴(1980)在《中国社会科学》发表的《"中庸"平议》中,对"中庸"的含义做了进一步的总结和阐释。庞朴认为,"中"字所体现的不偏不倚,有真、善、美三层意思。"中"字具有价值判断上的"善",和认知判断上的"真"。"中"字还体现了美的"和"。"和"是两个或两个以上事物结合一起,形成某种和谐的状态;这种状态相对原来的事物,可被称为"和"。"和"就是一种美。庞朴指出,"庸"字有"用、常道、平常"这三个含义。"庸者,用也",中庸就是用中。"常道"则表示绝对的存在,常是对变而言的不变,因此将用中表达为中庸,体现的是儒家提倡的用中不是主观设定,而是恒久不变的,因此应作为常道来遵守,这也体现了二程说的"不易之谓庸"。平常就是朱熹对庸字的理解,体现在平常的生活实践中,中庸之道不离平常的人伦日用。为此,庞朴(1980)指出:"执两用中,用中为常道,中和可常行,这三层互相关联的意思,就是儒家典籍赋予'中庸'的全部含义。"

王岳川(2009)认为,"中"表征为一个恰切的"度",是在面对复杂对象时精确把握事情的"分寸"。"中"强调既不能过,又不能不及。"庸"的理解应该回到古代的语境。汉代的许慎在《说文解字》中认为,"庸者,用也"。"用"指的是实践,是把握到纷繁复杂的事情的度,并将这个度运用到生活与实践中。《尔雅·释诂上》认为,"庸,常也"。因此,中庸的本义是指中道和常道,即日用常行之"礼"。中庸的本质不是一般的平庸平常,而是由"礼"转化而来的,是礼的理论化和哲学化。这种"礼"不是制度规章、繁文缛节,而是从人的心理结构中透出的思想观念和价值体系对人的基本要求。因此,中庸不是平庸和放纵,而是用合乎"礼"的要求来约束自己,把握合适的"度",不要对人生做太多欲望贪婪的"加法",而是把握合适的"度",

在做生命的"减法"中得其本真之"度",不偏不倚,不去做"怪力乱神"的事,依循正常的生活规律去做,才能成为守节持中恒常有度的君子。

黎红雷(2013)对中庸的本义进行了分析,认为"中"的本义是"中间",当然,这里的"中间"不是指刚好正中的那一点,而是指两个极端之间任何适中的点,进而推出"中"的三义:中正、中和、时中。"庸"的本义为"用",由此也推出"用"的三义:用中、平常、不变。因此,"中庸"的本义是"合适",包括三义:恰到好处、不偏不倚、动态平衡。

总之,关于中庸的解释及含义众说纷纭,但是有一些基本的内涵是基本上得到认可的,其主要的精神在于"执两端而允中",认为过犹不及,不要走极端,而应当恰到好处地寻求合适的平衡,实现整体和谐。中庸需要在日常的实践中坚持不懈地进行锻炼,才能把握和拿捏好尺度,实现不偏不倚。

二、中庸的基本内涵

基于前文的文献梳理与分析,本书认为中庸的基本内涵主要体现在执两用中、时中权变、中和圆融三个方面。

(一)执两用中

执两用中是指考虑问题时要基于事物的两端出发,从整体和全局的高度思考和决策,寻找适中的平衡点,而不要陷入某个极端。《中庸》里,子曰:"舜其大知也与!舜好问而好察迩言,隐恶而扬善,执其两端,用其中于民,其斯以为舜乎!"这是孔子赞赏舜善于执其两端、合理用中的高明管理智慧。通常而言,事物都包含着相互对立、相互依存、相反相成的两个方面,必须充分考虑矛盾双方的各种情况,力求全面、系统地思考和行动,适中适度,找到恰如其分的均衡点,无过无不及,避免偏颇。

但是,"用中"并不是简单地取两端中间的折中主义,而是在坚持某些

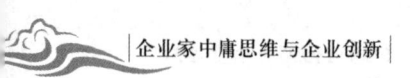

不变的原则基础上寻求两个极端之间恰当的平衡点(刘昌,2019)。《中庸》有言:"诚之者,择善而固执之也。"着重指出要坚持善的原则不动摇,而不是无原则、无立场的"和稀泥"。北宋程颐认为"不偏之谓中,不易之谓庸。中者天下之正道,庸者天下之定理"(《四书章句集注》),强调要在坚持不变法则的基础上寻找不偏不倚的适合点。

(二)时中权变

根据中庸的思想,面对环境的各种新情况和新变化,不能机械教条地因循守旧、墨守成规,而应当审时度势、通权达变,寻求合适、恰当的新平衡点。所谓"君子之中庸也,君子而时中"(《中庸》)。"时中"认为,任何事物都将随着时代的变迁而不断产生新变化,因此人们的行为也必须进行相应的调整,尊重和理解新的运作规律,与时俱进地采取合乎时宜的新思路、新办法。西汉《盐铁论》也指出:"明者因时而变,知者随世而制。"可见,在"时中"的基础上,还必须注重"权变"。"权"的本义是称重时秤砣在秤杆上不断来回移动以寻找平衡点,后来引申为要根据具体情况灵活变通,相应地调整策略。孟子曰:"执中无权,犹执一也。所恶执一者,为其贼道也,举一而废百也。"(《孟子》)。这告诉我们,在处理问题时,不能僵化和教条,而应当立足当下的实际情况,结合具体情境,实事求是地采取契合的办法。因此,时中权变是一种动态的"用中",体现了原则性和灵活性的有机统一。

(三)中和圆融

中庸思想认为,天地万物乃至相互对立的事物之间,必须相互配合、和谐共存,才能实现共同生存和持续发展。《中庸》有言:"中也者,天下之大本也;和也者,天下之达道也。"和谐是中庸甚至整个儒家思想希望达到的目标。或者说,"中"更多的是手段或方法,而"和"是结果与境界。而且,"君子和而不同,小人同而不和"(《论语》)。中庸的"和"并不是要排斥和消除异质性,不是无原则的苟同和千篇一律的统一,而是在尊重多样性和差异性基础上的和谐共生。"万物并育而不相害,道并行而不相悖""致中和,天地位焉,万物育焉"(《中庸》)。"和"并不意味着事物内部没有矛盾、冲突和斗争,而是各方力量能够相互包容、求同存异,积极调和矛盾、平衡冲突、减少内耗,努力顾全大局、寻求共识,共同营造和谐圆融的环境,进而实现对立事物之间的相互补充与融合,相济相成,使整体系统功能得到好的发挥,实现组织内外和谐共生。

第三章

现代社会科学的中庸研究

随着中国情境下的现代社会科学的发展,作为中国传统文化重要精髓的中庸思想日益受到心理学、社会学和管理学等领域学者的重视,中庸思想逐渐从传统的文史哲领域拓展至其他社会科学。这些学科基于独特的视角,充分运用现代社会科学的一些研究方法,特别是心理学实验和问卷测量等定量方法,不断深化和丰富着对中庸思想内核的研究。

第一节 中国人民族性格与中庸的研究

著名社会学家沙莲香于1980年代开展了中国传统文化与中国人民族性格的研究,将历史的研究与现实的研究、质的研究与量的研究相结合,将性格构成要素与其机构的分析相结合,在社会上产生了较大的影响。沙莲香(1990)在《中国民族性(二):1980年代中国人的"自我认知"》一书中,通过对中国人民族性格进行结构特点的考察和分析发现,"中庸"在中华民族性格结构中具有核心作用。

沙莲香等(1990)通过调查发现,中国人性格结构上具有双重人格特质的圆满结合,就是心理反差及反差的趋中性,即匀称性。沙莲香认为,中国人性格的双重性格结构及其趋中性特点,同中国文化的双重结构及其趋中性或匀称性密不可分,主要表现为儒家人文主义和道家自然主义的圆满结合,而儒道之间的圆满结合点即在中庸,中国文化几千年绵延而不绝,其机理藏于中庸,在儒道之间。对"中庸之道"的绝妙发挥则是古老文化中"天""地""人"三才合而为一的理念境界,文化理想中"修身齐家治国平天下"的典型性格和"六十而耳顺,七十而从心所欲,不逾矩"的成熟人格,是至刚至柔的宽大温厚性情、"圆而神"的智慧等。而对之恶性发挥,又可对包括糟粕在内的不合时宜的存在之绝妙维系和保护,使其圆而满之、完而善之、凝而固之。

沙莲香(1998)认为,中庸在中国文化价值体系中的价值含量是最大的。中庸作为一种国人所具有的人格特质,是至大至刚、包容万物,同时又循循有道、修己化人的人格基础。而且,中庸这一人格特质还意味着"慎独",以及对人的七情六欲的控制和诱导,使之不随欲而发,而是发皆中节。当然,中庸难能,需要人们在知与行的过程中不断地破释其意,领悟其妙。中国人的圆熟老成、左右逢源、"圆而神"的智慧和心力,均本于中庸之道,本于重中正,求圆满。

沙莲香(2001)在《中国人百年:人格力量何在》中提出"中庸人格"的概念,并指出中庸是中国人基础人格的核心。其将中国人人格构成质素分为基质和亚质。基质是构成中国人人格的基本质素,由基质构成基础人格;亚质是构成中国人人格的次级质素,为基质所派生。基质包括忠恕、笃行和中庸,亚质诸如勤、俭、孝、忍等。中庸之所以是基础人格的核心,是指其在忠恕、笃行和中庸这三个人格基质中如同一根轴,它的转动能左右其他两种基质,从而能决定中国人人格的基本特征。当然,强调中庸是中国人基础人格的核心,是就其人格结构的功能而言,而不是它价值上的优或劣。从人格结构的功能来看,中庸最具组织和配置的正负功能,因为任何一种人格质素在人格实现的过程中都有如何发挥作用的问题,都有可能发挥过头或不及的时候。中庸之道就在如何发挥的过程中起作用。"中庸"的权衡、辨识、运筹和手段选择的作用非常重要。所以从这点来看,外国人觉得中国人复杂、难以捉摸,是有理由的,因为在外国人那里是不大能理解中庸在中国人人格结构中的组织功能的。因此,"中庸"本身是一种非常优秀的文化特质。但是,要达到"致中和"的状态非常不容易。孔子对这点也认识得很清楚,所以孔子才说"中庸其至矣乎!民鲜能久矣。"(《中庸》)。君子才能中庸,成熟的人才能中庸。沙莲香认为,从这个意义上说,中庸是人格成熟的表现。

中国人民族性格结构之所以具有心力,能使民族文化传统得到维系和发展,是因为这个民族性格结构具有比较合理的组合,能将各种个人特质合理地组织成一体,而其关键在于"中庸"所起的特殊作用。中庸使中华民族性格中的理想和现实之间的冲突找到了一种调节和均衡,使我们的民族性格富有弹性(沙莲香,2019)。

沙莲香关于中庸与中国人民族性格的研究综合运用了社会科学的定性和定量的方法,对中庸人格特质潜在的和显在的状态及其功用,在数据分析及其模糊聚类中得到了验证。该研究系统诠释和论证了中庸在中国人民族性格中的核心作用,从而深化了对中国人性格结构的理解,也对中庸在影响及塑造中国人民族性格中所起的作用有了更加丰富的认识。沙莲香的研究基于严谨的社会科学研究方法,其对中庸的研究及其发现,让我们更加深入地了解中国人的性格特征,以及中国传统文化里的中庸之道对中国人为人处世的影响,也为我们基于中庸的视角来探讨当前企业管理者的决策和行为提供了重要的启示和借鉴。

第二节 心理学视角的中庸思维研究

一、中庸思维的心理学研究历程

关于中庸的心理学研究,一般认为肇始于杨中芳和赵志裕在1990年代的探索性研究。1996年,在香港大学心理系任教的杨中芳和赵志裕参加了香港中文大学张德胜教授主持的关于"传统思想与现代社会"的研究项目,从中孕育、构思和开展了一个以"中庸"为主题的心理学研究,形成了初期的研究成果。该项研究成果以《中庸实践思维初探》为题,首次基于心理学的视角提出"中庸实践思维"的构念,将"中庸"建构为一套"元认知"的"实践思维体系",是人们在处理日常生活事件时用来决定该如何选择、执行和修正行动方案的指导方针。该篇论文首次编制了"中庸实践思维"的量表,包含16项迫选题的题项。

杨中芳和赵志裕指出,中庸不仅是儒家理想人格的楷模,"士"的修养目标也是当前人们经常挂在嘴边但又经常引发争议及诟病的概念,值得将其当作一个至今仍在使用的本土构念来开展研究,以理解现代社会中人们生活的准则与意义。

从1997年至今,杨中芳把中庸心理学的研究视为发展本土心理学的一项事业,始终不遗余力地持续推动,并吸引和集聚了一批学者参与到中庸心理学的研究中(杨中芳 等,2024)。杨中芳从2001年起担任广州中山大学心理系复系后的首任系主任,带领中山大学的老师和研究生钻研中庸的议题,促使中庸心理学在大陆逐渐起步和发展。她2006年退休后又开始与台湾大学的林以正教授等合作,不定期组织举办中庸心理专题论坛,多次举办"中庸心理学研讨会",或者在相关心理学年会上举办"中庸"专题研讨会及工作坊,并出版了两期关于中庸心理学的论文集,使中庸心理学的研究日益引发关注,研究团队不断扩大,开辟了本土心理学的新领域(杨中芳,2014)。

二、中庸思维的内涵及其测量

杨中芳和赵志裕(1997)的开创性研究将"中庸"视为一套指导人们在应对具体生活事件时如何思考、抉择和执行行动方案的认知思维体系。这套思维体系是指导人们在日常生活中如何为人处世的思维方式,共涵盖8个主要的子构念:天人合一、两极思维、后果思维、静观其变、不走极端、顾全大局、合情合理、以退为进。按照中庸的原则,人们在天人合一与两极思维的宇宙观指导下,在日常生活中的行动主要有四个重点:(1)静观其变:实行自我约束,不随一己的情绪而采取即时行动;(2)顾全大局:细查和顾及自己行动可能涉及的所有其他人;(3)后果思维:以自己行动的后果作为选择行动的重心;(4)恰如其分:使用以和为贵、合情合理、不走极端、以退为进等策略作为行事的准则。在此基础上,杨中芳和赵志裕编制了第一份中庸实践思维的量表,用16道迫选题分别测量这8个子构念,每个子构念用2道题测量。在这份量表中,每个题目包含两个陈述句,一个是中庸的陈述句,另一个相对应的是非中庸的陈述句,含义和所对应的中庸构念相反。测试者需针对每个题组里的两个陈述句,选择一个较为赞同的题项,并评价其赞同程度。选择中庸陈述句越多且评价越高,拥有中庸思维程度越高。

杨中芳和赵志裕(1997)对传统中庸思想基于现代心理学研究开展了构念化的开创性工作,该构念看似很全面,包含的内容非常庞杂,涉及价值观、感知方式、行动策略等方面,且8个子构念所涉及的思维层次也不同,然而其只是编制了测量量表,并没有进行规范的信度和效度检验。但是,必须指出的是,该项工作是中庸本土心理学的重要尝试和探索,具有里程碑式的重要意义。

在杨中芳和赵志裕开拓性工作的基础上,赵志裕(2000)对该量表进行调整后并进行了信度和效度的研究。赵志裕将之前的中庸构念组合成三个部分:(1)以"中和"为行动目标;(2)强调在作决定时要认清事物间的复杂互动关系,顾全大局;(3)主张在制定行动策略时要执中,避免偏激。根据该构念化内容,赵志裕将之前的量表精简为14题,部分题项的陈述也略作调整,然后在香港、台湾、广州等五个地区测试量表的信度和效度。该调查的受访者共2013人,男女比例相当,年龄在18岁到83岁之间,95%以上的被访者只有初中教育程度,大部分有固定职业。结果显示,该量表具有较为满意的信度和效度。但也有研究认为赵志裕的研究并未对原量表的16题项为何删除两题进行说明,且其使用儒家传统价值和公私我意识作为中庸效度检验的指标是否合适值得商榷(吴佳辉 等,2005;黄金兰 等,2012)。

吴佳辉和林以正(2005)在对中庸思维概念内涵进行梳理的基础上,重新对中庸思维量表进行编制。他们将中庸思维定义为由多个角度来思考同一件事情,在详细地考虑不同看法之后,选择可以顾全自我与大局的行为方式,包括多方思考、整合性和和谐性三个维度来进行问卷题项编制,测项共13题。多方思考指认清外在信息与自己本身内在要求的情况,并详细考虑,从不同角度与想法进行思考;整合性是指个人将外在环境的信息与内在想法进行整合;和谐性强调以不偏激和和谐的方式作为行动准则。该量表的测试在台湾的大学生群体中进行,具有良好的信度和效度。而且,将该量表与杨中芳、赵志裕所编制的中庸量表进行比较发现,在各项心理计量特性的表现上,该量表的指标都优于杨中芳和赵志裕之前的量表。尽管吴佳辉和林以正(2005)的量表开发主要侧重在意见表达的情境叙述作为依据和背景,但由于该量表具有较好的信效度,又是自陈式量表,在大样本实证检验上容易使用,因此在后续的中庸思维研究中得到了

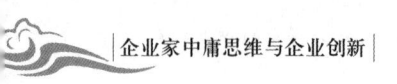

非常广泛的应用。

从 1997 年的开拓性工作开始,杨中芳一直潜心研究中国传统文化核心的中庸思想对中国人心理与行为的影响,并具体致力于对中庸进行心理学研究的构念化,期待将该构念发展为一个可以和西方社会心理学对话的文化意义系统(杨中芳,2008)。她希望用本土研究进路的方式,将传统文化与社会科学相结合,运用传统文化的智慧,为现代社会作出贡献(杨中芳,2009)。为此,杨中芳持续修订和完善她和赵志裕之前的构念化工作,充分吸收其他学者的研究成果和意见建议,逐步形成一个"中庸实践思维体系构念图"作为中庸心理学研究的总体架构与研究路线图。该构念图经过杨中芳及其研究团队的多次修订完善(杨中芳,2008;杨中芳,2009;杨中芳,2010;杨中芳等,2012;杨中芳 等,2014),目前最新版本的构念图如图 3-1 所示。

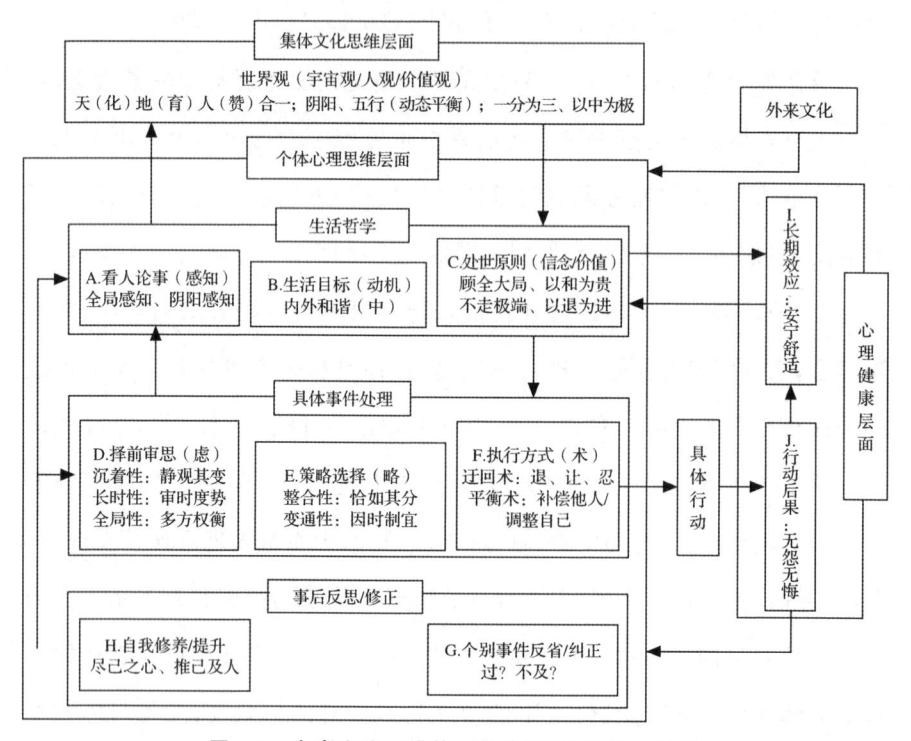

图 3-1 中庸实践思维体系构念图(杨中芳,2014)

中庸思维这一新的构念图涵盖了五个不同层面的子构念:一个是集体文化层面,三个是个体思维层面:生活哲学、具体事件处理、事后反思/修正,以及一个反映个体生活适应及心理健康层面的构念。中庸心理学的研究主要针对个体的这三个中庸思维内容来进行探究。考虑到集体文化层面是基于本土心理学的视角,因此要将研究对象(当代中国人的社会行为)放到中国人的文化脉络里来探查问题和寻求解答。个体所表现的处理工作生活中的具体事件等社会行为是受其所持有的思维方式影响的,而这套思维方式与其所处文化集体经年累月所沉淀下来的一套特殊的世界观密不可分(杨中芳,2014)。这套世界观包括"阴阳、五行(动态平衡)"的宇宙观,"天、地、人相互依存"和"人、我相互依存"的人观,以及"一分为三""以中为极"的价值观。心理健康层面不是个体中庸实践思维的一部分,但它们是用来评估中庸思维运作效度的依凭,就是个体中庸思维层面三组子构念的效标。心理健康是指运用中庸思维来处理具体生活事件时希望达致的心理效应,包括"行动后果:无怨无悔"和"长期效应:安适宁静"两个子构念(杨中芳 等,2014)。

中庸心理学研究的个体心理层面的中庸实践思维包括三部分内容:(1)生活哲学,包括看人论事(感知)、生活目标(动机)、处事原则(信念和价值观)。中庸思维对世事的感知具有全局感知和阴阳感知的特点,所追求的生活目标是个体内心及人际都维持相对和谐、安宁的一种"中"的状态,处世原则经常包括顾全大局、以和为贵、不走极端和合情合理等。(2)具体事件处理,包括择前审思(虑)、策略选择(略)和执行方式(术)。中庸的择前审思,就是扩大视野、全局思考,以及审时度势和多方权衡等;中庸的策略选择的精髓在于恰如其分,力求不偏不倚、无过无不及地尽量照顾到各方的情况和诉求,而且善于因情境的不同灵活变通;中庸的执行方式主要目的是维持自己与周围人的和谐相处,以和为贵,尽量避免人际冲突。

(3)事后反思和修正,包括对当前具体事件的检讨及纠正,希望将来在策略和技巧的运用上能做到无过无不及,也包括自我修养的提升,即通过具体事件的体会和反省,让行动者对自我与他人进行再认识,对中庸哲学再评价,从而提高自我修养并肯定中庸的价值。

杨中芳提出的中庸实践思维体系构念图是一个庞大的结构体系,既整合了之前的一些研究内容,也为下一步关于中庸思维的内涵及测量的研究和实证检验提供了思路。例如,吴佳辉和林以正(2005)所测量的多方思考、整合性和和谐性这三个维度刚好测量了中庸实践思维体系构念图中在具体事件处理层次三个不同阶段的思考特性:择前审思、策略抉择和方案执行(杨中芳,2010;杨中芳 等,2012)。黄金兰等(2012)则在杨中芳和赵志裕(1997)中庸实践思维量表的基础上,针对该量表在研究概念上的过度复杂化、与社会赞许的关联、迫选形式的疑虑,以及缺乏信效度等关键问题作了进一步的改进和检验。该研究基于台湾地区北部某大学心理学课程的大学生中进行数据收集,经过因子分析后进行题目筛选,并将两类题组适当地合并成为迫选的评量式量表,共9个题项,且该量表具有稳定的信效度。该量表测量的内容主要对应杨中芳(2010)所提出中庸思维体系构念图中生活哲学层次上的有关处世原则(包括信念/态度/价值)这一子构念的内容,因此该量表也被命名为"中庸信念—价值量表"(黄金兰 等,2012)。杨中芳和林升栋(2014)对黄金兰等(2012)的量表进行进一步的分析后,认为该量表包含拔高视野和自我收敛两个维度:"拔高视野"反映的是中庸思维中有关用全局和阴阳感知来理解及处理人、事的内容,都强调拔高认知的视野;"自我收敛"体现的是遇事要沉着应对、不过激,对人要退、忍、让的信念/价值,强调不走极端。

杨中芳进一步探索用心理学的研究方法对其所提出的中庸实践思维体系构念图的建构效度开展研究。杨中芳和林升栋(2012)将构念图中涉及的13个关键构念进行测量并进行相关分析,借此检验这些构念是否确实是图中所构想那样的相互连接的结构化体系,并探讨该图及相关测量工具今后的修订方向。这13个关键构念分别为:"两极感知"和"转换感知"的认识世界方式,"待人守则"、"拿捏意识"和"处世信念/价值"的处世原则,"趋势掌握"和"多面性"的择前思考,"整合性"的抉择策略,"和谐性"的抉择执行,"公我意识"和"私我意识"的事后反思,以及"生活满意度"和"安适感"的事后心理状态。研究基于厦门大学128名本科生的实证数据发现,除了"转换感知"外,其他关键构念间的相关形态基本上与杨中芳所提出的构念图的构想相吻合,显示这些关键构念所组成的相互连接体系的合理性。在此基础上,杨中芳等(2014)又对中庸构念图的建构效度进行了再次检验。这次新的检验用新编的几个中庸量表弥补了原来图中一些子构念没有测量工具的缺陷,使检验更为全面;同时引进了家庭功能指标、临床症状和工作满意度等新的效标变量,这些都与受测者的日常生活息息相关,检验更能反映中庸在现实中的作用;还控制了社会赞许的影响,从而更纯净地检验图中各子构念之间的关系;并且针对之前使用大学生作为测试群体的缺陷,采用307名企业员工的样本,使结果的稳定性提高。新的检验研究结果也基本上支持了中庸构念图的设想,而且发现"转换感知"与其他变量之间具有较好的相关关系,这可能是因为杨中芳和林升栋(2012)的研究主要采用的是大学生样本,而新的研究采用的则是较大规模和较多样化的企业员工样本。

三、中庸思维对生活的影响

中庸思维作为人们在为人处世时的一种重要准则和认知方式,也是一种应对生活的智慧,对人们日常生活中的心理和行为有着深远影响。不少心理学领域的研究围绕中庸思维如何影响个体和家庭的情绪管理、心理健

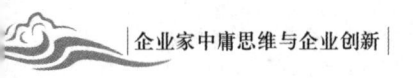

康、心理适应能力、决策行为等内容展开了具体的研究。

郭侃和曾维希(2012)通过分析校大学生的大样本问卷调查数据,探讨了大学生的情绪调节、中庸思维与情绪状态的关系。研究发现,中庸思维使个体倾向于使用认知重评的情绪调节方式,但没有在认知重评与情绪之间起调节作用;中庸思维在表达抑制和负性情绪之间具有负调节作用;中庸思维程度较低时,表达抑制和负性情绪显著正相关;中庸思维程度较高时,表达抑制和负性情绪无显著相关。

阳中华(2012)通过抽取401户家庭成员,探究了中庸实践思维对家庭功能和心理健康的影响,研究发现,中庸实践思维对家庭功能及心理健康具有正向的显著影响,中庸实践思维在家庭功能与心理健康中具有中介效应。阳中华和杨中芳(2014)进一步分析了中庸思维对家庭生活的影响,他们基于856位来自湖南省三所重点中学高中生家长的样本实证研究发现,中庸信念及实践变量对家庭功能和生活满意度都有综合预测力,其中中庸实践变量的预测力高于中庸信念变量。李原(2014)则研究了中庸对工作压力因素与工作—家庭平衡的调节影响。研究发现,中庸思维在工作过荷与工作—家庭冲突的关系中起着缓冲的调节影响,中庸思维在工作承诺与工作—家庭促进的关系中起到增益的调节作用。

林玮芳等(2014)通过对131名大学生被试参加的文本分析的实验研究,探讨了中庸思维对心理适应能力的影响。研究发现,中庸思维所蕴含的阴阳转换思维,再辅之以适当时机下的具体转念行动,有助于提升个体在面对不同生活事件背景下的心理适应能力。就是说,高中庸思维者要同时具备掌握阴阳转换时机的能力,才能展现中庸的正面效应,促进情绪调节和心理健康;个体在面对悲伤冲击时要快速抽离转念,在喜事临门时要先体会美好再转念思危,才能提升心理适应能力。李启明和陈志霞(2016)通过对526名大学生的问卷调查研究发现,中庸思维对社会适应具有积极的促进作用,即中庸思维的人能够根据内在价值需要以及外界环境的要求,采取适当的情绪表达,从而实现与社会环境的和谐相处。而且,情绪新评价、心理弹性在中庸思维与社会适应中起着中介作用,中庸思维、心理弹性和情绪新评价共同促进了积极社会适应。黄敏儿等(2014)从情绪灵活性的角度考察中庸思维影响个体社会适应的机制。基于问卷调查的实证数据显示,中庸思维通过评价灵活性为中介增进了个体的安适幸福感,促进了内心安宁;中庸思维通过情绪表达灵活性为中介增强了社会支持感。

王飞雪和刘思思(2014)综合运用实验和问卷的方法研究了中庸思维对中国人自我评价不一致的影响。研究发现,中庸思维水平越高的个体,其自我不一致性评价引发的自我矛盾冲突感越低。中庸思维水平越高的个体,其整合性思维能力越强,这种能力将有助于个体降低在进行自我不一致性评价时所引发的自我矛盾冲突感,即中国人会通过整合性思维使矛盾的自我得到内部整合,从而实现内心和谐。

叶晓璐和张灵聪(2014)尝试探讨中庸思维人群的决策特点,采用定性与定量相结合的方法考察了中庸思维人群的决策行为特点和思维路径。研究结果显示,高中庸思维者在对他人投资的回报上显著高于低中庸思维者,高中庸思维者比低中庸思维者更多地进行长远的后果推演,高中庸思维者的心理平衡比低中庸思维者更受人际情境中亲疏关系的影响。这就意味着,对高中庸思维的人来说,即使所作出的决策与个人所得利益相关,也会把自己放在更大的空间、更长的时间框架里进行思考,从而做出更有利于对方的决策,希望建立更长期、更良好的关系。

毕重增(2018)探讨了在社会变迁所引致的关系流动背景下中庸实践思维对自信的作用机制。他基于两个实证研究发现,中庸思维对自信的作用方式有实践领域和过程性的区别:在为人和做事领域直接作用于自信,在自我领域则通过对关系流动性的调节作用于自信;中庸实践过程因子

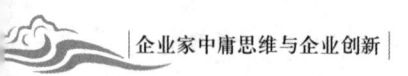

(多方慎思、沉着克制、事后反省和迷惘委屈)对自信也存在不一样的作用方式。在当前时代背景下,中国人的社会关系从传统人际关系到现代流动性人际关系不断转变,中庸思维在个体自信品格塑造、群体与文化自信建构中具有重要的价值。

综合上述中庸对个体和家庭生活影响的研究可以发现,作为中华传统文化精髓的中庸思维在现代中国人的社会生活中仍然起着十分重要的作用。以"中"为美、讲究动态平衡的中庸思维是华人适应社会的重要调节机制与生活之道,和心理健康、生活满意度、信任感、正向情绪、工作－生活的平衡和主观幸福感等显著正相关,会导致比较少的焦虑、抑郁和负向情绪。中庸思维对人们和家庭的心理舒适安宁、人际和谐、社会适应都具有重要的积极作用。当然,在当前时代背景发生剧烈变化的情况下,中庸思维对个体和家庭生活的研究仍然有许多值得进一步探究之处。例如,随着数字化时代的到来,当前中国社会的人口结构、社会关系、工作特征已经发生了巨大的变化,那么传统中庸思维在新生代的年轻人及年轻家庭中是否依然发挥作用?此外,数字媒体的广泛使用和人工智能技术的进步使得人们的工作和生活方式面临着许多新的机遇与挑战,中庸思维在其中对当下中国人,特别是年轻人的生活将产生何种影响?这些都有赖于通过进一步的调研访谈、实验、网络大数据分析和大样本调查等综合方法的运用,以及对中庸思维与个体、家庭生活的作用关系、作用机制开展更加全面和深入的探究来回答。

第三节 管理学领域的中庸研究

作为极具中国情境的概念,本土心理学领域关于中庸思维的研究也引发了管理学研究学者的重视,使得中庸思维的研究逐步拓展至管理学特别是工商管理领域。目前这部分研究主要体现为三个方面：一是部分学者对中庸思想与现代管理的关系进行分析和阐述（刘先海 等，2003；冯军 等，2007）；二是一些学者考虑前期中庸思维量表的开发主要基于台湾地区和香港地区的大学生样本，而中国内地（大陆）与港台地区在亚文化上存在一定差异，于是重新基于内地（大陆）在校大学生或者MBA学员的样本，对中庸思维的内涵及量表做进一步的探索和完善（杜旌 等，2015；辛杰 等，2020）；三是大量的研究基于既有的中庸思维量表进行大样本实证研究，考察在企业管理的情境下中庸思维所产生的影响和作用（陈建勋 等，2010；段锦云 等，2011；赵可汗 等，2014；马鹏 等，2018）。

一、中庸思想的现代管理价值阐述

刘先海和谭力文（2003）指出，"中庸之道"是中国传统智慧的精髓，只有走不偏不倚之路，才能治理好国家和管理好社会。中庸不仅是人类伦理追求的一大目标，应用于管理学依然值得管理者孜孜以求。中庸管理是指在企业管理过程中，明察事理，明辨是非，使各种经营管理活动既不"过火"又无"不及"，随时应变，把握好"度"，以确保企业健康稳步地向前发展。企业应该实施中庸管理，在企业计划、组织、领导和控制等管理的各个环节，都应该注入中庸管理精髓。在纷繁复杂的市场经济中，管理者要推动企业发展而又不陷入发展危机，必须坚持走"中庸之道"。

冯军和雷原（2007）对中庸管理学理论体系的构建进行了分析和论述后认为，中庸作为一种哲学观，用这种哲学观去研究管理领域得出来的对管理学的一般原理性的框架结构，就是中庸管理学。中庸主要包括五方面内容：(1)事物是由阴阳构成的整体，阴中有阳、阳中有阴；(2)阴阳两极在"中"的支配下和谐一体地变动和相互消长；(3)"中"是动态的"中"，就是通常讲的"度"，要把握好"度"；(4)中和之道；(5)中庸与权变的关系，是一般性与特殊性的关系。中庸的核心是和谐观,其实质是"天人合一",因此组织要以"天人合一"为终极理想。无为而治是中庸管理学的方法论,无为而治必须以文化和制度体系建设为保障。他们进而提出了中庸管理学研究的内容和体系构成,用中国传统语言来表述,即"道、天、地、人、法、术、形、势、知",强调中庸管理学应该以中庸之道为管理的核心内容,对待事物要先有综合整体的考虑,也就是要有系统性思维,然后再进行分析思维,逐步具体化。

黎红雷(2013)认为,中庸具有中正、中和、时中、用中、平常、不变、恰到好处、不偏不倚、动态平衡等多重丰富内涵,同时蕴含着"正—反—中"的中庸辩证法。把中庸辩证法运用到管理活动中,正确处理"为己与为人""正己与正人""修己与容人""行己与安人"的辩证关系,便形成"立己立人"的中庸领导智慧;正确处理"王霸杂之""恩威并施""明德慎罚""德主刑辅"的辩证关系,便是"德法兼济"的中庸管理智慧;正确处理"见利思义""取之有义""先义后利""义利合一"的辩证关系,便是"义以生利"的中庸经营智慧。因此,中庸之道在现代企业经营管理中具有重要价值。

马晓苗(2021)认为,"中庸"不是对二元矛盾的简单折中,而是立足于"第三极"的独立视角,对矛盾两极要素的"整合"和"超越"。为此,结合庞朴提出的"一分为三"框架,通过对中庸思维的内涵以及"包""超""导""复"的矛盾关联机制的分析发现,"中庸思维"是一个复杂系统,满足自组织形成的基本条件,其运行演化规律可以用自组织涌现机理进行全面概括。

二、企业管理情境下的中庸量表开发

杜旌和姚菊花(2015)认为,之前关于中庸思维的代表性量表,无论是赵志裕(2000)的中庸量表,还是吴佳辉和林以正(2005)编制的量表,其中庸结构内涵都是在对理论文献进行整理分析的基础上提取的内涵,属于

"典籍中庸",并没有测量中国人在实际生活中感知并运用的中庸价值观,缺乏对中庸实践的验证,也缺乏对中国本土样本的适用性验证。经过漫长的时代变迁,当下的中国与传统中国社会相比已经发生了巨大变化,当代的中庸结构内涵也产生了较大变化,通过典籍文献来理解中庸无法完整展现中庸的本质特征。为此,需要根植中国本土文化情境探索中庸的结构内涵。本书基于我国中部某985高校在职MBA学员的调查问卷数据,探索中国情境下中庸价值取向的结构内涵,得到"执中一致、慎独自修、消极成就、消极规避"4个维度,其中,"执中一致"这一维度体现了中庸的本质特征,是中庸结构内涵的核心,体现了个体与外界交互作用时的一种价值取向,倡导采用"执中"(适中不偏激的行为方式)和"一致"(权衡周围环境,选择与外部环境一致的行为方式)的方式达到个体与环境的平衡。进一步,杜旌和姚菊花基于参照框架效应理论发现,相比于集体主义,中庸能更有效地解释中国员工的帮助行为;在高和谐导向氛围的情境下,中庸对集体主义有显著的促进作用。

辛杰和屠云峰(2020)在对中庸研究的文献内容分析基础上,通过对6位国学与管理学领域的专家和21位企业管理者进行结构化访谈并对开放式问题进行总结,同时借助672份有效问卷的实证研究,开发出一个包括5个维度和25个测量题项的中庸型领导的测量工具,并进行了内涵阐释。中庸型领导的5个维度为合度用中、整体和融、至诚化人、权变通达、包容接纳,这5个维度体现了致中和、尚中、中正、时中的中庸哲学,刻画了中庸型领导的行为特征。辛杰和屠云峰还将中庸型领导与真实型领导、道德型领导和变革型领导等概念进行了辨析,并提出了中国文化背景下践行中庸型领导的措施与建议。

三、中庸思维对企业管理影响的实证研究

一些研究主要考察了中庸思维对员工绩效的影响。例如,胡新平等

(2012)通过研究以重庆、广西、广东和上海等地的12家企业的426名员工的样本数据,考察员工中庸思维和绩效之间的关系,结果发现:员工的中庸思维对员工绩效有正向影响;员工中庸思维对组织和谐有显著的正向影响;组织和谐对员工绩效有显著的正向影响,而且,组织和谐在中庸思维与员工绩效之间具有部分中介的作用。Pan和Sun(2018)从自我规制的角度考察了中庸思维对员工适应性绩效的影响机制。通过对中国企业62个团队361名下属的两轮数据调查发现,中庸思维对员工适应性绩效的直接影响没有得到数据的支持,但中庸思维对员工的认知适应性和情绪控制具有积极的影响。中庸思维对适应性绩效的间接作用(通过认知适应性和情绪控制)受到工作复杂性的调节影响,即在工作复杂性水平较高的时候会有更强的作用。

不少研究重点关注中庸思维对建言行为的影响。段锦云和凌斌(2011)通过研究长三角地区的25家外资企业和民营企业的278份问卷调查数据发现,中庸思维与员工的顾全大局式建言存在正相关关系,与自我冒进式建言存在负相关关系。而且,授权在中庸思维与员工建言之间具有负向调节作用。在高授权情况下,中庸思维与顾全大局式建言之间的积极关系趋向平缓;而在低授权情况下,中庸思维与自我冒进式建言之间的负向关系逐步加剧。卿涛和刘崇瑞(2014)以北京和成都等地的高校以及房地产等行业的282名员工为样本,探讨中庸思维在领导—部属交换和建言行为之间的调节效应,研究发现员工的中庸思维对领导—部属交换和促进型、抑制性这两种建言行为之间的关系都具有负向调节的影响,这意味着高中庸思维的员工会更加谨慎地对待与上级之间的关系,相对于低中庸思维的员工,高中庸思维的员工较少会因为高质量的领导—部属交换而做出更多的建言行为。杜旌和刘芳(2016)认为中庸对建言行为的影响会受到中庸"审时度势"的影响,需要视不同的情境具体分析。他们以高科技行业的 27 个团队 159 位员工为研究对象,实证分析了在建言预期和地位知觉两种情形下,中庸对员工建言行为的影响。结果显示,在高建言预期和低地位知觉情境下,个体的中庸价值取向对员工建言行为有显著影响。Qu 等(2018)基于社会影响理论开发了和谐性建言这个新的建言构念,并基于中国企业的 352 位员工及其同事的配对样本考察了中庸思维对员工和谐性建言行为的影响。研究发现,员工的中庸思维对和谐性建言具有正向的影响,同事的促进型调节焦点强化了员工中庸思维对和谐性建言的积极影响,而同事的防御型调节焦点弱化了员工中庸思维对和谐性建言的积极作用。马鹏和蔡双立(2018)基于北京、天津、上海和广东等省、直辖市酒店业员工的调查数据发现,中庸思维将正向调节上司支持感与建言行为之间的关系,高中庸水平的员工更容易在上司支持感的作用下提出促进性建议,但这一调节效应在心理安全感和建言行为的关系中并不显著。Kim 等(2022)基于来自中国多个行业的 213 名员工的实证数据研究,发现中庸思维在心理安全对员工建言行为的影响上具有负向调节作用,当员工中庸思维较低时,心理安全对建言行为的影响更大。

有些学者重点关注中庸思维对员工沉默行为的影响。何轩(2009)探讨了中庸思维对互动公平与员工沉默行为的影响,他基于国内 22 个城市的 158 份企业员工的调查数据的实证研究发现,员工的中庸思维负向调节互动公平与漠视性沉默行为之间的负相关关系,也就是说,对于具有高中庸思维的员工而言,领导提高互动公平程度可以促使其改善漠视性沉默行为,但是对于低程度中庸思维的员工来说却没有作用;员工的中庸思维正向调节互动公平与默许性沉默行为之间的负相关关系,也就是说,对于低程度中庸思维的员工而言,领导提高互动公平程度可以促使其改善默许性沉默行为,但是对于高程度中庸思维的员工则没有作用。蔡霞和耿修林(2016)考察了中庸思维在基于自我保护动机的内隐建言信念与员工沉默行为的关系中所起的作用。他们基于江苏省和山东省的591份企业员工的大样本调查数据研究发现,中庸思维调节了内隐建言信念与防御沉默和漠视沉默的正向关系,员工的中庸思维程度越高,内隐建言信念与防御沉默和漠视沉默的正向关系越强。

中庸思维对员工的其他工作行为与态度的影响也引发了不少的关注和研究。孙旭等(2014)借助自我调节理论,探讨中庸思维在员工的坏心情与工作行为间的调节作用。他通过对72名员工历时两周的追踪调查发现,中庸思维在"心情—行为"的联系间具有调节影响,高中庸思维者的坏心情对组织公民行为的负向影响较弱,低中庸思维者的坏心情对组织公民行为的负向影响较强;高中庸思维者的坏心情对任务绩效行为产生正向影响,低中庸思维者的坏心情对任务绩效行为产生负向影响。赵可汗等(2014)认为,团队关系冲突在现实中是常态,特别是在讲究面子、圈子和关系的中国社会,关系冲突表现为圈子间的芥蒂与隔阂,极大阻碍了团队内信息深度加工。基于31家高新技术企业59个研发团队的405位团队员工和主管的数据分析显示,当团队成员的中庸思维总体水平高时,关系冲突对信息深度加工的负效应被显著地抑制。张军伟和龙立荣(2016)基于50名主管和294名员工的配对数据为样本的研究发现,中庸思维对宽恕氛围与员工人际公民行为的关系具有正向调节作用。具体来说,对于高中庸思维的员工,宽恕氛围对其人际公民行为有显著的正向影响;而对于低中庸思维的员工,宽恕氛围对其人际公民行为没有显著影响。蒋文凯等(2016)基于中国沿海某省份的26家公司、46个团队、206名员工的"员工—上司"配对数据的跨层次实证分析的研究发现,员工中庸思维与员工感知的领导成员交换关系呈正相关,主管的中庸思维加强了该正相关的关系。杨椅伊等(2017)通过对来自32家高新技术企业55个研发部门的411位团队成员和55位团队主管的实证分析发现,上级的中庸思维调节对感知成员间深层次差异与感知心理安全感之间的负向关系具有调节作用,这一负向关系在上级中庸思维高的时候相对较弱,而在上级中庸思维低的时候相对较强。Cai 等(2017)基于 32 家中国高科技企业的 100 个团队的数据研究显示,中庸思维调节了团队冲突和信息深度加工(information elaboration)之间的关系,具有高中庸思维的团队将使这两者之间表现出较弱的负相关关系。罗瑾琏等(2018)以 210 名企业员工为样本的研究发现,中庸思维负向调节双元领导与个人权力感知之间的关系,员工中庸思维越高,双元领导与个人权力感知之间的负向关系越弱。牛莉霞和刘勇(2021)基于 8 家高新技术企业 68 名员工连续 10 周的 656 份观测数据的实证分析发现,中庸思维会削弱矛盾体验和员工拖延行为之间的消极关系。

有学者重点关注中庸对员工幸福感的影响。Chou 等(2014)指出,中庸是一种应对压力的认知策略,也是生活的关键智慧和实践理性。他们将工作压力分为挑战性压力和障碍性压力,以情绪耗竭和工作满意度作为幸福感的指标,他们基于台湾地区的 394 名私营企业的员工为研究对象的实证研究发现,中庸信念减轻了障碍性压力对员工幸福感的危害,削弱了挑战性压力对情绪耗竭的负面影响,将挑战性压力转化为工作满意度。杜旌和刘芳(2014)通过对 325 名企业员工的实证数据调查数据分析结果发现,中庸价值取向所倡导的平衡与和谐能够帮助员工感知到组织公正和组织关怀,提升了员工的幸福感。

有研究重点关注中庸思维对决策的影响。陈岩等(2017)基于来自 58 个创业团队 450 名团队成员的样本数据,考察创业团队成员的中庸思维对团队决策效果的影响。实证结果显示,中庸思维对决策效果具有显著的正向影响,中庸思维对行为整合也具有显著的正向影响,行为整合在中庸思维与创业团队决策效果之间起部分中介作用,中庸思维与责任感知、包容氛围之间的交互对于行为整合具有显著的正向影响。李爽等(2021)通过来自11家企业的299份个体问卷数据的实证分析发现,中庸思维对工作压力、决策惰性具有正向影响;工作压力作为中庸思维影响决策惰性的传导机制,起着部分中介作用;心理资本正向调节中庸思维和决策惰性的关系。

有研究关注高管层面的中庸思维对组织战略或绩效的影响。陈建勋等(2010)通过193份企业问卷调查数据的实证检验发现,企业领导者的中庸思维对组织绩效有着显著的正向影响,组织两栖导向在中庸思维与组织绩效之间起着部分中介作用。王艺霖和王益民(2015)基于127家企业样本的实证研究发现,高管团队的中庸思维弱化了高管团队行为整合与战略双元之间的关系,即高管团队的中庸水平越低,高管团队行为整合对战略双元的促进作用越强。部分研究重点关注创业者中庸思维的影响。Ma等(2018)基于长三角地区的创业企业的调查数据发现,创业者的中庸思维对新创企业绩效具有正向影响,且关系网络在其中起中介作用。Kiani等(2020)基于珠三角的310家创业企业的实证研究发现,创业者的中庸思维强化了创业者激情和探索性学习之间的关系。近期的一些研究开始关注中庸思维对消费者行为的影响。Sheng等(2019)指出,消费者的生活方式将受到文化价值观的深刻影响,基于来自中国消费者的调查数据发现,传统文化里的中庸思维会对中国人的生活方式产生影响,进而正向影响他们的绿色购买意愿。

四、小结

基于上述的文献梳理可以发现,作为儒家思想重要精髓的中庸思想在现代管理中的价值日益受到学界的重视。其中,一些学者用理论演绎的方法对中庸之道在现代企业管理中的价值进行了深入的探讨和分析,加深了我们对中庸思想所蕴含的管理智慧的理解;一些学者则基于企业员工或领导者的样本,对中庸的内涵和测量量表进行了重新研究和开发,完善了现代企业管理情境下中庸内涵的研究。但是,目前新开发量表的应用情况仍较为局限。既有关于中庸思维的研究文献中,大量研究基于之前的中庸思维量表开展了大样本实证研究,考察在企业管理的情境下中庸思维所产生的影响和作用,主要包括中庸思维对员工绩效、建言行为、沉默行为和幸福感等方面的影响。这些研究极大地丰富了中庸思维对企业管理作用价值的理解,对如何有效利用中庸智慧来提高管理水平提供了新的洞见。然而,目前多数研究主要关注员工或团队的中庸思维的作用价值,关于企业高层领导者中庸思维的作用影响的研究仍然较为匮乏。

此外,关于中庸思维与创新之间的关系方面的研究日益引发学界的关注和讨论,目前已经取得了令人瞩目的阶段性成果,这部分内容将另辟一节专门进行梳理。

第四节　中庸与创新的关系研究

随着创新在国家和经济发展中的作用日益受到重视,中国传统文化对创新的影响日益成为社会各界持续讨论的重要议题。中庸作为中华传统文化中的重要思想精髓,其对创新将产生何种影响,也逐渐引发关注和探究。目前,关于中庸与创新之间关系,主要存在"阻碍"和"促进"两种截然不同的观点,此外,最新的部分研究认为两者之间存在着复杂关系。

一、中庸"阻碍"创新

一些学者认为以中庸为代表的传统文化阻碍了中国科技创新的发展,特别是将中国近代科学技术落后于西方发达国家,以及中国社会长期以来缺乏自主发明创造的主要原因归咎于中庸等传统儒家价值观。吴以桥(2009)在关于中国传统文化对我国技术创新影响的分析中指出,技术创新需要良好的鼓励创新的文化氛围、开放宽容的创新文化环境、给人思维以活力的文化气息,这是人的创新潜力得以发挥的前提和保证,但是我国传统主流文化中的中庸思想是有悖于这样的要求的,从而制约了技术创新活动的开展。吴以桥认为,中庸思想的本意是让人们在修身养性和处理日常事务中谨防过犹不及,但后来的人们往往片面地理解中庸思想,将其理解为以"因循守旧、不贸然求新求变"为善。中庸思想甚至被董仲舒演变为"性三品说",人的节情、化性、正命最终都依赖于圣人和天意。这样的中庸思想抹杀了人的个性追求,使个人的发展只能严格遵循"圣人"和"天意"设下的路,变革和创新无从谈起。在中庸文化环境下培养出来的人习惯于墨守成规、唯唯诺诺,喜欢事物原有的状态而害怕变革和创新,往往用"离经叛道"去指责人们的求变思维和行为。这种消极的中庸文化不但不利于培养一流的创新人才,还会压制一些有才华的人,制约人的创新潜能。

著名科学家、中国工程院院士钟南山在接受《广州日报》记者的专访时指出,中国并不缺诺贝尔奖得主的种子和苗子,缺的是让种子和苗子长成参天大树的土壤,而纵容平庸无奇、扼杀标新立异、枪打出头鸟的中庸文化,已成为中国人科技创新之路的绊脚石之一(钟南山,2011)。中国科学院院士、中国科学院动物研究所研究员康乐在参加《中国科学报》举办的"我国原始成果为何还比较少"的圆桌论坛时表示,我们的文化习惯讲究中庸,不太鼓励标新立异,这使得很多人更倾向于证明别人提出的理论,或紧跟别人发现做类似研究,或在别人突破的基础上做一些细节补充,而缺乏原始创新的主动精神(康乐 等,2018)。著名经济学家陈志武(2020)基于金融学的视角对儒家文化进行反思后指出,中庸之道过于注重整体和谐,压抑人的个性,扼杀的不只是物质文明上的创新能力,而且也劝诫人们不要在精神资源上有"出众"的创新突破。钟南山和陈志武的论点尽管不是严谨的学术分析,他们对中庸之道的理解也可能更多的是世俗化的"中庸",

但由于他们的社会影响力,其观点产生了较大的影响。他们的观点也代表着不少普通大众的观点,即认为中庸思想是不利于创新发展的。

随着中庸思维的构念化和可测量化,一些学者开始用实证分析的方法来检验中庸对创新的消极影响。Yao 等(2010)认为,从拥有好的创意到成功的创新这一过程中,需要面对各种反对声音和阻挠的行动,不能轻易向困难屈服,但中庸思维的个体容易在面对冲突时放弃自己原来富有创造力的想法,进而放弃了创造。这其中主要有两方面的原因:一方面是由于中庸思维寻求在极端之间的妥协,所以高中庸思维的人不会只是追求自身利益最大化,而是在采取行动之前选择最优的妥协方案。因此,他们很容易在创造性的创意转化为创新行动方案时放弃自己的观点,转而寻找一个被其他人广泛接受的解决方案。另一方面是由于中庸注重整体和谐的特点,使中庸思维的人注重在沟通过程中保持和谐,这使他们很难在与他人具有不同观点的时候去倡导自己的观点。因此,高中庸思维的个体往往为了避免冲突而不愿意强烈地宣扬他们的创新性想法。Yao 等进一步采用赵志裕(2000)的量表,对来自多个行业的 237 位员工的调查数据进行了实证分析,研究发现,高中庸思维的员工阻碍了创造力向创新性行为的转变,高中庸思维的个体比较难以将他们的创意转化为创新。

杨晶照等(2012)探讨了中庸型的组织文化对员工创新行为的影响,他们基于来自江苏和云南两地的 497 份企业员工的问卷调查和实证研究发现,中庸型的组织文化注重人际的和谐,一切以稳定和谐为主,追求各方面利益的均衡,当创新行为存在冒犯他人的风险时,人们会选择维持现状,不会有创新的冲动,从而在客观上阻碍了员工创新行为的发生。

Tang 等(2020)考察了在新冠疫情暴发背景下中庸与创造力之间的关系。处于新冠疫情暴发这样的不确定性环境中,创造性行为和解决方案并不会受到多数人的欢迎。为此,与低水平中庸的员工相比,中庸水平高的员工会不断努力达成妥协，这可能会阻碍他们在不确定时期产生创造性想法的能力，因为他们更倾向于考虑他人利益。而那些低水平中庸思维的员工更可能在创新的时候不被其他人的反对意见所困扰。基于来自北京的律师事务所里823名女律师的调查数据，Tang等的研究证实了上述论点，他们发现，在不确定情境下，低水平的中庸思维更有利于激发员工的创造力，而高水平的中庸思维会因为过于强调妥协和让步而影响了创新。

二、中庸"促进"创新

许多实证研究基于不同的理论视角分析和验证了中庸思维对创新具有的积极正向影响。张光曦和古昕宇（2015）沿着"中庸思维—员工满意度—员工个人创造力"的逻辑探索了中庸与创造力的影响关系及其机制。他们认为，创造力的新颖性和实用性这两个维度之间是相互矛盾的，新颖性需要发散性的思维，而实用性需要聚合性思维，因此创造力需要在新颖性和实用性这两者之间寻找合适的平衡。因此，中庸思维所具有的阴阳平衡思想和对矛盾的包容，以及对整体性、整合性的强调，有利于解决创造本身所蕴含的矛盾，从而对员工个体的创造力产生积极影响。而且，中庸思维是通过影响员工的工作满意度促进创造力的，中庸思维强调以和为贵，这种思想减少了人际冲突和摩擦，提升了企业员工的内部凝聚力，使员工有较强的归属感，进而促进员工创造力的提升。张光曦和古昕宇（2015）基于来自成都市的290份企业员工的调查数据证实了上述观点，即中庸思维通过正向影响员工满意度促进员工创造力。廖冰和董文强（2015）从个体层面研究了知识型员工中庸思维对个体创新行为的影响，他们认为中庸思维的重点在于"权变适中"和"和而不同"，其中，"权变适中"有利于培养员工的动态思维和多方位思考问题的广度，使员工根据组织环境的变化调整自身想法与行为，找到新的解决方案，进而在"和"的前提下表达自己的观点和想法,有助于创造和谐的学习和交流氛围,从而有利于员工创新行为的发生。中庸的目标是追求系统和谐发展,注重强调在动态中达到平衡与和谐。组织和谐有助于形成良好的人际关系,协调人与人之间的冲突,减少组织内耗,增强员工之间的合作,促进员工之间不同意见和知识的交流,充分调动员工的积极性和创造力,促使创新行为的产生。因此,组织和谐在中庸思维与个体创新行为关系中起中介作用。该研究基于796份知识型员工的数据证实了上述假设,即知识型员工中庸思维对个体创新行为有正向影响,组织和谐在两者间起部分中介的作用。

杜旌和段承瑶(2017)重点研究了中庸对渐进型创新的影响作用及其机制。杜旌和段承瑶认为,中庸强调对度的把握和权衡,在行事方式和效果上追求"中和"。在当今瞬息万变、创新为王的时代环境下,为了与环境保持一致,从动态长远的视角看,高中庸个体为了践行"中和"的中庸价值取向会倾向于做出平缓改良式的渐进型创新。基于266名员工及领导的配对数据分析发现,中庸价值取向通过提升员工环境掌控感而促进员工渐进型创新行为。

吴士健等(2020)基于社会交换理论、资源保存理论与领地行为理论,探究了中庸思维对知识隐藏和员工创造力的影响机制。他们基于302份问卷的实证调查数据研究发现,中庸思维对员工创造力有显著的正向影响,知识隐藏在中庸思维与员工创造力之间起部分中介的作用。耿紫珍等(2020)基于社会认知理论中的认知调节机制,剖析了中庸思维对上级发展性反馈施加于员工创造力的中介作用,研究发现,上级发展性反馈可以促进下级有效融合相矛盾的发散性思维和聚敛性思维,形成多元包容、权变事宜的中庸思维,从而能够成功启发下级迸发出新颖和有效的想法以创造性地适应环境。

Zhou和Yang(2022)考察了中国传统文化中的中庸思维对员工创新行

为的影响,并探讨了人—组织匹配(包括需要—供给匹配和需求—能力匹配)对员工创新行为的影响。Zhou 和 Yang 认为,具有高中庸思维的员工具有更强的换位思考、整体利益和和谐的意识,他们将更有意愿也更有能力实施创造性的想法和创新行为,因此员工的中庸思维对其创新行为有正向的影响。而且,中庸思维的目标是人际和谐,具有高度中庸思想的员工能够从全局的角度分析复杂的局面,能够站在组织的立场上客观辩证地思考问题。因此,当员工感受到来自组织的关心和支持时,会根据这种感知来调整自己的工作态度或行为。一方面,在创新过程中,组织应满足员工生理、心理和精神上的需求。只有在员工获得必要的满足和支持后,才能促进创新。另一方面,需求—能力匹配是从个人资源与组织要求相匹配的角度出发的,当具备相关知识能力的个人完成的工作能够满足组织要求时,也有利于促进创新。基于 351 名中国员工的问卷调查数据显示,员工的中庸思维与其创新行为呈正相关,个人—组织的匹配强化了员工中庸思维对创新行为的影响。Liu 等(2022)重点关注中庸思维对员工服务创新的影响,认为具有中庸思维的员工能从更全局和多方面的角度来收集信息,更具有换位思考、整体意识观和和谐意识,更愿意开展服务创新。他们通过对 352 名星级酒店行业一线员工及其上级进行配对问卷调查和实证分析发现,中庸思维与服务创新具有正相关的关系。

Pian 等(2024)研究了团队领导的中庸价值取向对员工个体创新行为的影响。他们采纳了杜旌等(2018)关于中庸内涵的界定,认为中庸包括适度和一致性,适度强调以公正和适当的方式来解决问题。其中,一致性强调要有整体观,注重和谐与平衡,并与环境保持一致性。中庸倾向高的人倾向于采用更加全面和灵活的方式与世界互动,并强调整体性和灵活性。Pian 等指出,领导者的中庸价值使其具有整体观,注重顺应周围环境,保持和环境的平衡与和谐。在当前创新成为企业生存发展的关键的环境背景下,团队领导者将努力与环境保持一致性,鼓励员工创新。中庸的团队领导鼓励员工积极开展沟通交流,表达创新想法,有助于激发员工的创新热情。此外,基于班杜拉的社会学习理论,领导者是员工在组织内学习的主要对象。因此,领导者的中庸价值取向会被员工观察和模仿,从而渗透及影响到他们的中庸价值取向,继而影响员工的创新行为。因此,团队领导者的中庸价值取向一方面会对员工的创新行为有正向影响,另一方面会通过影响下属的中庸取向正向影响员工的创新行为,即员工中庸取向在领导中庸取向与员工创新行为之间起中介作用。

与之前大量的研究主要关注个体层面的中庸与创新之间关系不同,陈岩等(2017)基于文化资本理论探讨了中庸思维对团队创新的影响。陈岩等认为,中庸包括四个方面的内涵:过犹不及、执两用中、权变时中、和而不同。文化资本理论认为,一个社会文化的价值观和认知思维对于该社会文化中人们的思想、情感和行为有着深刻的影响。因此,作为中国人的价值观和思维方式的中庸思维有利于团队产生高质量的创意,形成有利于团队创新的氛围,从而正向影响团队创新。而且,知识交换与结合在中庸与团队创新之间起中介作用。基于10家企业的53个工作团队的423名成员的实证分析验证了中庸思维对团队创新正向影响的假设,以及知识交换与结合在其中起部分中介的作用。此外,Ma等(2017)基于154家中国创业企业的研究发现,创业者的中庸思维强化了创业者的激情与组织创新之间的关系。

三、中庸与创新具有复杂关系

在既有中庸与创新之间存在着"促进"或"阻碍"关系争论的基础上,最新的一些研究用更加辩证的方式展开分析,试图进一步理清中庸与创新之间复杂的关系。例如,杜旌等(2018)将员工创新分为渐进创新和激进创新进行研究,渐进型创新是利用现有资源进行小幅度的改进,激进型创新是采取破坏性的力量和方法,形成突破性的创新。杜旌等认为,中庸的核心内涵是执中一致,它指导个体在现实生活中遇到矛盾冲突时,注重平衡与和谐,采取适度行为,努力与环境保持一致。与激进型创新的颠覆突破相比,渐进型创新通过融合新旧,循序渐进来达到个体与环境的共同进步,是适度的行为。逐步前进的渐进型创新更符合中庸恰如其分、维持平衡和谐的原则,因此中庸价值取向促进渐进型创新,抑制激进型创新。通过32个团队的167名员工作为实证研究对象的结果表明,中庸价值取向显著抑制激进型创新;在高氛围强度的情境下,中庸价值取向对渐进型创新有显著的促进作用。

魏江茹(2019)认为,中庸思维作为中国人根深蒂固的文化资本,会影响员工的创新行为。中庸思维有助于开展多方思考、整合各类资源以及营造和谐环境,促进员工的创造性行为,但过度中庸思维往往会导致创新意愿下降和创新行为减少,中庸思维和员工创新行为之间是倒U形的关系。通过分析210份主管和员工配对样本数据发现,中庸思维对创新行为产生倒U形的影响;中庸思维对知识共享产生倒U形影响,知识共享是中庸思维影响员工创新行为的重要传导机制;团队—成员交换正向调节中庸思维和创新行为的关系,平缓了倒U形关系,能削弱过度中庸思维对创新行为的不良影响。

Zhou等(2019)通过采用认知神经科学的实验方法来研究中庸对创造力影响。Zhou等将中庸思维分为折中思维(ET,即"不A不B")和整合思维(IT 即"亦A亦B"),以中国大学生为样本,研究这两种不同的中庸思维对创造性问题解决的影响。Zhou等使用不同的故事场景来激发被试的中庸思维的两种不同形式,然后要求被试完成相应的创造性任务。在启动和完成创造性任务期间,通过记录被试的脑电波情况来监测和评估神经激活情况。研究结果发现,与折中思维相比,中庸的整合思维更有利于创造性地解决问题。

张红坡等(2020)进一步考虑了两种中庸思维不同维度分类方法情况下和创造力的关系。一种分类法是基于吴佳辉和林以正(2005)的多方思考、整合性与和谐性的分类,称为特质中庸思维量表;另一种是基于黄金兰等(2012)的中庸信念—价值量表分类法,即将中庸思维分为拔高视野和自我收敛两个维度。张红坡等(2020)通过心理测量和行为实验的方法,系统考察了不同形式中庸与多种创造性测验之间的关系。研究一通过特质中庸思维量表、中庸信念—价值量表、创新行为问卷和创造性任务对河南省某高校大四的186名大学生开展调查,结果显示特质中庸思维量表、中庸信念—价值量表均与创造性思维(发散思维、远程联想和顿悟问题解决)相关但不显著,而特质中庸思维以及"多方思考"维度与创新行为显著正相关,"整合性"与"和谐性"维度与创新行为的相关关系不显著。研究二一方面将中庸思维分为折中思维和整合思维方式,另一方面创造性思维测量通过了远程联想测验和科学领域物品的多用途测验(包括灵活性、流畅性与独创性)。研究二通过问题情境启动被试的折中思维方式或整合思维方式,发现启动整合思维方式可以显著提高被试完成远程联想测验的成绩,但对发散思维测验的成绩没有显著影响;启动折中思维方式对完成随后的远程联想测验和发散思维测验都没有显著影响。

此外,Zhou等(2021)以150名大学生和研究生为被试,通过自编问题情境分别探讨中庸思维的折中思维和整合思维对创造性解决问题的影响。实验一探讨了中庸思维启动在发散思维测验、远程联想测验和洞察力问题解决测验三个经典创造性思维任务中的作用。实验二进一步检验了中庸思维启动对"市场投资问题"这种实践创造性问题解决的影响。结果表明,启动整合思维可以提高远程同事的测试成绩,促进创造性地解决市

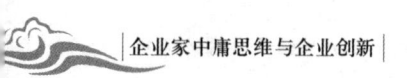

场投资问题,但对发散思维测试和洞察力问题解决得分没有显著影响;启动折中思维对后续的创造性任务都没有显著影响。该研究表明,整合思维启动了与信息关联和信息整合相关的认知加工,促进了后续的创造性任务;而启动折中思维对后续的创造性任务没有显著影响。

Lang 等(2022)将创造力分为渐进式和激进式两种类型的创造力,考察团队中庸思维对这两种团队创造力的影响。渐进式创造力指建立在现有框架上的创造性想法,对现有做法或产品进行微小的修改或扩展;激进式创造力是指与组织现有做法有很大不同的创造性想法。Lang 指出,团队的中庸思维有助于引导团队从多个角度看待任务或问题,从而辩证地、整体地理解问题,而且善于在以整体和谐为目标的情况下整合各种冲突的因素。因此,团队中庸思维通过团队决策的全面性,对团队的渐进式创造力比激进式创造力有更强的关系。研究通过对106个团队(106名主管和770名下属)的问卷调查,发现团队中庸思维通过团队决策综合性与团队渐进性创造力呈正相关关系,而与团队激进式创造力不相关。此外,环境动态性通过团队决策全面性调节团队中庸思维对团队渐进创造力的影响,即当环境动态性较高时,这种影响更强。

Gao 等(2022)认为中庸具有两面性,既有促进创造力的积极一面,也有抑制创造力的消极一面。通过两项实证研究分别测量外显和内隐的中庸人格,以检验积极和消极的中庸人格与创造力(创造性人格、发散思维和收敛思维的测量)之间的关系。这两项研究的结果发现,消极的中庸和过度的中庸都不利于创造,只有适度的中庸才有利于创造,因此,中庸与创造力之间具有非线性关系,应当从中立和客观的角度重新评估中国文化对创造力的影响。

四、小结

基于上述分析可以发现,关于中庸与创新之间的关系引发了大量学者的关注,特别是由于我国近现代以来在创新能力上一直落后于西方发达国家,不少人将矛头指向中庸之道的传统文化,认为中庸思想是导致中国自晚清以降落后于西方世界的主要原因之一。近年来,随着创新驱动发展战略的实施,以及中国传统文化日益受到重视,关于传统中庸思想对现代创新影响的研究和探讨更加激烈。但目前的研究仍存在一些不足:

第一,现有研究主要关注员工层面的中庸思维对员工创造力或创新行为的影响,少数研究探讨了团队层面的中庸与创新之间的关系,但关于企业家等公司高层领导这一重要创新群体的中庸状况对企业组织层面的创新影响的研究相对匮乏。

第二,企业创新的创新是全方位的,除了技术创新和产品创新,还包括管理创新、商业模式创新和绿色创新等类型。但现有关于中庸与创新研究的文献主要侧重关注中庸思维对技术或产品创新的影响,而管理创新作为数字经济时代背景下企业获取竞争优势的一种重要创新类型,与技术创新所面临的决策场景存在差异,但中庸思维如何影响管理创新却长期受到忽视。而且,绿色创新日益成为引领企业可持续发展的重要创新方式,但关于中庸思维如何影响企业绿色创新的研究还缺乏关注。

第三,创新不能一蹴而就,是一个包含从创意产生到将创新构想转化为实际行动,进而带来绩效提升的多阶段过程。创新活动在创新过程的不同阶段里具有不一样的特征,但现有研究只考虑了中庸思维对创造力或创新行为的影响,没有考虑中庸思维在创新过程的不同阶段中所具有的异质性影响。此外,现有研究多数采用的是横截面的研究数据,缺乏纵向的调查研究数据。

第四,既有关于中庸思维的研究在考察其对创新的影响时,基本上将中庸合并为一个单一的复合变量,忽视了每个维度的独特、潜在的异质性影响。尽管有部分研究开始尝试探讨中庸具体维度与个体创造力之间的

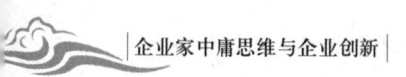

关系,但企业家等公司高管的中庸思维各维度与企业创新之间的影响关系如何,还缺乏深入细致的研究。

第五,中庸思维具有较强的环境依存性特征,强调面对环境变化时及时审时度势、通权达变,实现与周围环境的和谐与平衡。当前,我们正面临着百年未有之大变局,企业面对的外部市场和技术环境都在经历着深刻变化,企业家中庸思维的作用效果是否受到外部环境不确定性的权变影响?这是非常值得探究的重要问题,但现有文献对此仍缺乏关注。

第四章

企业家中庸思维对企业创新影响的理论基础

为更加深入地探究中庸思维与创新之间的关系,本书基于高阶梯队理论、管理者认知理论和企业创新理论作为理论基础,全面系统地考察企业家中庸思维对企业创新的影响。高阶梯队理论认为企业家等公司高层领导的特质会对企业的战略和决策产生重要影响,管理者认知理论强调企业领导者的认知和思维对企业行为具有重要作用,这两种理论是本书研究模型构建的重要理论支撑。而且,中庸思维属于典型的华人认知模式,基于管理者认知理论的脉络展开研究,有助于东西方认知思维的对话。企业创新的相关理论对创新的类型、过程和强度等进行了分类与界定,对企业创新的动因及过程管理进行了阐述,也是本书对中庸和创新之间关系系统辩证地开展研究的重要理论依据。

第一节 高阶梯队理论

高阶梯队理论源自管理学领域战略管理和组织行为中关于企业高管与企业决策问题的研究。在管理学研究的早期阶段,以泰勒为代表的科学管理流派将企业的决策视为完全理性的过程,主要探讨如何通过优化生产流程来提高管理效率,缺乏对公司高管等领导者在管理中作用价值的关注。后来,组织行为学派兴起,发现组织中的个体行为将对组织的运营和决策产生影响,组织内部个体的行为及决策过程日渐引发关注和重视(Sonnenfeld,1985)。进一步地,卡耐基学派的有限理性理论认为,由于人的知识和掌握的信息是有限的,而且个体在决策时会受到认知的制约,对信息的处理存在差异,在决策中不可能完全理性,因此需要重视组织中的管理者在决策中的作用(Dearborn et al.,1958)。

而在战略管理研究的发展历程中,在相当长的一段时间里强调环境对组织的选择,认为企业战略是对其所处战略的被动适应,主要包括种群生态学派和制度学派等。种群生态学派认为企业管理者的战略决策对企业基本不发生作用,组织只有通过不断积累结构惯性来体现对环境的适应性,组织只能适应环境而无法影响和改变环境(Hannan et al.,1977)。制度学派认为环境从强制性、规范性和模仿性的角度来影响组织的行为,组织只能与外部环境保持一致,不同组织间会实现趋同性(DiMaggio et al.,1983)。此外,以波特为代表的产业组织理论也认为组织的战略或市场行为只是外部特定环境的反映,强调产业环境对企业战略和绩效的决定作用。在这些理论流派看来,企业的管理者只是在组织管理中承担活动整合的角色,在环境面前是无能为力的。企业领导者和公司高管的角色被严重忽视了。而战略选择理论则对这种环境对组织的决定论提出了不同的观点,认为组织并不只是被动去适应环境,而是可以有机会和能力去抵御环境变化乃至影响环境(Child,1972)。特别是企业高管等关键领导者对外部环境的理解和应对,能够体现出其对环境的主动性和能动性,对环境进行重新塑造,能充分利用环境中的各种机会和空间。

在这样的理论发展背景下,Hambrick和Mason(1984)提出了高阶梯队理论,认为企业高层管理者在管理决策过程中对信息的收集、理解和判断将受到他们的价值观和认知水平的影响,而他们的成长经历、教育背景、工作经历和职能背景等特征将影响他们的价值观和认知情况。为此,企业高层管理者的个人特征将对组织的管理决策产生重要影响,这些决策进而影响着公司的战略和绩效情况。因此,企业高管的特质在很大程度上影响着组织的战略、行为与绩效。高阶梯队理论的提出,引发了后续许多关于企业领导者特质对组织战略影响的研究。早期的研究主要集中于企业高管的年龄、性别、教育背景、职业专长、行业经验等人口统计学特征对企业战略决策及绩效的影响,对高管的特征重点关注外显的背景特征;后续的研究日益开始关注企业高管的价值观、认知模式和性格等心理特征因素对企业战略选择的影响。作为公司经营和管理活动中具有重要影响力的群体,企业高管的价值取向、认知模式和心理特征等特质都将影响他们对环境的理解,进而影响企业的战略决策、行为和结果。张燕(2021)通过分析2000—2019年发表在组织和战略领域的国际顶刊 AMJ 和 SMJ 上有关战略领导力的论文后发现,学者们对公司高管的社会/心理特征的关注已经上升到第二位,这些文献的研究方法已经从原来主要是人口统计学方法向微观基础方法转变,并开始运用社会心理学理论去解释公司高管的互动和战略决策过程。而且,高阶梯队理论也日益重视考虑不同文化背景下的高管特质对组织决策所产生的影响。

中庸作为中华传统文化中的一种重要思想,是包括企业领导者在内的许多中国人具有的一种特质,长期以来深刻影响着中国人的思考和行为方式。高阶梯队理论将为本书考察企业家中庸思维对企业创新的影响提供了理论基础。通过探寻源自中国文化的中庸思想在企业家对现代企业的管理中发挥什么样的作用,也将对高阶梯队理论的发展有所丰富和促进。

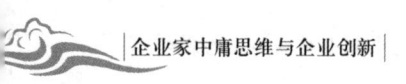

第二节 管理者认知理论

当企业面临同样的外部环境条件时,拥有类似资源和能力的企业却表现出不一样的战略选择,这在很大程度上是由企业管理者的认知差异导致的(Zacharias et al.,2015)。认知指的是个体如何收集和处理信息,也就是个体思维运作的方式。管理者认知指的是管理者理解环境变化、制定战略决策时的一组认知结构和模式等,然后根据认知来理解环境(Nadkarni et al.,2008)。管理者认知包括价值观、思维模式、认知结构和认知模式等,不仅包括管理者的知识结构,也包含管理者运用相关的知识考虑问题的方式,以及所作出权衡取舍的考虑,这在很大程度上影响着企业的战略决策和行为选择(Kaplan,2011)。管理者的认知经常依赖于既往的经验并形成对事物比较稳定的看法和理解。面对环境中各种纷繁复杂的信息,管理者不可能掌握全面的信息,而需要通过自身的认知基础来筛选、过滤和解释外部环境中的信息。这种认知的差异就使企业作出不同的行为选择,进而对企业的发展路径和模式产生作用。因此,作为客观存在的外部环境变化并不会直接对企业的行动产生影响,而是需要通过企业管理者的认知作为中间机制,在环境和战略行动之间发挥作用(邓新明 等,2021)。当外部环境相对是静态时,变化是线性且可以预测的,企业领导者的认知对企业的发展影响不大。但是当外部环境发生剧烈变化时,企业领导者的认知就决定了企业的战略行为选择,从而使企业的决策和发展存在较大差异,甚至决定着许多企业的兴衰(张志学 等,2023)。如果企业领导者对外部环境的认知不到位,就无法采取合适的战略行动进行应对。

从认知结构的视角可将管理者认知分为认知集中度、复杂性和灵活性等。集中度指的是管理者知识结构围绕着几个核心概念构建起来的程度,复杂性指管理者知识结构的差别性和关联性(Walsh,1995)。集中度和管理者的知识面相关,集中度高的管理者一般具有知识面窄、理解程度深的特征。复杂性体现的是对知识和问题的认识与融合情况。认知复杂性低的管理者习惯于用非黑即白的观点来看待问题,而认知复杂性高的管理者具备较高的融合能力,能够较好地理解管理中面临的错综复杂的多维关系。认知灵活性强调的是管理者调整认知过程以适应各种不同问题的能力,认知灵活性高的管理者更能包容各种多样性的观点,并根据不同的问题灵活调用与之匹配的处理模式。管理者认知过程的因果逻辑也会影响企业的战略行为。管理者认知的因果逻辑包括确定性因果逻辑和主动性因果逻辑(Nadkarni et al.,2008)。具有确定性因果逻辑认知的公司领导者将外部环境视为可衡量的和决定性的,其会首先识别环境需求,再制定相应的战略,这样的领导者需要耗费大量时间精力完成对环境的认知和判断,因此企业的决策响应速度较慢。而主动性因果逻辑的公司领导者则将环境视为动态和难以预测的,其将根据自己的理解,通过企业的战略选择构建对外部环境的应对,这样的企业具有较快的战略响应速度。

管理者认知学派是一个行为经济学、社会心理学和管理学等多学科交叉研究的学派,因此在发展过程中,不同的学者也有不同的理解和关注点。目前至少呈现出两种不同的具有代表性的流派(吕迪伟 等,2019)。以 Simon(1955,1979)为代表的学者把认知理解为组织和个体获取信息的过程,重点关注管理者认知的客观限制对其结果变量的影响。这一流派的学者假设信息是客观的,认知过程本身也是相对客观的,能被清晰地理解,因此强调外部经济社会环境以及组织情境对认知过程的影响,注重考察组织和管理者在如何获取信息、获取什么样的信息方面的内容及其差异。而 Powell(2011)等则把认知视为组织及其管理者理解信息的过程,强调认知的主观限制对认知及其结果变量的影响。这一流派认为信息是主观的,是

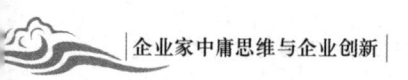

被选择性的组织和理解,重点关注组织和管理者在解读信息、选择信息方面的区别。

管理者认知理论为本书的研究提供了理论支撑。管理者认知的差异使其在面对环境变化时形成不同的分析和判断,进而影响决策行为及其实施过程(Nadkarni et al.,2008)。中庸思维作为中庸文化在个体思维层面的反映,是一套元认知的思维体系,指引着人们如何在日常生活中收集信息、分析信息、思考问题并选择相应的行动方案。基于管理者认知理论,企业领导者的中庸认知思维将指导他们形成对事物的看法和思考问题的方式,进而影响企业创新决策的形成和实施。

第三节　企业创新相关理论

自熊彼特于20世纪初提出创新的概念和理论以来,创新对企业成长和经济发展的重要性日益受到重视。近年来,我国政府提出要坚持创新在国家现代化建设全局中的核心地位,将创新作为引领发展的第一动力,深入实施创新驱动发展战略,加快转变经济发展方式,以促进企业自主创新能力提升,加快推进创新型国家建设。企业是创新的主体,是推动创新创造的生力军,只有激发企业经营主体的创新活力,创新才有不竭的动力。当前,人工智能、大数据、物联网等新一轮科技革命的快速发展,给企业创新带来了新的机遇和挑战,企业亟须积极开展技术创新、管理创新、绿色创新等各领域创新,才能抢抓市场机遇,有效应对各种挑战,建构和维持竞争优势,实现可持续发展。

一、熊彼特的创新理论

熊彼特在1911年德文版的《经济发展理论》中首次提出了创新的概

第四章　企业家中庸思维对企业创新影响的理论基础

念,该书在1926年进行重新修订后出版了第二版,1934年基于德文版的第二版出版了英文版。目前在我国广泛传播的主要是1934年版的英文版及其中译本。1939年熊彼特在《商业分析:资本主义过程之理论的、历史的和统计的分析》中进一步系统阐述了其创新理论。

根据熊彼特的创新理论(熊彼特,2000),经济增长的动力不是一般均衡理论所讲的消费者需求变化,而是"建立一种新的生产函数",是把一种从来没有过的关于生产要素和生产条件的"新组合"引入生产体系,这就是创新。熊彼特认为,创新使生产要素实现了新组合,使资源得到了更加有效的配置,使资源利用方式得到进步,创新活动才是经济变化的主要动力。熊彼特的创新理论对经济增长和经济周期的内在机理提供了一种全新的解释,解释了资本主义经济运行呈现"繁荣—衰退—萧条—复苏"四阶段循环的原因,指出不同程度的创新会引发长、中、短三种经济周期,从而构建了以创新为核心的经济周期理论。但熊彼特的思想在很长一段时间里并没有受到重视,直到第二次世界大战以后,科学技术对经济社会发展的重要性逐步凸显,创新对经济增长的驱动作用日益受到重视,创新理论才开始受到关注和快速发展。

熊彼特认为,创新包括以下五种情况:(1)引进新的产品,或者使产品产生某种新特性;(2)采用新的生产方法、新的工艺;(3)开辟新的市场;(4)采用新的原材料或者半制成品的新供给来源;(5)采用新的组织形式。熊彼特指出,企业家是实现这种新组合的主体,他们的创新活动引起了生产函数的变化,打破了经济均衡,对经济繁荣具有重要作用。作为资本主义"灵魂"的"企业家"的职能就是实现"创新",引进"新组合"。熊彼特还强调,"企业家"是一个动态的概念,只有其在开展创新("实施新的组合")的时候,才是一个企业家,否则就不是。企业家如果在创造新组合后按部就班进行生产,那就变成"经理"而不是企业家了(张延 等,2018)。因

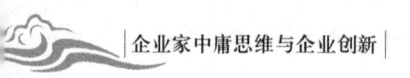

此,任何一个人在他的几十年活动生涯中很少能总是一个熊彼特意义上的"企业家"。

二、创新的概念、类型、强度和过程

(一)创新的概念和类型

根据熊彼特的观点,创新是把生产要素和生产条件的新组合引入生产体系之中,"建立一种新的生产函数",创新包括产品创新、工艺创新、市场创新、原材料创新和组织创新等。然而,创新的概念早期主要以技术创新为主,是指创造新技术并将其引入产品、工艺或商业系统里,或者创造全新的产品和工艺以及对现有产品和工艺的重大技术改进,并且产品被引入市场或生产工艺得到应用(陈劲 等,2016)。

《奥斯陆手册:创新数据的采集和解释指南》是经济合作与发展组织(OECD)开发和编制的,向 OECD 成员国推荐的测度科技与创新活动、收集和解释创新数据的指南性手册,目前已成为应用国际可比方式收集和解释创新数据的准则。1992 年出版的《奥斯陆手册》(第一版)中将技术创新界定为包括新产品和新工艺,以及产品和工艺的显著技术变化。如果在市场上实现了产品创新,或者在生产工艺中应用了创新,就认为实现了创新。可见,该版的《奥斯陆手册》主要关注的是制造业的技术产品和工艺创新。而傅家骥(1998)在《技术创新学》中指出,技术创新是企业家抓住市场的潜在盈利机会,以获取商业利益为目标,重新组织生产条件和要素,建立起效能更强、效率更高和费用更低的生产经营系统,从而推出新的产品、新的生产(工艺)方法、开辟新的市场、获得新的原材料或半成品供给来源或建立企业的新的组织,是包括科技、组织、商业和金融等一系列活动的综合过程。傅家骥对技术创新的概念界定延续了熊彼特的创新思想和对创新内涵的理解,属于广义的技术创新。

吴贵生和王毅(2013)认为,技术创新是指从技术的新构想,经过研究开发或技术组合,到获得实际应用,并产生经济、社会效益的商业化的全过程。其中,"技术的新构想"指新产品、新服务、新工艺的新构想,构想的产生可能是来源于科学发现、技术发明、新技术的新应用,也可以是来自用户的新需求。研究开发或技术组合是实现技术新构想的基本途径,其中,"技术组合"指的是将现有技术进行新的组合,只需要进行少量的研究开发,甚至不经过研究开发也能实现。"实际应用"指的是生产出新产品、提供新服务、采用新工艺或对产品、服务、工艺的改进。"经济社会效益"指近期或未来的利润、市场占有或社会福利等。"商业化"指全部活动出于商业目的,"全过程"指从新构想产生到获得实际应用的整个过程。这里的技术创新主要强调的是狭义的技术创新。

1999年8月,《中共中央关于加强技术创新、发展高科技、实现产业化的决定》中指出,"技术创新是指企业应用新的知识和新技术、新工艺,采用新的生产方式和经营管理模式,提高产品质量,开发生产新的产品,提供新的服务,占据市场并实现市场价值"。该界定主要在狭义的技术创新上增加了经营管理模式的创新,是一个相对系统的界定。

随着创新实践的不断丰富和创新研究的日渐深入,关于创新的内涵也在不断拓展(雷家骕 等,2012)。1997年《奥斯陆手册》修订了第二版,在既有的"产品创新和工艺创新"的基础上增加了"组织创新"。之后,该手册于2005年修订了第三版,将创新进一步拓展至产品创新、工艺创新、组织创新和营销创新,增加了组织和营销等非技术创新类型。产品创新是指产品(商品和服务)在性能和特征上有全新或显著的改进。工艺创新是指采用全新的或显著改进的生产或/和传输方法,包括技术、装备和软件上的显著改进。组织创新是指企业在运营策略、工厂场所或外部联系的组织方式方面进行创新。营销创新是指新的营销方式,包括营销理念、产品设计或包装、分销渠道、促销方式等方面的显著改进。

《奥斯陆手册》第三版提出的这四种创新类型日益在理论和实践中得到广泛采用,其中,组织创新经常也被视为管理创新或者管理创新的一种创新形式(Damanpour et al.,2012)。在之前关于创新的研究中,技术创新因其对企业竞争力和经济增长的重要作用受到广泛关注,而管理创新并未引起足够的重视。管理创新是指发明和实施一种新的管理实践、过程、结构和技术以更好地实现组织目标的过程(Birkinshaw et al.,2008)。管理创新包括能为组织创造价值的新组织结构、行政系统、管理实践、流程和管理技术等方面,如全面质量管理、平衡记分卡、事业部(M型)组织结构、精益生产方式等。基于熊彼特所提出的组织创新的概念在管理学领域的研究中更多地采用管理创新的表述(Damanpour et al.,2012),本书也采用管理创新的提法。在数字经济浪潮背景下,基于数字技术赋能的各种管理创新的新模式、新方法不断涌现和迭代,管理创新将有效提升组织的运行效率和绩效,使得管理创新的重要性日益显现。目前还需要对数字时代的管理创新的驱动和影响因素开展进一步研究(戚聿东 等,2020)。

近年来,随着数字经济时代的来临和企业竞争的日趋激烈,市场竞争的模式和资源配置方式发生了深刻变化,商业模式创新日渐成为企业获取优势和实现可持续发展的重要创新方式。彼得·德鲁克指出,当前企业之间的竞争不局限于产品或技术的竞争,而更多地在于商业模式的竞争。商业模式描述了企业如何创造价值、传递价值和获取价值的基本原理(奥斯特瓦德 等,2011)。而商业模式创新是企业为了创造和获取价值,在商业模式的关键要素或连接这些要素的体系结构上所发生的改变(Foss et al.,2017)。商业模式创新对目前行业内通用的为客户创造价值的方式提出挑战,力求满足客户不断变化的需求,为客户创造更多价值,为企业开拓新市场和吸引新的客户(陈劲 等,2016)。通常意义上,商业模式创新被认为是价值主张、价值创造和价值获取等要素的改变(Amit et al.,2012)。

随着我国经济社会发展进入加快绿色化和低碳化的高质量发展阶段，绿色发展已经成为中国经济增长的一个重要引擎。绿色创新指的是通过创新的技术、手段和方法，减少企业生产经营过程的能源消耗，提高资源利用率，促使企业内部效益和外部社会效益相结合的创新活动(Chen,2008)。随着新一轮工业革命的兴起，绿色创新作为一种新型的创新模式，能够帮助企业采用绿色技术来减少污染排放，促进企业同时实现经济利益和环境保护的目标，使企业实现可持续发展(席龙胜 等,2022)。随着我国逐步建立健全绿色低碳循环发展的经济体系，企业绿色创新逐渐成为绿色发展的重要动力，并成为打好污染防治攻坚战、推进生态文明建设、推动高质量发展的重要支撑。现有研究经常把绿色创新进一步细分为绿色产品创新和绿色工艺创新(EI-Kassar et al.,2019)，绿色产品创新主要指把节能环保的理念运用到原材料采用、产品设计和包装等环节，减少产品生命周期全过程对环境的负面影响，绿色工艺创新主要是通过生产工艺的创新或变革以减少有害物质的出现、减少污染物排放和提高能源使用率(解学梅 等,2021)。

（二）创新的强度

随着对创新研究的不断深化，学者们从创新的强度角度对创新进行了分类。根据创新对现状的改变范围和程度差异，创新又被分为渐进型创新和激进型创新(Garcia et al.,2002)。渐进型创新由逐步的、连续的小创新组成，注重在现有技术基础上的强化、调整和改进，创新幅度较小；激进型创新指重大的不连续创新，强调核心理念的显著改变以及与现状的本质差异，是一种规模和幅度较大的创新(He et al.,2004)。激进型创新将对现有技术、产品、理念或流程进行破坏，研究探索出新的技术，使旧格局产生革命性的彻底改变；渐进型创新则是在既有的技术轨道上循序渐进地逐步调整和改良，是一种连续性或维持性创新。渐进型创新和激进型创新在创新

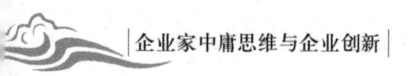

幅度、收益情况、风险水平和资源需求等方面都存在差异（Jansen et al.，2006；Lin et al.，2015）。

企业既需要持续性的渐进型创新以满足当前的客户的需求，也需要周期性地开展激进型创新，特别是当外部环境出现突破性的创新成果和技术跃迁时，更需要通过激进型创新来适应新的变化，避免被时代所抛弃。随着组织双元观的兴起（Duncan，1976；March，1991），不同强度的创新及其平衡日益受到关注，强调要处理好渐进型创新和激进型创新之间的矛盾。在组织双元创新领域，不同强度的创新通常又被分为探索式创新和利用式创新（He et al.，2004；Raisch et al.，2008），分别相当于激进型创新和渐进型创新。

（三）创新的过程

随着创新理论研究的视角从传统的经济学向管理学转变，创新理论逐步从宏观转向微观，探讨创新的发生和实施过程，研究创新从新想法的形成，到研发、试制生产，然后实现商业价值的过程。蒂德和贝赞特（2012）认为，创新是一个将机会转变为新创意，并将这些新创意转化为广泛的实践应用的过程。陈劲和郑刚（2016）指出，从企业管理的角度，创新是从新思想（创意）的产生、研究、开发、试制、制造，到首次商业化的全过程，是将远见、知识和冒险精神转化为财富的能力，特别是将科技知识和商业知识有效结合并转化为价值。

在整个创新过程中，任何一个环节的缺失都可能影响创新的最终实现。因此，从创新的过程视角看，创新与发明、创造有一定联系，但也存在显著区别（陈劲 等，2016）。发明通常用新专利来衡量，而创新是指把发明转化为实际的商业化应用。发明被转化为成功的创新的概率并不大，大多数发明项目最后并没有被转化为商业上成功的产品或技术。企业家和科学家的主要区别之一就在于，科学家重点关注的是创造和发明，而企业家

第四章　企业家中庸思维对企业创新影响的理论基础

的一个重要职能就是将新的发明进行商业化的应用(熊彼特,2000)。创造或创意是开展创新的重要前提,但创造和创意主要是指创新性想法的提出,而创新还应当将创意转化为可落地的、可商业化的现实。

在创新过程的研究中,学者们进一步针对某个具体类型的创新活动的过程开展研究。例如,Birkinshaw 等(2008)从横向和纵向两方面来分析管理创新的过程,从横向角度将管理创新划分为四个阶段:创新的激励、发明、实施、理论化与标签化;而纵向角度指内外部促进者在各个阶段所采取的行动。管理创新的过程是一个环环相扣的过程,而且内外部促进者在创新过程中起着重要作用。

上述这些关于创新过程的研究加深了对创新活动的理解,特别是关于创新如何出现的动因、创新决策的影响因素,以及创新过程如何有效实施到惯例化的过程,进一步丰富了对创新过程的理解。但创新的多阶段过程主要运用在理论阐述或者案例文章中,而实证文章更多地采用 Duncan(1976)的创新两阶段模型,将创新划分为创新构想产生和创新行动实施两个阶段,考察各种相关因素在创新过程这两个阶段的影响作用。

第四节　研究框架构建

根据上述理论分析,本书基于高阶梯队理论和管理者认知理论,并借鉴 Duncan(1976)的分析思路,考察企业家中庸思维对企业各种创新所产生的影响。本书研究框架构建的逻辑思路主要体现为:

首先,企业的创新通常依赖高层管理者制定决策并推进实施,公司高管是企业产生创新构想方案的重要驱动因素(崔淼 等,2012)。在创新构想阶段,企业领导者的价值取向、认知模式和领导方式等特征都将对创新产生直接影响。因此,本书将企业家中庸思维作为直接驱动因素引入创新过

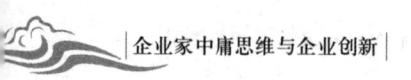

程模型的构想阶段,考察其对各种创新活动的直接作用。

其次,创新的实施将对企业原有的产品、流程、权力关系,乃至价值理念进行改变和重构,实施过程面临许多风险和挑战(周浩 等,2017)。企业高管的认知模式和领导方式将影响其如何面对创新推行过程的困难和挑战,进而对创新的结果产生权变影响。为此,本研究将企业家中庸思维引入创新行动实施阶段,探究其对创新与组织绩效的作用关系的调节影响。

再次,关于企业家中庸思维与绿色创新的关系研究。本书重点考察企业家中庸思维对企业绿色创新的直接影响,并且将制度压力和企业所有制作为边界条件,探讨这两个方面的权变影响。该项子研究与企业家中庸思维对技术、管理创新的影响研究有所差异,只考察了企业家中庸思维的直接驱动影响,没有分析其调节作用影响。此外,本书在探讨企业家中庸思维对技术、管理创新影响的研究中还将进一步考察中庸思维的三个维度分别对技术、管理创新的直接驱动作用及创新实施阶段的调节影响。

基于上述分析,本书构建的整体研究框架如图 4-1 所示。

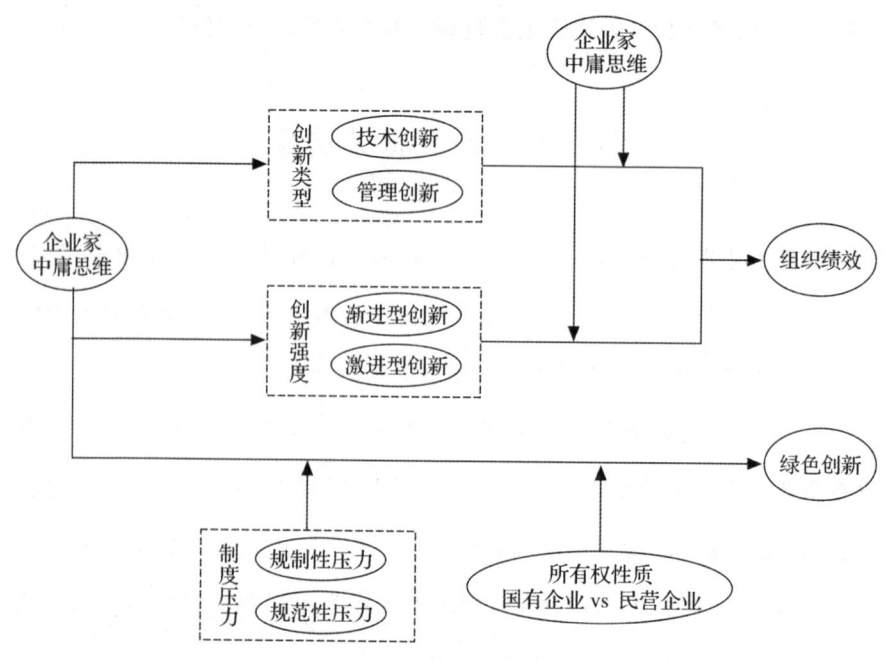

图 4-1 本书的研究框架

第五章

企业家中庸思维对技术创新和管理创新的影响研究

高阶梯队理论指出,企业家等高管在公司的创新战略选择和实施中扮演着非常重要的作用,其个人背景、人格特征、经验、能力、价值取向、认知模式和心理行为特征都将影响着他们对环境的诠释,从而作出相应的洞察、判断和选择,进而对企业的战略决策、组织行为和企业绩效等产生影响(Hambrick et al.,1984;Hambrick,2007)。管理者认知理论认为,企业领导者的认知和思维方式对企业的决策和行动具有重要影响,特别是环境充满变化的情境下,企业家等领导者的认知显得更加重要,在很大程度上决定了企业在面临变化时所采取的战略和行动。因此,企业家的中庸思维将对企业的创新决策及创新过程产生影响。

根据 Daft(1978)的组织双核模型,创新可以分为技术创新和管理创新;Duncan(1976)的两栖模型则将创新划分为创新构想形成和创新行动实施两个不同的阶段。为此,本章整合了创新的双核和两栖模型,主要探讨以下研究问题:第一,在创新构想产生阶段,企业家的中庸思维对企业的技术创新和管理创新分别具有什么影响?第二,在创新行动实施阶段,技术创新、管理创新对组织绩效分别产生什么影响?其影响是否存在差异?企业家的中庸思维是否对技术创新和管理创新与组织绩效之间的关系产生

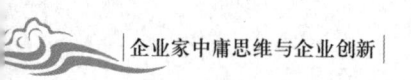

调节影响？第三，企业家的中庸思维应当与不同特征的环境建立何种匹配关系，才能在企业的创新活动中更好地发挥作用？

第一节 研究假设

一、创新构想形成阶段

(一)企业家中庸思维对技术创新的作用

当前，以人工智能、大数据、云计算和物联网等为代表的新一代信息技术革命和产业变革催生的前沿技术和颠覆性技术突破正在深刻影响着各个产业的竞争和分工格局，重塑着全球的经济结构和创新版图。在此背景下，企业面临的外部技术和市场环境都发生了根本性变化，组织面临着前所未有的机遇和挑战。企业是技术创新的主体，企业家的认知将在很大程度上决定了其对技术和产业革命的判断，从而影响企业创新决策，是推动企业技术创新的关键（武亚军，2013）。

中庸思维强调从多角度全面看待问题，积极认识规律、把握规律、顺应规律，为此，中庸型企业家将认识到技术变革是社会发展的必然趋势（陈建勋 等，2010）。面对扑面而来的数字化浪潮，具有中庸思维的企业家能够主动搜寻多方信息，关注技术创新的前沿，辩证地分析问题利弊，保持对新技术、新想法、新产品等新事物的开放包容性，重构思维模式，顺应时代变化（段锦云 等，2011）。而且，中庸思维有助于企业家从多个角度衡量创新决策和实施过程的信息与难题，促进多元信息交流和获取，产生多元想法和观点（Wei et al.，2020），有利于促进技术创新的推进。

中庸思维作为一种智慧哲学（李平，2013），强调整合性，能积极感知环境变化，并在此基础上，通过有效整合来自外部的信息与内部的想法和策略,以寻求和谐与平衡(陈岩,2017)。在技术迅速发展的当下社会,新技术的出现与应用不断挑战着传统技术的地位、旧有的组织结构和运作模式,以及员工的知识和能力体系。技术创新过程中直接或间接导致的不利事件,主要归咎于创新实体对于技术创新负面外部性的忽略和缺乏相应的行动(李广培,2013)。在这一背景下,寻求新旧技术转换、新技术与旧组织结构的融合,以及新技术与员工现有知识和能力的匹配之间相容的方法,就成为组织面临的一大挑战。中庸思维提供了一种思考和解决上述问题的有效途径。它强调在决策过程中采取一种全面考虑和综合平衡的方法,不仅是在技术层面,还包括人员和组织层面的深度整合(Chou,2014;郎艺等,2021)。通过及时地整合外部环境中的信息和内部的想法与需求,组织能够识别出新技术引入过程中可能出现的矛盾,通过这种整合性的方法,中庸思维不仅促进了新旧技术的平稳过渡和融合,也加强了组织内部的协调与合作,提高了员工适应新技术的能力和动力。

新技术的引入和发明往往伴随着变革,这些变革有时可能在组织内部引发矛盾和冲突,尤其是当新技术的实施挑战现有的工作流程、权力结构或职业稳定性时(张志学 等,2021)。这就要求决策者在引进或发明新技术之前进行周密的影响评估,并寻求包容性的解决方案,以促进各利益相关者之间的沟通和协商。中庸思维作为一种深植于东方文化的哲学理念,主张在各种情境中追求平衡与和谐(Guo et al.,2022),必然也将注重在技术创新方案的决策中把握"度"的重要性,以避免走向极端。在技术创新方案制订过程中,拥有中庸思维的企业家能够合理评估并及时调整创新活动的方向与程度,在推动技术创新与产品更迭的同时不会引发资源的过度消耗或环境的不可逆损害。具备中庸思维的企业家在构思技术创新时,将深入考虑新技术对员工、组织文化及其内部关系的影响。通过这种方式,可以最大限度地减少技术变革引发的负面影响,确保技术创新不仅能促进组织的发展，同时也能维护组织内部的和谐与稳定。而且，倡导"和而不同"的中庸思维有利于组织营造和谐包容的创新氛围，鼓励员工建言献策（杜旌 等，2016），有助于员工针对实际的技术创新问题提出建议方案。事实上，很多技术创新的创造性想法均源自一线的技术专家或员工，因为他们在技术研发和生产制造的过程中更容易发现技术问题，而拥有中庸思维的企业家善于营造宽松的工作氛围，能够给予员工足够的关怀和信任，鼓励员工积极参与创新决策，并从谏如流，从而有利于促进一线技术专家主动作为，针对其所负责的工作内容开展技术、产品和流程等方面积极开展变革创新，或结合公司的技术创新战略努力开展技术攻关的设计，推动更多技术创新项目或方案的立项。此外，和谐性重视人与自然和谐统一，中庸型的企业家更能认识到人类与环境和谐发展的重要性，从而有助于推动具有可持续发展特性的技术创新方案（王欢欢 等，2022）。

基于上述分析，本书提出如下假设：

H5-1：在技术创新构想阶段，企业家中庸思维对技术创新有正向影响。

（二）企业家中庸思维对管理创新的作用

人工智能、大数据和云计算等新兴技术的快速发展和广泛应用对原有的管理模式产生了重大影响，促使企业亟须在数字化运营、办公自动化、智能化管理等方面开展管理创新（戚聿东 等，2020）。随着生成式人工智能（AIGC）的迅速发展，企业在智能决策、数据智能分析、办公自动化和人力资源智能化管理等方面的创新将不断演绎和迭代，进而推动传统的企业管理方式迈向深度变革（郑金军 等，2024）。传统的经营和管理模式更多地依赖管理者和一线员工的直觉和经验，而通过智能化的方式可以使企业快速获取大量信息，进而基于大数据分析和数据挖掘帮助管理者开展更加科学的管理决策。人工智能技术能通过自然语言处理技术，能够实现对各种文档、电邮等文本信息的自动分类和回复，提高了企业的办公效率。生成式人工智能可以自动进行数据清洗和预处理,并通过理解数据背后的复杂模式和关系,以更高的精度处理数据和文档,形成有深度的洞察,生成各种可视化的管理图表,帮助管理人员直观和深度地理解用户需求,形成更具前瞻性的管理决策。除了迅猛发展的新兴技术给企业管理产生的冲击和重构,近年来,新冠疫情、中美贸易摩擦、俄乌战争等重大突发事件也给企业的经营管理带来很多变化和不确定性,促使企业必须开展管理创新来因应时代大变局。在此背景下,企业高层领导在管理创新的决策和推动过程中扮演着非常重要的作用,其认知模式、领导方式等都将影响他们的创新选择(Khosravip et al.,2019;Bunjak et al.,2022)。

首先,面对数字技术的兴起和国内外经济贸易变局等持续动荡变化的外部环境,拥有中庸思维的企业家善于审时度势,密切关注新技术和新商业变局的发展情况,积极研判形势,对公司经营管理模式和流程的创新变革进行构想(杨中芳,2010)。针对环境变化,中庸型企业家能因时而动,灵活应变,带领企业迅速响应新形势和市场新变化,对管理模式和体系进行及时调整,在新的条件下寻求新的平衡点。例如:采用智能化的管理决策、数字化管理模式、远程协作办公模式,调整工作制度与流程,改革薪酬管理政策等。

其次,在创新决策上,拥有中庸思维的企业家注重执两用中,能够基于整体和全面的视角多方收集信息,客观认知当前内部管理水平和外部环境需求的差距(杜旌 等,2015),从而促进管理创新构想及方案的产生。中庸思维强调从全局角度出发,将对某个事物或对象的变化调整置于大环境背景下来进行思考和决策,并从企业内外部多方整合资源来为创新活动创造条件(魏江茹,2019)。管理创新既包括立足企业自身实际管理问题的改进,也包括学习或引入先进的管理经验(如海尔的"人单合一"模式、阿米巴经营模式等)。企业家的中庸思维有助于他们立足企业的实际情况,客观审视当前公司的管理水平,并通过对业界管理水平较高的企业的参访、学习和交流,研究企业管理创新的新趋势,考虑在公司打造一种全新的企业管理模式,或者积极引进已有的管理实践并结合公司具体情况进行调整,使企业的管理模式能契合时代发展的需要,成为企业效率提升和核心竞争力构建的重要组成部分。

最后,在数字化时代,一线员工特别是新生代员工对基于新兴技术的管理方式、方法通常具有更强的适应性和驱动力,他们在社交媒体上表现更为活跃,善于学习各种新的大数据和智能化应用系统,经常能够结合一线的实际工作采用数字化的新兴管理方法,喜欢更具有数字化、游戏化和趣味性的管理方式,希望具有更强的工作自主性和自我体验感的管理模式(耿天成 等,2017)。企业家的中庸思维强调"和而不同",能够容忍组织内部的多样性和差异性,在管理决策过程中善于鼓励一线员工各抒己见,鼓励下属及时反馈经营管理中存在的问题并积极献计献策,经常在公司内部开展新管理方法和管理经验的分享交流,这有利于激发各级管理者和员工的创意、创造性想法,促进管理创新设想和方案的形成(郎艺 等,2021)。

基于上述分析,本书提出如下假设:

H5-2:在管理创新构想阶段,企业家中庸思维对管理创新有正向影响。

二、创新行动实施阶段

(一)技术创新对组织绩效的作用

技术创新主要是指企业应用新技术和创新的知识,生产出新的产品,提供新的服务,采用新技术工艺或者对产品、服务、工艺进行改进优化。通过开展技术创新活动,企业密切关注最新的技术发展前沿,了解最新的各种技术变化和发展趋势,使产品或工艺所应用的技术更加契合市场的需要,从而提高组织绩效(苏中锋 等,2014)。具体而言,通过技术创新的实施,企业实现了对原有的生产工艺和流程进行优化,提高了生产效率,降低了生产成本,从而提高了组织绩效。而且,技术创新还将使企业的产品拥有更多新兴科技,具有更好的技术性能优势,以更加差异化的产品和服务满足消费者的需求,从而在市场竞争中形成差异化的优势,占据更加有利的竞争地位,获得更多利润(怀特 等,2012)。通过技术创新,能够使产品或服务的产出质量更加稳定,在市场上收获更好的口碑,获取更多忠诚的客户,提高市场占有率,提升销售业绩。特别是在当前数字化时代背景下,企业通过技术创新,将新一代信息通信技术与先进制造技术相互融合,并贯穿于产品的设计、生产和服务等各个环节,通过打造智能和柔性的生产链条,提升企业的柔性制造能力,从而能在面对复杂多变的市场变化时快速调整,实现敏捷制造。而且,借助深度学习和数据挖掘等技术,企业能够更加清楚地了解消费者的偏好,从而实现企业和客户的实时交互,提高产能利用率和市场反应速度,促进组织绩效的提升(尹洪英 等,2022;黄卓 等,2024)。

许多研究也通过案例分析或实证检验支持了技术创新和组织绩效之间的正向关系(李玉刚 等,2022)。例如,华为公司通过长期高强度的技术创新,坚持每年将10%以上的销售收入投入研究和开发领域,建立了一批联合创新中心和技术研究院,在第五代移动通信技术、云计算、大数据、人工智能、网络安全等领域持续创新,促进企业的持续成长和高质量发展(喻登科 等,2019)。Li 等(2010)以及苏中锋和孙燕(2014)的实证研究都发现,技术创新对企业绩效具有积极的促进作用。张少峰等(2023)研究发现技术创新能够提升组织的韧性水平,帮助企业快速应对环境变化,促进企业的高质量发展。基于数字经济时代背景的最新研究表明,制造企业的数字技术创新通过推动数字化能力的重构来促进企业绩效水平的提升(张振刚 等,2024);企业数字技术创新有助于通过推动企业数字化转型、改善生产经营效率以及提高市场获利能力来提升企业市场价值（陶峰 等,2023）。

基于上述分析,本书提出如下假设:

H5-3:在创新实施阶段,技术创新对组织绩效有正向影响。

（二）管理创新对组织绩效的作用

管理创新是企业为了提高组织效率和竞争优势而实施新的管理实践、流程、结构和方法的一系列活动。首先,管理创新的实施有助于提高组织的管理效率,降低管理和运营成本,提升组织绩效。例如,吴晓波和穆尔曼（Murmann）等合著的《华为管理变革》一书指出,华为公司成功的一个很重要的原因是通过持续不断的人力资源体系和集成财经服务等方面的管理创新与变革,使公司管理不断规范化、制度化、敏捷化（吴晓波 等,2017）。其次,公司通过实施管理模式调整和流程再造等管理创新有助于企业对外部市场和客户需求的变化进行快速响应,促进业绩增长。例如,海尔集团的"市场链"流程再造、"倒金字塔"组织结构和"人单合一"模式的管理创新,使其能够更快速地对用户需求作出反应,在复杂多变的市场环境中具备更强的灵活性和适应能力,成为海尔高速成长的重要因素（李海舰 等,2018）。此外,新的组织模式和激励考核制度等管理创新的实施,能激发员工的工作激情和创新精神,提升目标承诺水平,使员工和企业形成更好的合作关系,对组织绩效产生积极影响（章凯 等,2014）。

随着数字经济时代的来临,传统的管理模式和方法已经难以适应新形势的要求,基于数字化的管理创新对企业业绩提升的作用日益凸显（戚聿东 等,2020）。数字化赋能的新型管理模式、流程或方法的实施能不断提升组织的管理效率,降低管理成本,促进绩效改善。例如,日趋扁平化和网络化的组织、远程协作办公、电子化人力资源等管理创新增强了员工的任务协同,提高了管理效率（Wang et al.,2020）;数字化管理还有助于构建更加高效、精准的智能排班系统和薪资管理系统,优化人力资源配置,促进薪酬与奖惩系统的科学性、及时性和公平性,提高工作效率和工作满意度,减少人才流失,促进绩效增长(谢小云 等,2021)。

之前已有不少研究对管理创新和企业组织绩效之间的关系开展了实证研究,结果显示,管理创新对组织绩效有促进作用。例如,高鹏斌等(2017)基于47个实证研究结果,采用元分析的方法研究管理创新和企业绩效之间的关系后发现,管理创新和企业绩效之间具有显著的正向关系。林春培和庄伯超(2014)研究发现管理创新对包含了组织绩效、组织成员努力水平和离职行为等内容的组织效能具有显著的正向影响。邓昕才等(2017)的实证研究发现管理创新对组织绩效具有显著的正向作用。李瑞达等(2024)基于专、精、特、新企业的研究也表明管理创新对企业的创新绩效具有正向影响。

基于上述分析,本书提出如下假设:

H5-4:在创新实施阶段,管理创新对组织绩效有正向影响。

(三)技术创新与管理创新对组织绩效影响的差异

如前文所述,技术创新和管理创新对组织的绩效水平都有正向的影响,但这两种创新类型之间也存在不少差异,从而导致其对组织绩效的影响也存在差异。具体而言,首先,管理创新包括企业的管理理念、制度、流程、组织结构和人力资源等多方面的创新,涵盖了企业的各个部门甚至公司高层,具有较强的系统性,将对企业整体的管理和文化等产生深远影响,使组织整体能力得到重构,并逐步演化为新的组织惯例,对组织整体竞争力和绩效的提升具有较大的促进作用(Damanpour et al.,2012;Henao-Garcia et al.,2023)。而技术创新侧重的是产品、流程和技术方面的创新,和提供产品或服务的基本活动直接相关,更多只是涉及研发和生产制造部门,因此对企业整体竞争力和绩效影响的效果弱于管理创新。其次,与技术创新相比,管理创新的实施是一个更加复杂而漫长的过程。在管理创新方案的实施过程中,还需要对管理创新的实施方案进行反复试验、收集反馈信息,然后不断调整和迭代(Birkinshaw et al.,2008;苏敬勤 等,2013)。而且,管理创新的开展和实施需要由公司的高层亲自部署和推动。因此,管理创新的复杂性和无形性特征使其比技术创新具有更强的隐蔽性和因果模糊性,难以被其他企业观察到,更加难以被模仿和替代(Lin et al.,2017;Alshumrani et al.,2022)。由于管理创新嵌入在企业独特的资源和文化脉络里,即使管理创新表面的制度体系和流程等被对手所了解,也很难直接去复制实施;而技术创新更多地体现在有形的专利、产品、工艺流程等方面,相对而言比较容易被市场同行所观测和学习模仿(Crossan et al.,2010)。因此,相对于技术创新,管理创新实施能给组织带来更多和更长远的收益独占性,对组织绩效具有更强的影响作用。苏中锋和孙燕(2014)通过分析技术创新和管理创新的区别,比较两者对企业绩效影响作用的差异,并基于212家企业调研的大样本数据实证研究发现,管理创新对企业绩效的影响作用大于技术创新。

基于上述分析,本书提出如下假设:

H5-5:相对于技术创新,管理创新对组织绩效的影响更加显著

(四)企业家中庸思维对技术创新与组织绩效之间关系的调节

技术创新的构想产生以后,还要经历研究开发或技术重新组合,到获得实际应用,并产生经济和社会效益的商业化过程(吴贵生 等,2013)。创新的实施是一个复杂而多变的过程,需要技术创意、产品设计、生产制造以及市场需求等方面的密切互动和协调,才能使创新的产品以质量合格的方式进入市场(特罗特,2015)。在技术创新执行的过程中,经常存在着顾此失彼的情况,如远离市场的产品设计可能导致不恰当的设计方案,要么不符合客户的实际需求,要么存在"过度设计",虽然表现为技术先进,但技术创新方案超出了实际需求,或者导致成本过高(蒂德 等,2012)。为此,具备

中庸思维的企业家能够在创新的实施阶段从全局的角度系统思考,综合考量技术、设计、制造和市场等各个方面的情况与诉求,避免"一叶障目",使技术创新的实施顺利推进,促进创新价值的实现。

创新实施的过程通常需要协调和整合各个部门的资源,才能使创新流程上的各个环节做好有效的协作和组合,顺利实现创新产出。此外,从基础研发向应用研发转化的创新过程中存在一个"死亡之谷",需要建立有效的桥梁,否则创新的最终商业化将付之东流,创新的价值难以实现(陈劲等,2016)。中庸型企业家能发挥其善于协调和整合的特点,使技术创新的相关项目团队实现高效的信息共享、跨部门配合和有效协调,促进技术创新向组织绩效提升的转化。技术创新的实施通常也是一个不断迭代和反复的过程,企业在推出创新产品后,需要基于用户体验的反馈对创新产品进行快速、反复和精确的迭代,实现对产品功能的完善和升级(罗仲伟 等,2014)。企业家的中庸思维有助于通过高效的协调整合,使创新的过程更具开放性和协同性,促进技术创新的快速迭代,从而获取更多用户,带动业绩增长。

技术创新的实施还需要研发、制造和设计等相关部门的全员参与,才能使一线员工在创新产品过程中发挥主动性,对出现的各种问题进行及时的讨论交流和调整改进,提升创新实施的效率,促进新产品或服务快速推向市场(周浩 等,2017)。中庸型企业家致力于营造和谐的组织氛围,有助于增强员工之间充分交流创新实施过程中相关的信息和知识,并开展技术创新问题研讨,使技术创新执行中的难题及时得到解决,保障创新产品质量的可靠性,从而占领更多的市场份额。

基于上述分析,本书提出如下假设:

H5-6:在创新实施阶段,企业家中庸思维对技术创新与组织绩效的关系有正向调节作用。

(五)企业家中庸思维对管理创新与组织绩效之间关系的调节

管理创新包括管理措施、管理流程、组织结构和人员管理等方面的创新,涉及企业的生产制造、研发、财务、营销、人力资源和后勤等各个部门甚至公司高层,涵盖范围很广泛(Birkinshaw et al.,2008)。管理创新的实施过程是一个打破原有的组织体系和惯例,并建立新体系的过程(Damanpour et al.,2012)。因此,管理创新的实施是对原有的组织结构、管理流程、权力关系、激励考核,以及组织价值观的改变和重塑,行动过程中必然涉及原有责、权、利的重新分配与安排,推行的难度很大。一些部门或管理者会由于管理创新导致权力受到削弱、个人利益受损、长期习惯的工作方式被改变,因而想方设法抵制和反对创新,导致管理创新的实施面临很大的障碍和风险(余传鹏 等,2020)。

拥有中庸思维的企业家虽然善于灵活变通,努力平衡和协调各方利益,尽可能秉持以和为贵的原则来寻求稳妥的解决方案,这从理论上看是有效的,但在实际执行中未必能真正做到。管理创新的实施很大程度上会"动了别人的奶酪",一些利益受到较大影响的员工会与其他员工产生对抗和冲突,甚至采取过激行为,给组织造成不利影响。可见,在管理创新的行动实施阶段,企业领导者面临的情境与创新构想阶段相比,已经发生了根本性的变化(周浩 等,2017)。面临创新实施引发组织成员冲突和抵制的新情境,中庸型企业家为了组织和谐,可能倾向采取妥协的策略,更愿意息事宁人,避免矛盾激化(吴佳辉 等,2005)。这将使管理创新实施的效果大打折扣,弱化了既定管理创新方案本应发挥的积极作用。Yao 等(2010)研究发现中庸的人在遇到反对意见时容易放弃自己的想法而选择妥协,阻碍了其将创造性想法转化为成功的创新。企业管理创新实践也表明,现实中许多公司难以有效实施其创新计划。著名咨询公司 Gartner 在 2016 年的研究报告显示,企业组织创新与变革的失败率高达 85%,这与管理创新实施不力密切相关。相反,华为公司在开展集成产品开发(integrated product development,IPD)流程创新的实施过程中,采取的是"先僵化、后优化、再固化"的做法。在僵化阶段,面对不少员工的反对和质疑,华为的任正非等高层领导刻意忽视企业内部的质疑声音,坚定地要求员工无条件执行,才使管理创新有效推行并使工作效率逐步提升(吴晓波 等,2017)。

基于上述分析,本书提出如下假设:

H5-7:在创新实施阶段,企业家中庸思维对管理创新与组织绩效的关系有负向调节作用。

第二节　研究设计与数据收集

一、量表设计和变量测量

本研究采用管理学定量研究中常用的问卷调查法来进行数据收集。问卷的量表主要在文献梳理的基础上,采用主流学术刊物上已经被之前的研究检验过的成熟量表,或根据本研究的具体背景进行适当的修订和调整。对于来自英文文献的量表,我们采用双向翻译的方法,在一定程度上避免了翻译不准确的问题,并在此基础上对这些中英文的翻译进行多次讨论,认真斟酌推敲,力求使翻译后的中文量表尽可能完善。量表在正式测量前还进行了小范围的预测试,再根据结果对问卷的部分条目和措辞进行微调。问卷采用李克特5点计分方式进行测量。

企业家中庸思维参考吴佳辉和林以正(2005)的研究,共包含13个测量题项,测量条目如"作为公司负责人,我习惯从多方面的角度来思考同一件事情""我会试着在自己与他人的意见中,找到一个平衡点""意见决定时,我会试着以和谐的方式让少数人接受多数人的意见",这反映了企业家在决策和人际互动中,能够在多方考虑的基础上,注重对度的把握,寻找合适的平衡点,并根据具体情况灵活调整,实现组织内外的整体和谐,具体而言,包括多方思考、整合性和和谐性三个维度。

技术创新借鉴了 Li 等(2010)的测量工具,包含 5 道题项,测量条目包括"近三年开发出具备很强创新性的新技术""近三年开发出打破了产业传统思路的新技术""近三年开发出给企业带来新思路和新理念的技术"等。管理创新参考 Vaccaro 等(2012)的测量量表,并结合数字经济新情境进行细微调整,涉及组织对管理的实践、流程、规则、组织结构、制度等方面的创新情况,共 6 个题项。组织绩效参考余传鹏等(2020)的研究量表,从市场和财务表现两个方面测量,共 5 个题项。环境动态性参考 Wang 等(2013)的研究量表,测量项目涉及客户需求、市场、技术和竞争等方面的变化和不确定性情况,共 4 个题项。具体的测量量表情况见表 5-1。

此外,借鉴苏中锋和孙燕(2014),以及余传鹏等(2020)的研究,将企业规模、企业年龄、所有制性质、行业属性作为控制变量。

表 5-1 研究变量的测量量表

变量	测量量表
中庸思维	意见讨论时,企业负责人会兼顾相互争执的意见
	企业负责人习惯从多方面的角度来思考同一件事情
	在意见表决时,企业负责人会听取所有的意见
	做决定时,企业负责人会考量各种可能的情况
	企业负责人会试着在意见争执的场合中,找出让大家都能够接受的意见
	企业负责人会试着在自己与他人的意见中,找到一个平衡点
	企业负责人会在考虑他人的意见后,调整原来的想法
	企业负责人期待在讨论的过程中,可以获得具有共识的结论
	企业负责人会试着将自己的意见融入他人的想法中
	企业负责人通常会以委婉的方式表达具有冲突的意见

续表

变量	测量量表
中庸思维	决定意见时,企业负责人会试着以和谐方式让少数人接受多数人的意见
	企业负责人在决定意见时,通常会考量整体气氛的和谐性
	做决定时,我通常会为了顾及整体的和谐,而调整自己的表达方式
技术创新	近三年内,企业开发出具备很强创新性的新技术
	近三年内,企业开发出打破了产业传统思路的新技术
	近三年内,企业开发出给产业带来新思路和新理念的新技术
	近三年内,企业开发出令消费者和竞争对手很感兴趣的新技术
	近三年内,企业开发出给企业带来新思路和新理念的新技术
管理创新	我们企业内的规则和程序会定期更新
	我们对员工的任务和职能会定期进行调整
	我们企业会持续引进新的管理技术或手段
	我们企业的考核和薪酬政策在过去三年里进行了调整
	我们企业内部的沟通渠道会定期调整
	我们企业组织结构的部分元素会定期进行调整
组织绩效	与同行相比,我们过去一年里主营业务销售收入增长情况
	与同行相比,我们过去一年里现金流增长情况
	与同行相比,我们过去一年里利润增长情况
	与同行相比,我们过去一年里的市场份额增长情况
	与同行相比,我们过去一年里的顾客满意度增长情况
环境动态性	我们的竞争对手经常推出新产品
	我们的客户的需求很难预测
	企业的竞争对手所占的市场份额不稳定
	我们所处行业的技术正在迅速发生变化

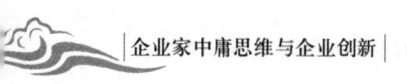

二、数据收集与样本情况

本研究在问卷正式发放之前,事先联系了8位来自创新型企业的企业家开展预调查测试,观察他们填写问卷的过程,听取他们对问卷的感受和建议,并根据他们的反馈意见,对问卷进行适当调整,确定最后的调查问卷,然后开始正式的大规模样本调查。

2021—2022年间,我们进行了大规模的问卷调查。本研究将具有创新活动企业的高层领导者作为调研对象,数据收集方式主要通过以下渠道进行:(1)通过长期有课题合作的厦门市和泉州市的工信局、市场监管局、工商联等单位帮助联系创新型企业的高管;(2)通过广东和浙江等地的福建地区多个商会的秘书处联系有一定创新活动的公司高管;(3)在中山大学和厦门大学的EMBA、总裁班学员中进行调查;(4)通过中山大学和集美大学校友会对各地的校友企业开展调查;(5)委托专业机构开展问卷调查。

问卷发放对象主要的选择标准包括:(1)受访者是该公司总监及以上的高层管理者;(2)受访者应来自中国不同类型和不同地区企业,以反映整体的代表性;(3)受访企业应在近三年开展了一定程度的技术创新和管理创新活动。

问卷调查分为三个阶段收集数据:第一阶段主要收集中庸思维和企业基本情况的数据,第二阶段收集技术创新、管理创新和外部环境的数据,第三阶段收集组织绩效的数据。在企业家准备填写问卷之前,我们先询问企业是否有开展技术创新和管理创新活动,只有确认了符合条件的企业才进行下一步的问卷填写工作。而且,我们在问卷测项里也设置了企业是否在进行技术和管理创新的题项,以再次确认调查企业符合本书的研究情境。

调查共发放问卷1083份,回收问卷435份。经检查,剔除缺选题项超过5题以上的问卷、非公司高层填写的问卷,以及未开展技术创新和管理创新活动企业的问卷,并对来自同一家单位的多份问卷随机抽取其中1份,最终获得有效问卷315份,问卷有效率为74.47%。有效样本的具体分布情况见表5-2。

表5-2 有效样本的基本情况

项目	类别	数量/个	比重/%	项目	类别	数量/个	比重/%
行业属性	战略性新兴产业	201	63.8	性别	男	168	53.3
	传统产业	114	36.1		女	147	46.6
企业年龄	3年以下	7	2.2	地区	福建	68	21.6
	3~6年	30	9.5		广东	69	21.9
	7~10年	50	15.8		浙江	19	6
	10年以上	228	72.3		其他	159	50.5
企业规模	大型企业	66	20.9	学历	高中及以下	10	3.1
	中型企业	140	44.4		大专	32	10.1
	小型企业	87	27.6		本科	200	63.4
	微型企业	22	6.9		硕士及以上	73	23.1
所有制	国有企业	92	29.2	入职年限	1年及以下	7	2.2
	民营企业	198	62.8		2~3年	46	14.6
	港澳台资企业	10	3.1		4~6年	91	28.8
	外资企业	15	4.8		6年以上	171	54.2

第三节 实证分析结果及讨论

一、信度和效度检验

信度和效度是评价数据测量效果好坏的标准。信度体现的是测量的稳定性和一致性情况,即对同一对象进行重复测量时,所得到结果的一致程度;效度反映的是测量的准确性情况,是为了检验所呈现出的结果是否是被测对象的真正特征。问卷所测量的变量的信度及效度都要通过检验,才能对变量之间关系开展下一步的统计分析和研究。本书采用 SPSS 25.0、AMOS 26.0 和 STATA 17.0 统计软件对数据进行统计分析。

本书所研究的构念测量均来自主流学术文献中开发且经过验证的量表,因而不需要进行探索性因子分析,而是通过验证性因子分析(CFA)对主要研究变量的信度和效度进行检验。表 5-3 给出了各变量测量条目标准化的因子载荷、各变量的组合信度(composite reliability,CR)、和平均变异数萃取值(average variance extracted,AVE),来反映各个变量的一致性和收敛效度情况。

根据 Hair 等(2009)的建议,各个测量条目的因子载荷(loading)都应该大于 0.5,数据显示,本章涉及的测量条目都满足要求。信度检验根据 Cronbach α 和组合信度(CR)的值来进行评价。通常而言,Cronbach α 的取值从 0 到 1,取值为 0 表示完全不可靠,取值为 1 代表完全可靠,一般应当在 0.7 以上才具有较好的内部一致性(Nunnally et al.,1994)。本研究各变量的绝大多数题项的 Cronbach α 值都大于 0.7,满足要求。CR 值指构念内部变异的一致性,变量的 CR 值越高,且其测量项目是高度相关的,则表示它们都在衡量相同的变量,越能测量出该潜变量。通常来讲,组合信度 CR 值应该大于 0.7(Hair et al.,1998)。表 4-3 的数据显示,本研究各变量的 CR 值都在 0.7 以上,说明对各个变量的测量都具有较好的内部一致性,符合要求。因此,本研究各变量的信度情况良好。

效度检验包括内容效度、聚合效度和区分效度三方面内容。内容效度方面,本章采用的测量条目是在已有成熟量表的基础上结合本研究的情境进行修订,然后通过对企业家进行预调查和测试后,对问卷做进一步的修改和完善,以保证研究变量的测量具有较好的内容效度。

聚合效度方面，除了上述的因子载荷和组合信度(CR)满足条件以外，还必须考察变量能解释的方差百分比，又称平均变异萃取量(average variance extracted，AVE)(Hair et al.，2009)。平均变异萃取量(AVE)反映了一个潜变量能被一组观察值有效估计的聚合程度(Fornell et al.，1981)；通常认为应该在0.5以上，才显示潜变量的测量具有比较理想的聚合效度(Bagozzi et al.，1988)。从表5-3的数据分析结果可看出，企业家中庸思维、技术创新、管理创新、组织绩效和环境动态性对应的AVE值分别是0.845、0.510、0.563、0.595、0.512，均高于临界值0.5；各变量的CR值分别是0.942、0.862、0.882、0.880、0.805，均高于临界值。因此，本章各个变量的AVE值、因子载荷和组合信度值都满足要求，具有较好的聚合效度。

区分效度检查的是不同潜变量之间是否存在显著差异。首先通过构建竞争性因子模型进行CFA分析，具体分析结果如表5-4所示。与其他模型相比，四因子模型的拟合效果最好，具体为 $\chi^2/df=1.943$；RMSEA=0.055；CFI=0.916；TLI=0.908；IFI=0.916。此外，我们将各变量的平均变异萃取值(AVE)平方根值与该变量与其他所有变量的相关系数进行比较，来进一步分析区分效度。如果平均变异萃取值的平方根大于其与其他构念的相关系数，显示各变量应为不同的构念，具有区别效度(Hair et al.，2009)。表5-5中列出了各个变量之间的相关系数矩阵和AVE值的平方根。结果显示，对角线上的粗体的数值(AVE值的平方根)比它们所在的行和列上全部相关系数值都更大，表明本书研究的变量具备较好的构念区分效度。

表5-3 测量构念的信度和聚敛效度

变量名称	条目或维度	载荷	Cronbach α	AVE	CR
企业家中庸思维	多方思考	0.89	0.875	0.845	0.942
	整合性	0.96			
	和谐性	0.91			

续表

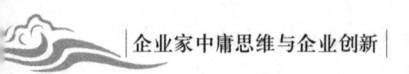

变量名称	条目或维度	载荷	Cronbach α	AVE	CR
技术创新	TI1	0.74	0.842	0.510	0.862
	TI2	0.71			
	TI3	0.70			
	TI4	0.72			
	TI6	0.75			
管理创新	MI1	0.76	0.876	0.563	0.882
	MI2	0.73			
	MI3	0.69			
	MI4	0.79			
	MI5	0.83			
	MI6	0.96			
环境动态性	EU1	0.72	0.805	0.512	0.807
	EU2	0.74			
	EU3	0.74			
	EU4	0.66			
组织绩效	OP1	0.79	0.880	0.595	0.880
	OP2	0.78			
	OP3	0.76			
	OP4	0.74			
	OP5	0.78			

注：Cronbach α 表示内部一致性系数；CR 表示组合信度系数；AVE 表示平均变异萃取值。

表 5-4 验证性因子分析:区分效度检验

模型	X^2	df	X^2/df	RMSEA	CFI	TLI	IFI
四因子模型 (ZY,MI,TI,OP)	769.279	396	1.943	0.055	0.916	0.908	0.916
三因子模型 (ZY,MI+TI,OP)	957.580	399	2.400	0.067	0.875	0.864	0.876
二因子模型 (ZY+MI+TI,OP)	1169.479	401	2.916	0.078	0.828	0.813	0.829
单因子模型 (ZY+MI+TI+OP)	1366.976	402	3.400	0.087	0.784	0.766	0.786

注:ZY 表示企业家中庸思维,MI 表示管理创新,TI 表示技术创新,OP 表示组织绩效;"+"表示将多个因子合并为一个因子。

二、共同方法偏差检验

为了尽可能减少共同方法偏差,本研究通过问卷基本编排法和受访者信息隐匿法等办法来收集问卷,对问卷进行随机编排并设置测谎条目,且在问卷收集时告知受访者匿名填写问卷,答案无对错之分,以鼓励其如实作答。但是,由于测量过程中有着类似的评测环境和项目语境,即使分阶段回收数据时填答者不同,还是有可能造成预测变量和效标变量之间的共同方法偏差问题。为此,本研究按照 Podsakoff 等(2012)的建议,采用 Harman 单因素检验的方法(Harman's one-factor test),对核心变量做未旋转的探索性因子分析。结果表明,共抽取 5 个因子,解释总变异量 35.703%,其中第一个因子可解释的总变异量为 10.711%,说明不存在能解释大部分变异量的单一因子。因此,本研究的数据不存在明显的共同方法偏差。

三、描述性统计和相关分析

本研究各变量的均值、标准差以及各变量之间的相关系数详见表5-5。

从表中的分析结果可见，企业家中庸思维的均值为4.061，说明在中国本土文化情境下，公司高管等企业家多数受到中国传统儒家文化的影响而具备中庸思维；技术创新和管理创新的均值分别为4.163和4.019，说明样本企业都开展了较高程度的创新活动。整体来看，描述性统计的分析结果基本符合我们的现实观察和本书的研究情境。

表中数据显示，各变量之间的Pearson系数均小于0.7，说明不存在共线性问题，可以进一步开展回归分析。在创新构想阶段，企业家中庸思维与管理创新之间显著正相关($r=0.473, p<0.01$)，企业家中庸思维与技术创新之间显著正相关($r=0.560, p<0.01$)；在创新实施阶段，管理创新与组织绩效之间显著正相关($r=0.685, p<0.01$)，技术创新与组织绩效之间显著正相关($r=0.635, p<0.01$)，该结果与本章所提出的主效应假设预期相符。上述相关关系初步验证了本章所提出的各个主效应假设，为获得更加稳健的数据分析结果，下一步将通过多元回归分析进行更为精确的统计。此外，表格中对角线上的粗体数值为对应变量的AVE值的平方根，大于其所在行列的相关系数值，显示这些构念具有较好的区分效度。这在前文已经说明，此处不再赘述。

表5-5 变量均值、标准差与相关性分析

变量	1	2	3	4	5	6	7	8
中庸思维	**0.919**							
技术创新	0.560**	**0.689**						
管理创新	0.473**	0.684**	**0.750**					
组织绩效	0.452**	0.635**	0.685**	**0.771**				
企业规模	0.221**	0.194**	0.297**	0.178**	1			
企业年龄	0.155**	−0.023	0.074	−0.004	0.429**	1		
所有权	−0.107*	−0.208**	−0.235**	−0.158**	−0.292**	−0.157**	1	

续表

变量	1	2	3	4	5	6	7	8
行业属性	−0.208**	−0.162**	−0.137**	−0.131**	0.007	−0.091	−0.020	1
均值	4.061	4.163	4.019	3.695	3.435	3.584	1.883	5.457
标准差	0.495	0.543	0.573	0.674	1.477	0.754	0.842	5.457

注：* 表示 $p<0.1$，** 表示 $p<0.05$，*** 表示 $p<0.01$；对角线上粗体数值为 AVE 值的平方根。

四、回归分析

（一）创新构想阶段

本研究使用 STATA 17.0 软件进行逐步层次回归以验证假设，检验结果如表 5-6 所示。从表中模型 1 和模型 2 可知，在创新构想阶段，在对企业规模、企业年龄、所属行业、所有制进行控制之后，企业家中庸思维对技术创新呈现显著正向影响（$\beta=0.569, p<0.01$），假设 H5-1 得到实证数据的验证。这表明，在当前新一代信息技术快速发展的时代背景下，拥有中庸思维的企业家能够站在全局的角度，充分把握技术变迁的发展趋势，积极构思企业的技术创新方案的制订和形成。表中的模型 4 显示，企业家中庸思维对管理创新同样具有显著的积极作用（$\beta=0.446, p<0.01$），假设 H5-2 得到验证。这表明，中庸型的企业家善于审时度势、因时而变的特征有助于其构想和设计管理创新的方案，其兼容并包、和而不同的价值取向也能够激发下属开展管理创新的热情和建言行为，推动公司产生或引入管理创新方案。

接下来，我们对实证结果的经济显著性做进一步的分析，通过回归系数乘以自变量的一个标准差，再除以因变量的均值来计算。经济意义的检验结果显示，企业家中庸思维每增加一个标准差，将导致技术创新增加 6.76%（= 0.281/4.163）；企业家中庸思维每增加一个标准差，将导致管理创新增加 5.49%(=0.221/4.019)。这意味着,企业家中庸思维对技术创新有更大的影响,即中庸型的企业家更倾向于开展技术创新。这其中的原因很可能在于,技术创新主要是关于产品和技术领域的创新,面临的阻力相对较小。而管理创新将对既有的组织结构、管理流程和管理模式等进行变革,涉及公司各个层级和部门的利益调整,开展创新的难度相对较大。为此,注重稳妥与和谐的中庸型企业家在创新决策时,将更倾向于选择从范围与阻力较小的技术创新着手,从而促进技术创新方案的产生和开展。

表 5-6 创新构想阶段回归分析结果

变量	模型 1 技术创新	模型 2 技术创新	模型 3 管理创新	模型 4 管理创新
中庸思维		0.569*** (0.051)		0.446*** (0.059)
企业规模	0.078*** (0.023)	0.0424** (0.019)	0.111*** (0.023)	0.082*** (0.021)
企业年龄	−0.114*** (0.043)	−0.111*** (0.035)	−0.068 (0.045)	−0.060 (0.041)
所有权	−0.112*** (0.036)	−0.090*** (0.032)	−0.115*** (0.038)	−0.080** (0.037)
行业属性	−0.026*** (0.008)	−0.117 (0.128)	−0.022*** (0.008)	0.160 (0.149)
常数项	4.654*** (0.178)	2.426*** (0.275)	4.218*** (0.185)	2.179*** (0.319)
F 值	9.61	14.18	12.47	9.05
观测值	315	315	315	315
R-squared	0.110	0.477	0.139	0.368

注:* 表示 p 值<0.1,** 表示 p 值<0.05,*** 表示 p 值<0.01。下同。

(二)创新实施阶段

创新实施阶段主要检验技术创新和管理创新对组织绩效的影响以及企业家中庸思维在此阶段所起的作用,检验结果如表5-7所示。在创新实施阶段,从表5-7的模型6可知,技术创新对组织绩效有显著正向影响($\beta=0.195, p<0.01$),假设H5-3得到验证。这显示企业通过技术创新,开发新产品或者创新工艺流程等,能够促进组织绩效的改进。而模型6同样表明管理创新对组织绩效具有显著正向影响($\beta=0.331, p<0.01$),假设H5-4得到验证。这意味着,在当前数字经济时代背景下,企业积极开展管理创新与变革有助于提升组织绩效。为了进一步研究技术创新和管理创新对组织绩效影响的差异,本研究采用T检验的方法进行验证。结果表明,管理创新对组织绩效的影响作用要大于技术创新的影响作用($t=5.939, p<0.01$),假设H5-5得到验证。

其次,检验在创新实施过程中技术创新、管理创新对组织绩效的影响关系上,企业家中庸思维所起的调节作用。实证结果如模型8所示,企业家中庸思维与技术创新的交互项显著正向影响组织绩效($\beta=0.068, p<0.05$),假设H5-6得到验证。这显示,在将技术创新的方案和想法落实的过程中,中庸思维能够有助于企业家从多个角度进行思考,做好技术创新过程涉及的利益相关方的沟通协调工作,促进技术创新的价值实现,从而提高企业绩效。而模型8显示,企业家中庸思维与管理创新的交互项显著负向影响创新绩效($\beta=-0.095, p<0.05$),假设H5-7得到数据支持。这意味着在管理创新落地实施的过程中,具有中庸思维的企业家会努力去平衡和协调各方利益,希望通过推动管理创新来提高业绩,但在现实中操作起来却困难重重,很容易陷入折中妥协的境地,使管理创新实施效果被弱化。

为了更好地理解企业家中庸思维对技术创新、管理创新与组织绩效之间关系的调节作用效果,我们分别绘制了企业家中庸思维对这两种创新的调节作用示意图。图 5-1 显示企业家中庸思维将强化技术创新与组织绩效之间的关系;图 5-2 则显示,企业家中庸思维将弱化管理创新与组织绩效之间的关系。因此,企业家中庸思维在创新实施阶段对技术创新和管理创新具有异质性的调节作用。

表 5-7 创新实施阶段回归分析结果

变量	组织绩效			
	模型 5	模型 6	模型 7	模型 8
技术创新		0.195*** (0.039)	0.174*** (0.042)	0.186*** (0.043)
管理创新		0.331*** (0.038)	0.327*** (0.039)	0.313*** (0.039)
中庸思维			0.040 (0.034)	0.057* (0.034)
技术创新×中庸思维				0.068** (0.034)
管理创新×中庸思维				−0.095** (0.038)
企业规模	0.069** (0.028)	−0.018 (0.021)	−0.019 (0.021)	−0.025 (0.021)
企业年龄	−0.084 (0.054)	−0.024 (0.039)	−0.031 (0.040)	−0.022 (0.040)
所有权	−0.102** (0.048)	−0.024 (0.036)	−0.028 (0.036)	−0.023 (0.036)
行业属性	−0.313 (0.197)	−0.393*** (0.144)	−0.400*** (0.144)	−0.385*** (0.144)
常数项	4.600*** (0.301)	4.538*** (0.222)	4.576*** (0.224)	4.543*** (0.223)

第五章　企业家中庸思维对技术创新和管理创新的影响研究

续表

变量	组织绩效			
	模型 5	模型 6	模型 7	模型 8
F 值	4.00	19.99	19.13	18.01
观测值	315	315	315	315
R-squared	0.196	0.576	0.578	0.587

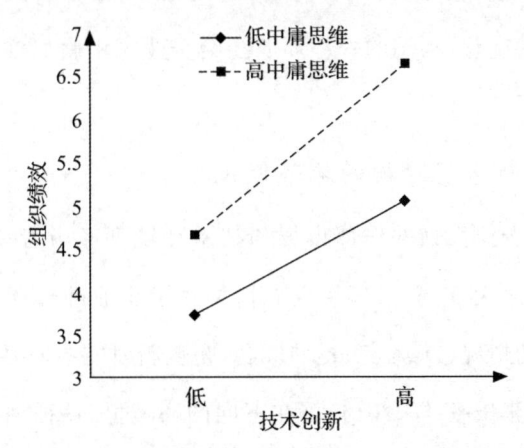

图 5-1　企业家中庸思维对技术创新与组织绩效的调节示意图

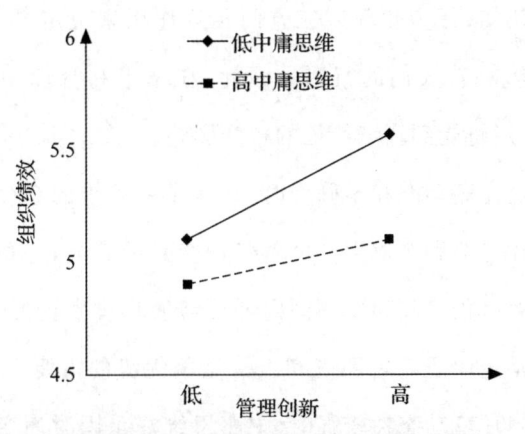

图 5-2　企业家中庸思维对管理创新与组织绩效的调节示意图

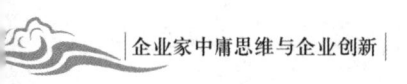

第四节 进一步的调节效应研究

一、环境动态性的调节作用假设

中庸的作用价值高度依存于情境,强调要随具体的情境而变化以实现个体和环境的和谐(杨中芳,2010)。当前,企业经营管理面临的外部环境正在发生剧烈的变化,动态的外部环境会给企业家中庸思维对创新的作用价值带来权变影响。

(一)在创新构想阶段的调节假设

当前,我国企业面临的外部市场和技术环境都经历着深刻的变化,被视为"百年未有之大变局"。环境动态性描述了企业外部环境变化的速度和不可预测性的情况(Dess et al.,1984),是创新研究中需要考虑的非常重要的情境因素(张庆垒 等,2014)。在不同的环境里,各种创新决策的形成将受到不同程度的影响。班杜拉(Bandura)的社会认知理论指出,人类的活动是由个体认知、行为和环境三方面相互作用来决定的,内在的认知和外部环境一起影响着人们的行为。因此,在技术和管理创新的决策构想中,企业家的作用将受到环境特征的权变影响。

当外部环境充满动态和不确定时,具有中庸思维的企业家会主动关注外部环境的变化趋势和企业生产经营管理受到的影响,并积极寻求合适的应对策略。在数字化浪潮和新的国内外形势使环境发生的巨变背景下,技术和管理创新是企业适应新环境和维持竞争优势的重要手段(戚聿东 等,2020)。首先,当环境动态性较强时,中庸思维注重因时而变的特征会使企业家积极筹划企业现有的产品、技术、管理模式等方面的创新,以尽快跟上环境变化的速度。其次,当环境激烈动荡时,企业的技术、管理体系与外部环境原有的平衡被打破,这将促使企业领导者更积极从多方面广泛收集信息,从全局和整体的角度进行思考,寻求公司内部的技术、管理和外部环境匹配的新平衡点,推动形成技术或管理创新行动方案。此外,中庸思维强调兼容并包,善于听取各方面的意见。在环境充满动荡和不确定时,中庸思维的作用更加凸显,能使企业家获取更加真实的信息并集思广益(陈岩等,2017),针对当前企业面临的症结提出有针对性的创新方案。相反,在相对稳定的环境下,外部的不确定性和动态性较低,公司的技术、产品、制度和环境之间没有出现大的冲突和失衡,中庸思维的领导者将遵循"中"的原则,尽量维持周围环境保持平衡(杨中芳,2009),主要引导企业延续原有的技术和管理模式以实现组织目标,而对企业的产品和管理进行创新变革的想法较弱。因此,在低动态性的环境下,拥有中庸思维的企业家对企业创新的促进作用会削弱。

基于上述分析,本书提出如下假设:

H5-8a:在创新构想阶段,环境动态性对企业家中庸思维与技术创新之间的关系有正向调节作用。

H5-8b:在创新构想阶段,环境动态性对企业家中庸思维与管理创新之间的关系有正向调节作用。

(二)在创新实施阶段的调节假设

环境动态性作为一种情境特征,将和企业家的中庸思维共同影响企业创新对组织绩效的作用,使中庸思维在创新实施阶段的调节作用有所改变。在创新的实施过程中,当环境更加复杂和动态时,具备中庸思维的企业家能够注重维持与周围环境的动态平衡(杨中芳,2009),顺势而为,并积极与下属和员工进行沟通,引导他们注意外部环境的变化趋势,争取他们对创新行动的理解和支持。对技术创新而言,在更加动态变化的环境中,企业家中庸思维对技术创新实施的促进效果将得到强化,从领导层到员工

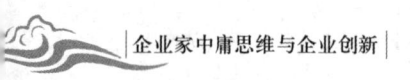

都能更清醒地认识到在剧烈变化环境下开展技术与产品创新的必要性和紧迫性,并在企业家营造的和谐氛围中充分发挥创造力,不断提升技术创新的效率(廖冰 等,2015)。

对管理创新而言,当外部环境更加动态和不确定时,企业的生产运营和业绩都将受到影响,管理创新的实施将面临新的形势,那些抵制和反对创新方案的员工的认知也会有所变化。面对复杂动态的环境,企业的发展乃至生存都面临威胁,企业家的中庸思维能够发挥其善于整合各方力量的优势(吴佳辉 等,2005),从而引导不同部门的员工在危机面前搁置内部的争议和对抗,求同存异,团结协作,携手开展变革与创新,共同应对外部动态的环境这个"主要矛盾"。此外,中庸型的企业家能够相时而动、因时而变,及时根据环境变化的新特点调整管理创新的方案,避免机械和教条地执行不合时宜的管理制度和流程,这能在一定程度上减小动态环境下的管理创新实施的阻力。李原(2014)的研究也发现中庸思维对工作压力的消极影响有缓冲作用。因此,当外部环境更加动态时,一定程度上缓和了管理创新推行的障碍,弱化了中庸思维的负面调节效应。

基于上述分析,本书提出如下假设:

H5-9a:在创新实施阶段,环境动态性越高,企业家中庸思维对技术创新与企业绩效之间的正向调节作用越强。

H5-9b:在创新实施阶段,当环境动态性越高,企业家中庸思维对管理创新与企业绩效之间的负向调节作用越弱。

二、环境动态性调节的实证分析

(一)创新构想阶段的调节作用检验

为检验假设 H5-8,构建企业家中庸思维、环境动态性的交乘项,然后开展层次回归分析,实证检验环境动态性在企业家中庸思维与技术创新、管理创新之间的调节作用,即外部环境的动态性越强,企业家中庸思维对技术创新、管理创新的正向作用就越大。具体的实证检验结果见表5-8。从表5-8中的模型2可见,企业家中庸思维和环境动态性的交互项系数显著为正($\beta=0.042, p<0.1$),H5-8a得到验证。这表明,当外部环境处于高动态变化时,企业家中庸思维对技术创新的正向作用将得到加强。而且,模型4的实证结果显示,环境动态性同样在企业家中庸思维与管理创新上扮演着正向调节作用($\beta=0.065, p<0.05$),H5-8b得到验证。可见,当环境处于高度动态变化时,具有中庸思维的企业高层管理者表现出注重与环境维持动态平衡、因时而变和善于整合的特征,这将更有利于其在面临高动态变化环境时创新方案的产生。为了更好地理解环境动态性在创新构想阶段的调节影响,我们通过绘制直观的调节效应示意图来加强理解。如图5-3和图5-4所示,在环境动态性程度较低的情况下,企业家中庸思维对技术创新、管理创新的作用效果较弱;当环境动态性程度较高时,企业家中庸思维对技术创新、管理创新的作用效果更强。这意味着,企业越是在面临动态变化和不确定的外部环境时,企业家中庸智慧的价值就越能得到体现。

表5-7 创新构想阶段:环境动态性的调节作用

变量	模型1 技术创新	模型2 技术创新	模型3 管理创新	模型4 管理创新
中庸思维	0.288*** (0.026)	0.296*** (0.026)	0.197*** (0.029)	0.208*** (0.029)
环境动态性	0.007 (0.025)	−0.003 (0.025)	0.123*** (0.028)	0.112*** (0.028)
中庸思维×环境动态性		0.042* (0.0236)		0.065** (0.027)
企业规模	0.160* (0.0913)	0.175* (0.091)	0.172* (0.103)	0.075*** (0.021)

续表

变量	模型1 技术创新	模型2 技术创新	模型3 管理创新	模型4 管理创新
企业年龄	−0.675*** (0.182)	−0.663*** (0.181)	−0.318 (0.205)	−0.043 (0.039)
所有权	−0.078** (0.032)	−0.077** (0.031)	−0.082** (0.036)	−0.085** (0.035)
行业属性	−0.108 (0.129)	−0.119 (0.129)	0.072 (0.146)	0.068 (0.144)
常数项	5.002*** (0.220)	4.978*** (0.220)	4.163*** (0.249)	4.031*** (0.219)
F 值	11.61	11.36	8.68	8.82
观测值	315	315	315	315
R-squared	0.501	0.506	0.429	0.421

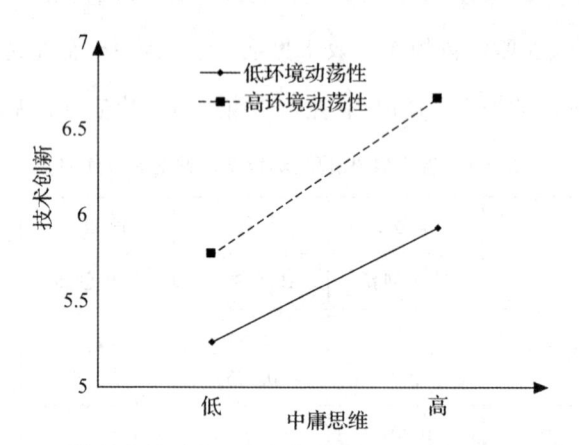

图 5-3 环境动态性对企业家中庸思维与技术创新的调节示意图

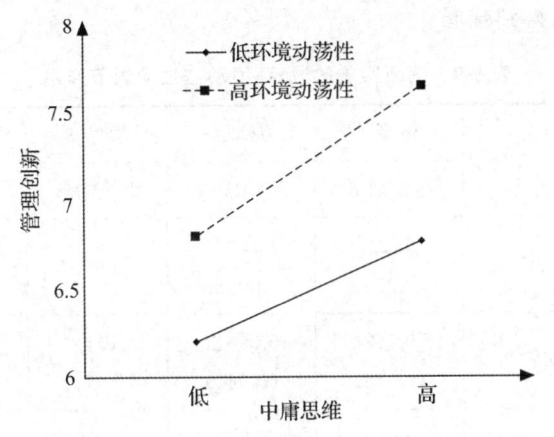

图 5-4 环境动态性对企业家中庸思维与管理创新的调节示意图

(二)创新构想阶段的调节作用检验

在创新实施阶段,通过构建三重交互的乘积项来检验环境动态性的调节效应情况,具体的实证分析结果如表 5-9 所示。表中的模型 2 显示,企业家中庸思维、技术创新和环境动态性三者的交互项对组织绩效的作用不显著,但是,模型 4 显示,企业家中庸思维、管理创新和环境动态性三者的交互项对组织绩效具有正向的显著影响($\beta=0.216, p<0.1$)。这意味着,当企业面临的外部环境更加复杂和动态变化时,企业家中庸思维在管理创新与组织绩效之间的负向调节作用将减弱;而企业家中庸思维对技术创新与企业绩效之间的正向调节作用并未受到环境动态性的影响。这可能是由于技术创新的实施过程中,主要是侧重在技术和产品的部门的执行与实施,企业家的认知思维所起的作用并未受到环境影响。而且,无论是环境动态性情况如何,拥有中庸思维的企业家都必须密切关注产品和技术的变化趋势,做好产品商业化过程多重目标的平衡,积极协调各方资源,根据市场需求做好产品的落地和交付工作。而当环境更加充满动态变化时,管理创新面临的形势比技术创新复杂得多,中庸智慧所具有的维持动态平衡和整合各方力量的优势将使其作用价值得到彰显,企业家中庸思维对管理创新实

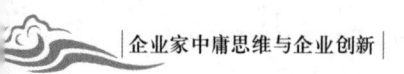

施的负向影响得到减弱。

表 5-9 创新实施阶段:环境动态性的调节作用

变量	模型 1 组织绩效	模型 2 组织绩效	模型 3 组织绩效	模型 4 组织绩效
技术创新(TI)	0.372*** (0.039)	0.340*** (0.042)		
中庸思维(ZY)	0.062 (0.038)	0.090** (0.041)	0.104*** (0.031)	0.101*** (0.036)
环境动态性(ET)	0.010 (0.031)	0.328 (0.035)	−0.080*** (0.029)	−0.098*** (0.031)
ET×ZY		0.094** (0.038)		0.053 (0.033)
TI×ZY		0.027 (0.032)		
ET×TI		−0.080** (0.040)		
TI×ET×ZY		0.028 (0.023)		
管理创新(MI)			0.438*** (0.034)	0.425*** (0.036)
MI×ZY				−0.061** (0.029)
ET×MI				0.028 (0.033)
MI×EU×ZY				0.216* (0.024)
企业规模	0.012 (0.023)	0.013 (0.023)	−0.01 (0.022)	−0.0140 (0.022)

续表

变量	模型 1 组织绩效	模型 2 组织绩效	模型 3 组织绩效	模型 4 组织绩效
企业年龄	−0.024 (0.044)	−0.025 (0.044)	−0.063 (0.040)	−0.047 (0.040)
所有权	−0.041 (0.040)	−0.051 (0.040)	−0.037 (0.036)	−0.034 (0.036)
行业属性	−0.272* (0.161)	−0.292* (0.162)	−0.419*** (0.147)	−0.437*** (0.146)
常数项	4.354*** (0.249)	4.370*** (0.247)	4.727*** (0.223)	4.684*** (0.222)
F 值	12.60	11.21	18.13	15.87
观测值	315	315	315	315
R-squared	0.475	0.492	0.565	0.579

进一步,我们参照 Dawson 和 Richter(2006)的建议,对企业家中庸思维、管理创新和环境动态性对企业绩效的三重交互作用进行斜率检验。在高环境动态性、高中庸思维时,管理创新对组织绩效具有显著正向影响($\beta=0.696, p<0.01$);在低环境动态性、高中庸思维时,管理创新对组织绩效有显著正向影响($\beta=0.559, p=0.08$);在高环境动态性、低中庸思维时,管理创新对组织绩效有显著正向影响($\beta=0.660, p<0.05$);在低环境动态性、低中庸思维时,管理创新对组织绩效有显著正向影响($\beta=0.550, p=0.73$)。由此可见,在处于高度动态变化的环境,且企业家具有高中庸思维的情况下,管理创新对组织绩效的正向影响大于其他三种情况。这表明,注重与外部环境维持动态平衡、因时而变和善于整合的企业家中庸思维,能够在面临更加动态变化的环境情况下,顺势而为,因势利导,择机开展充满艰难与阻力的管理创新和变革,从而弱化了中庸可能有的妥协和折中所

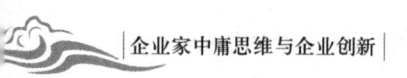

产生的不利影响。为更加直观地显示三重交互效果,绘制如图 5-5 所示的调节效应示意图。

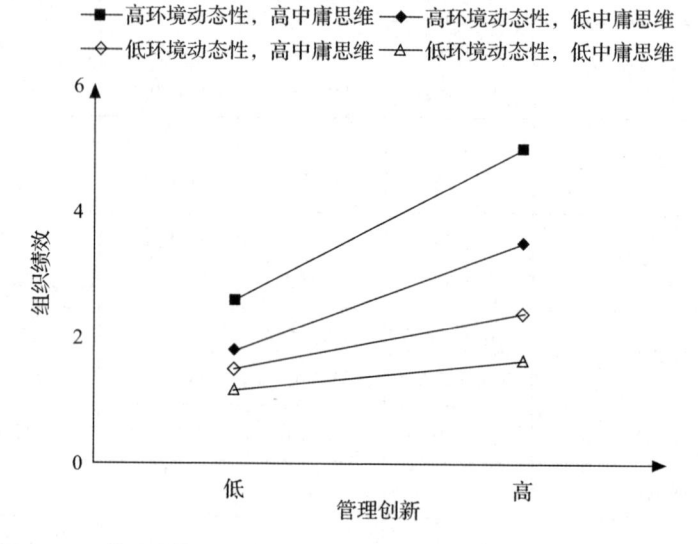

图 5-5 环境动态性、中庸思维和管理创新对组织绩效的三重交互作用

三、中介机制检验

为进一步理清管理创新和技术创新在创新过程中的作用,本研究参照 Preacher 和 Hayes(2008)、温忠麟和叶宝娟(2014)的方法检验中介效应,并采用 Mplus 8.3 软件进行 Bootstrap 检验,设置置信区间为 95%,重复抽样次数为 1000,检验结果见表 5-10。由表 5-10 可知,企业家中庸思维通过管理创新对组织绩效产生影响的间接效应显著(估计值=0.295,Boot 95% CI=[0.181,0.416]);同样,企业家中庸思维通过技术创新对组织绩效产生影响的间接效应显著(估计值=0.200,Boot 95% CI=[0.093,0.340])。这说明,技术创新和管理创新在企业家中庸思维与组织绩效之间起中介作用。此外,企业家中庸思维对组织绩效的直接效应显著(估计值=0.119,Boot 95% CI=[0.059,0.303],表明技术创新和管理创新在企业家中庸思维与组织绩效之间起部分中介的作用。这意味着,在当前日益复杂多变的

环境背景下,拥有中庸思维的企业家为促进组织绩效增长,会及时关注行业发展的最新技术、市场和管理等动态,与客户保持密切沟通,在公司内部营造"和而不同"的氛围以鼓励员工开展技术和管理改进的建言,从而持续对企业的产品、技术、管理和制度等方面开展创新,提高新产品开发的速度、运营管理的效率和对客户需求的响应速度,不断改善组织绩效。特别在数字经济背景下,中庸型企业家善于审时度势,因时而变,积极开展数字化的技术与管理创新,助力企业业绩增长。当然,中庸型的企业家还可能通过商业模式创新、构建和谐的组织文化等方面来提升组织绩效。因此,技术创新、管理创新在企业家中庸思维与组织绩效之间只承担部分的中介作用。

表 5-10 中介效应检验结果

	估计值	Boot 标准误	Boot 95% CI
总效应	0.614	0.128	[0.340, 0.827]
直接效应	0.119	0.096	[0.059, 0.303]
间接效应(TI)	0.200	0.063	[0.093, 0.340]
间接效应(MI)	0.295	0.060	[0.181, 0.416]

注:Boot 标准误、Boot 95% CI 分别指通过偏差矫正的百分位 Bootstrap 法估计的间接效应标准误差、95%置信区间的上限和下限。

四、中庸思维在创新构想阶段作用的进一步分析

企业领导者的特质和认知模式对企业决策与行为的作用情况将受到各种组织特征和行业特征的权变影响。在前文研究的基础上,我们进一步研究在创新构想阶段由于企业性质、行业属性、企业规模和企业发展阶段等方面的差异所导致的企业家中庸思维对技术创新和管理创新影响的不同,这有助于深入了解不同情境下企业家中庸思维的特征及其对企业创新活动的影响效果。通过深入研究这些差异,可以更加准确地把握企业家中

庸思维在不同情境下的作用机制,从而为企业的创新管理提供有针对性的指导。

(一)基于所有权性质的异质性分析

研究将企业按所有权性质分为国有企业和民营企业,进而比较不同所有权类型下企业家中庸思维对技术创新和管理创新影响的差异。具体分样本的回归结果如表5-11所示。结果表明:在国有企业中,企业家中庸思维对技术创新呈现出显著的正向影响($\beta=0.702,p<0.01$);在民营企业中,企业家中庸思维对技术创新呈现出显著的正向影响($\beta=0.525,p<0.01$)。回归结果与总样本一致,这也进一步证明了本研究结果的稳健性。同时我们观察到,在国有企业中,企业家中庸思维对技术创新的回归系数大于民营企业。在管理创新方面,分样本的实证结果显示,国有企业的企业家中庸思维对管理创新呈现出显著的正向影响($\beta=0.729,p<0.01$);在民营企业中,企业家中庸思维对管理创新呈现出显著的正向影响($\beta=0.374,p<0.01$)。与技术创新一样,国有企业里的企业家中庸思维对管理创新的影响大于民营企业。

表5-11 基于企业所有权的异质性分析

变量	技术创新		管理创新	
	国有企业	民营企业	国有企业	民营企业
中庸思维	0.702*** (0.130)	0.525*** (0.063)	0.729*** (0.144)	0.374*** (0.0747)
企业规模	−0.019 (0.038)	0.049** (0.023)	0.005 (0.042)	0.101*** (0.027)
企业年龄	−0.061 (0.066)	−0.120*** (0.044)	0.001 (0.073)	−0.079 (0.052)
行业属性	0.528 (0.359)	0.059 (0.149)	0.787* (0.398)	0.187 (0.177)

续表

变量	技术创新		管理创新	
	国有企业	民营企业	国有企业	民营企业
常数项	1.160 (0.754)	2.291*** (0.311)	0.328 (0.837)	2.293*** (0.370)
F 值	7.48	9.80	7.62	5.41
观测值	92	198	92	198
R-squared	0.507	0.447	0.512	0.309

可见,在企业家中庸思维对技术创新、管理创新的作用强度方面,在国有企业中的作用效果要大于民营企业。其中可能的原因是,受体制和机制方面的制约,国有企业人员和组织结构相对僵化,决策程序繁多且复杂,决策周期长,因此要开展创新工作时,需要协调各种错综复杂的利益,考虑更多方面的因素。而且,国有企业作为国家利益的代表,除了经济目标,还肩负着政治任务和社会稳定等目标,需要更多地考虑政府和社会的要求。相反,民营企业主要关注市场需求和经济目标。因此,善于全局思考和多方整合的中庸思维在国企中的作用将得到更好的体现。

(二)基于企业规模的异质性分析

根据企业规模的情况,本研究将企业分为大型企业和中小型企业进行分析,分析结果如表5-12所示。分样本的研究结果显示:在大型企业中,企业家中庸思维对技术创新和管理创新都呈现出显著的正向影响($\beta=0.669$, $p<0.01$; $\beta=0.512$, $p<0.01$);在中小型企业中,企业家中庸思维对技术创新和管理创新都呈现出显著的正向影响($\beta=0.559$, $p<0.01$; $\beta=0.314$, $p<0.01$)。然而,在大型企业中,企业家中庸思维对两种创新的回归系数都大于民营企业,这意味着企业家中庸思维对技术创新和管理创新的影响在大型企业中的促进作用要大于中小型企业。这可能是因为,相比于中小企

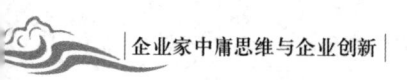

业,大型企业机构更为庞杂,决策程序较多,对产业链和市场的影响力也较大,因此在进行创新方案的制订和进行创新决策时,需要考虑的因素比较多,也更需要去整合各种资源,协调各方的利益。因此,中庸型企业家在大型企业中更能发挥出中庸智慧所具有的执两用中、中和圆融等方面的价值,推动大型企业开展技术和管理创新活动。

表 5-12　基于企业规模的异质性分析

变量	技术创新		管理创新	
	大型企业	中小企业	大型企业	中小企业
中庸思维	0.669*** (0.068)	0.512*** (0.088)	0.559*** (0.081)	0.314*** (0.010)
企业年龄	−0.056 (0.052)	−0.168*** (0.053)	−0.128** (0.061)	−0.060 (0.060)
所有权性质	−0.131*** (0.040)	−0.030 (0.057)	−0.147*** (0.047)	0.030 (0.065)
行业属性	−0.175 (0.159)	0.073 (0.222)	−0.029 (0.188)	0.489* (0.251)
常数项	2.071*** (0.421)	2.305*** (0.431)	2.538*** (0.500)	1.824*** (0.487)
F 值	13.59	4.01	7.00	3.01
观测值	206	109	206	109
R-squared	0.551	0.445	0.387	0.376

(三)基于行业属性的异质性分析

根据企业的行业属性,本研究将企业分为传统行业和战略性新兴行业进行异质性分析。从表 5-13 的分析结果可以发现,无论是在战略性新兴产业还是在传统产业,企业家中庸思维对技术创新和管理创新都呈现出显著的正向影响。但是从回归系数看,传统行业的回归系数大于战略性新兴产业的回归系数,这意味着企业家中庸思维对创新的影响作用在传统产业里更具影响。这可能是因为,传统产业相对战略性新兴行业而言,缺乏创新的技术、资金和人才等资源,整体上处于产业链的中低端,创新的氛围也较弱,因此要推动传统产业开展创新活动,企业家更需要从全局的角度审时度势,因应环境变化的需要,在公司内部营造创新氛围,激发公司开展技术和管理方面的创新变革,并妥善应对创新可能存在的各种阻力,推动创新构想和方案设计的产生。因此,企业家中庸思维对传统产业的创新活动开展具有更大的影响。

表 5-13 基于行业属性的异质性分析

变量	技术创新		管理创新	
	战略性新兴产业	传统产业	战略性新兴产业	传统产业
中庸思维	0.536*** (0.058)	0.639*** (0.086)	0.363*** (0.069)	0.523*** (0.101)
企业规模	0.043* (0.023)	0.066** (0.033)	0.065** (0.027)	0.074* (0.039)
企业年龄	−0.082* (0.042)	−0.071 (0.071)	0.000 (0.050)	−0.058 (0.083)
所有权	−0.038 (0.042)	−0.092* (0.050)	−0.072 (0.050)	−0.034 (0.059)
常数项	2.390*** (0.303)	1.828*** (0.563)	2.349*** (0.361)	1.753*** (0.663)
F 值	9.11	8.71	5.92	4.58
观测值	201	114	201	114
R-squared	0.442	0.638	0.340	0.481

(四)基于企业生命周期的异质性分析

根据企业所处行业生命周期的情况,将企业分为处于成长期和成熟期的阶段进行分析,分析结果如表5-14所示。分样本的研究结果显示,在处于成长期阶段的企业中,企业家中庸思维对技术创新和管理创新都具有显著的正向影响($\beta=0.608, p<0.01; \beta=0.546, p<0.01$);在处于成熟期阶段的企业中,企业家中庸思维对技术创新和管理创新也都呈现出显著的正向影响($\beta=0.679, p<0.01; \beta=0.599, p<0.01$)。但是,从回归系数看,处于成熟期企业的回归系数大于处于成长期的企业,这表明,企业家中庸思维对技术创新和管理创新的影响作用,对处于成熟阶段企业的影响要大于处于成长阶段的企业。这可能是因为,处于成熟阶段的企业,其增长速度会放缓,组织结构日渐臃肿,企业内部存在越来越多的部门主义现象,而且技术经常处于范式更迭阶段,未来面临诸多不确定性,这时候,特别需要企业领导者对复杂的环境有高度的觉察和宏观整体的把握能力,能够因时而变,全面衡量企业所面临的形势,而且能够结合企业具体情况恰如其分、因地制宜地谋划创新的行动方案。而处于成长阶段的企业会有比较清晰的市场模式和技术方式,环境相对可预测,发展目标也较为清晰,企业领导者要考虑的因素相对会比较简单和线性。因此,中庸思维将有助于企业家更好地应对成熟阶段的企业所面临的复杂和充满更多不确定性的环境,积极稳妥地开展相应的创新和变革行动,让企业能够顺利跨过成熟阶段的各种挑战,跨越周期,实现可持续成长。

表5-14 基于企业生命周期阶段的异质性分析

变量	技术创新		管理创新	
	成长期	成熟期	成长期	成熟期
中庸思维	0.608*** (0.0667)	0.679*** (0.0890)	0.546*** (0.0797)	0.599*** (0.106)
企业规模	0.0366* (0.0203)	0.0370 (0.0362)	0.0577** (0.0243)	0.143*** (0.0430)

续表

变量	技术创新 成长期	技术创新 成熟期	管理创新 成长期	管理创新 成熟期
企业年龄	−0.0585 (0.0564)	−0.0140 (0.0627)	−0.0656 (0.0674)	−0.0747 (0.0745)
所有权	−0.112*** (0.0392)	−0.00601 (0.0629)	−0.0914* (0.0468)	0.0185 (0.0747)
行业属性	−0.105 (0.197)	−0.132 (0.180)	0.347 (0.235)	0.0703 (0.214)
常数项	2.122*** (0.431)	1.537*** (0.488)	1.736*** (0.514)	1.309** (0.579)
F 值	12.92	5.25	7.62	3.64
观测值	195	101	195	101
R-squared	0.584	0.500	0.453	0.410

第五节　企业家中庸思维的人口统计分布情况分析

一、研究工具和方法

本部分采用 SPSS 分析软件，通过独立样本 T 检验和单因素方差分析，分别对性别、年龄、学历和地区等不同人口统计学特征的企业家中庸思维程度做进一步的检验和分析。

二、统计结果及分析

（一）性别

通过对不同性别的企业家在中庸及其各个维度上的得分进行统计和

分析,得出如表 5-15 所示的结果。结果显示,在企业家中庸思维及各维度上,男性的得分都要大于女性,但是并不存在显著差异。这一方面可能是男性企业家受到中华传统文化的影响相对更多,但另一方面也意味着,在企业家这个角色上,无论是男性还是女性,都能够从全局角度进行思考,充分整合各方资源,协调各方利益,致力于实现组织和谐。同时我们也看到,随着时代的变化,越来越多的女性走上领导岗位,甚至成为公司高管。她们经过多年职场的历练,已经不是传统意义上很多人对女性身上的"过于感性""线性思维""保守"等刻板印象的形象了,而是能够和男性企业家一样,积极顺应环境变化,整合外部环境和内在条件,妥善协调处理各方关系,刚柔并济地带领团队不断取得优秀业绩。甚至可以说,相对于男性企业家而言,女性企业家由于被社会要求扮演更多角色,更需要平衡好职场和家庭之间的关系,因此在各种事务中表现出的中庸之道精神更为优秀。

表 5-15　不同性别企业家中庸思维及各维度的情况

	性别	均值	t 值	P 值
多方思考	男	4.2232	1.431	0.276
	女	4.1395		
整合性	男	4.0710	0.599	0.158
	女	4.0350		
和谐性	男	3.9866	1.242	0.378
	女	3.8929		
中庸思维	男	4.0937	1.280	0.448
	女	4.0223		

(二)年龄

通过对不同年龄的企业家在中庸思维及其各个维度上的得分进行统计和分析,结果如表 5-16 所示。结果显示,中庸思维及各维度在年龄方面

第五章 企业家中庸思维对技术创新和管理创新的影响研究

都不存在显著差异。这个分析结果有些出乎我们的意料。一般认为,中庸智慧需要在人生的经历和阅历中不断淬炼,才能具备"恰如其分"的"拿捏分寸"本领,因此,年长者通常会比年轻人具备更高水平的中庸思维。但是,可能由于本书的研究对象是公司高管等企业家群体,调查对象的年龄都在26周岁以上,有不少年轻的企业家尽管年龄不大,却已经拥有了多年的创业创新和带团队的经历,他们在创新创业过程中一般遭遇了不少挫折,这会促使他们的认知进行调整和提升,因此他们通常会比同龄人有着更加全局的思维、更强的平衡、协调乃至适度妥协的能力。特别是对一些分布在高科技行业的年轻企业家来说,这些行业的技术发展迅速,产品更新换代速度快,行业竞争非常激烈,更需要快速感知环境并因时而变,及时妥善平衡处理好市场需求和技术研发的关系,才能使公司在激烈的竞争中立于不败之地。可见,只要是在公司高管这样的企业家位置上,无论年龄大小,都是公司创新活动的组织者和协调者,都需要积极运用中庸智慧来思考和解决公司创新发展中面临的各种问题。

表 5-16 不同年龄企业家在中庸思维及各维度的情况

	年龄	均值	F 值	P 值
多方思考	25 岁及以下	0	0.859	0.463
	26～30 岁	4.1568		
	31～40 岁	4.2149		
	41～50 岁	4.0991		
	51～60 岁	4.2375		
整合性	25 岁及以下	0	1.807	0.146
	26～30 岁	4.095		
	31～40 岁	4.093		
	41～50 岁	3.955		
	51～60 岁	3.88		

129

续表

	年龄	均值	F 值	P 值
和谐性	25 岁及以下	0	1.838	0.140
	26~30 岁	3.9195		
	31~40 岁	4		
	41~50 岁	3.8922		
	51~60 岁	3.65		
中庸思维	25 岁及以下	0	1.442	0.230
	26~30 岁	4.057062		
	31~40 岁	4.102715		
	41~50 岁	3.982184		
	51~60 岁	3.9225		

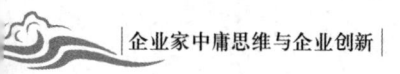

(三)学历背景

根据学历教育背景情况,本研究将所调查企业家的教育背景分为四个层级:高中、大专、本科、硕士及以上,并分别赋值1~4。首先,对中庸思维及其各维度得分在不同学历背景下做 Levene 方差齐次检验,结果显示方差齐次检验符合方差分析条件。接着,对不同学历背景的企业家在中庸思维及各维度上的得分进行单因素方差检验,结果如表5-17所示,结果显示,不同学历背景的企业家在中庸思维($F=2.127$,$P<0.1$)以及和谐性($F=2.458$,$P<0.1$)方面具有显著差异。

表 5-17 不同学历背景企业家在中庸思维及各维度的情况

	教育背景	均值	F 值	P 值
多方思考	高中	3.9	1.193	0.313
	大专	4.1563		
	本科	4.2075		
	硕士及以上	4.1712		

续表

	教育背景	均值	F 值	P 值
整合性	高中	3.84	1.835	0.141
	大专	3.981		
	本科	4.105		
	硕士及以上	3.978		
和谐性	高中	3.825	2.458	0.063
	大专	3.7813		
	本科	4.02		
	硕士及以上	3.8185		
中庸思维	高中	3.855	2.127	0.097
	大专	3.9729		
	本科	4.1108		
	硕士及以上	3.9893		

接着再采用 LSD 法进行均值多重比较，分析结果如表 5-18 所示，我们可以发现：

在和谐性这一维度上，本科学历的企业家得分显著高于大专和研究生及以上学历背景企业家。这其中可能的原因在于：一方面，本科的教育过程通常比专科更加注重培养学生的综合素质和批判性思维能力。这种教育背景可能使本科毕业生在思考问题时更加全面、深入，并善于寻求平衡与和谐。他们在处理团队内部或外部矛盾时，更倾向于采用中庸之道，即在保持原则的同时，灵活变通，以达到各方面的和谐共处。另一方面，本科学历的企业家在实践中可能更早地面临团队管理和人际关系处理的挑战，从而在现实管理工作的实践中培养出了中庸智慧。相比之下，研究生及以上阶段的学习可能更加注重专业知识的深入研究和学术能力的提升，而在实践应用方面相对较少。这可能导致研究生在理论知识的掌握上更为扎

131

实,但在实际运用中庸思维处理复杂问题的能力上稍显欠缺。

在中庸思维整体得分上,本科学历的企业家得分显著高于研究生及以上学历背景企业家。根据烙印理论,个体职业生涯的早期经历将对个人的成长产生持久的影响,个体早期在工作关系网络中的情况将对个体的工作认知和行为留下印痕(Marquis et al.,2013)。由于本科生较早地进入职场,因此比同龄的研究生更早开始培养和锻炼实践经验和处理实际问题的能力,且本科学历的企业家多数是从事销售、市场、运营等经营管理工作出身,拥有更多综合性协调管理的经历。在这个过程中,他们会更加注重运用中庸思维来平衡各方利益、化解矛盾,以实现团队的和谐稳定。但研究生及以上学历背景的企业家中,有相当一部分是从事技术和研发等专业性岗位工作出身,尽管也需要对团队管理开展协调工作,但相对于综合性管理岗位,他们少了一些综合性协调平衡管理的经历,中庸思维的实践水平相对也会弱一些。

表 5-18 不同学历背景的企业家在中庸思维与和谐性上的 LSD 多重均值

	教育背景(I)	教育背景(J)	均值差(I−J)	P 值
和谐性	高中	大专	0.04375	0.857
		本科	−0.195	0.369
		硕士及以上	0.00651	0.977
	大专	高中	−0.04375	0.857
		本科	−0.23875	0.062
		硕士及以上	−0.03724	0.793
	本科	高中	0.195	0.369
		大专	0.23875	0.062
		硕士及以上	0.20151*	0.028

续表

	教育背景(I)	教育背景(J)	均值差(I−J)	P值
和谐性	硕士及以上	高中	−0.00651	0.977
		大专	0.03724	0.793
		本科	−0.20151*	0.028
中庸思维	高中	大专	−0.11792	0.509
		本科	−0.25583	0.11
		硕士及以上	−0.13427	0.419
	大专	高中	0.117917	0.509
		本科	−0.13792	0.142
		硕士及以上	−0.01635	0.876
	本科	高中	0.255833	0.11
		大专	0.137917	0.142
		硕士及以上	0.121564	0.072
	硕士及以上	高中	0.134269	0.419
		大专	0.016353	0.876
		本科	−0.12156	0.072

（四）地区

在本研究中，将地区差异分为南方和北方，分别赋值1和2。首先对中庸思维及其各维度得分在不同地区背景下做Levene方差齐次检验，结果显示，方差齐次检验符合方差分析条件。对不同地区的企业家在中庸及其各维度上的得分进行单因素方差检验和分析后，结果如表5-19所示。结果显示，南、北方企业家在中庸思维（$F=-3.580,P<0.01$）方面具有显著差异，在中庸思维的三维度上也都具有显著差异：多方思考（$F=-4.255,P<0.01$）、整合性（$F=-2.956,P<0.1$）、和谐性（$F=-1.628,P<0.05$）三项

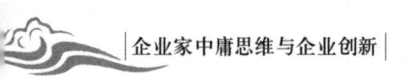

得分,北方企业家均高于南方企业家,这意味着来自北方的企业家具有更高程度的中庸思维。

已有研究表明,一个地区的文化传统会对该区域中个体认知的方式产生深刻影响(Varnum et al.,2010)。在中国,北方地区比南方地区受儒家文化影响更深,也体现出具有更多的中庸之道、官本位文化和等级观念等(黄少安 等,2023)。因此,北方企业家在为人处世和企业管理决策中,可能需要更多的中庸之道,他们更加注重集体意识和整体观念,强调和谐、稳定与平衡。当然,南北方的差异也是一个动态的过程,而且还会受到企业家个体经历、组织文化情境等多种因素的影响,有可能南、北方组内的差异会大于组间的差异。关于这方面的问题,还值得未来进一步的深入探讨。

表 5-19　南北方企业家在中庸思维及各维度的情况

	地区	均值	t 值	P 值
多方思考	南方	4.1261	−4.255	0.001
	北方	4.3636		
整合性	南方	4.0130	−2.956	0.071
	北方	4.1840		
和谐性	南方	3.9118	−1.628	0.015
	北方	4.0390		
中庸思维	南方	4.0168	−3.580	0.001
	北方	4.1957		

第六节　本章小结

本章通过整合创新的双核和两栖模型,探讨了在创新的构想和实施两个阶段,企业家中庸思维对技术创新、管理创新的异质性影响。通过对 315 家企业的大规模样本数据进行实证分析发现,在创新构想阶段,企业家中

第五章　企业家中庸思维对技术创新和管理创新的影响研究

庸思维对技术创新和管理创新都有显著的正向影响；而相对于管理创新，中庸思维对技术创新具有更强的影响。在创新实施阶段，技术创新和管理创新对组织绩效都有显著的正向作用，而且管理创新对组织绩效的影响要强于技术创新的影响作用。在创新的实施过程中，中庸思维在技术创新与组织绩效之间起着正向的调节作用，而在管理创新与组织绩效之间起着负向调节作用。进一步的研究发现：在创新构想阶段，环境动态性在企业家中庸思维与技术、管理创新之间具有正向调节的作用；在创新实施阶段，环境动态性越高，中庸思维对管理创新与企业绩效之间的负向调节作用越弱，而企业家中庸思维对技术创新与企业绩效之间的正向调节作用并未受到环境动态性的影响。此外，中介机制的分析表明，技术创新和管理创新在企业家中庸思维与组织绩效之间具有部分中介作用。

本章还分析了在创新构想阶段由于企业性质、行业属性、企业规模和企业发展阶段等方面的不同导致的企业家中庸思维对技术创新、管理创新影响的差异。研究发现，在企业家中庸思维对技术创新、管理创新的作用关系上，在国有企业中的作用效果要强于民营企业，在大型企业中的促进作用要强于中小型企业，在传统企业中的影响要强于战略性新兴产业，在处于成熟阶段的企业中的影响要强于成长期的企业。

此外，本章还对性别、年龄、学历和地区等不同人口统计学特征的企业家中庸思维程度做了进一步的检验和分析。研究发现：企业家中庸思维及各维度上的得分，男性都要大于女性，但是并不存在显著差异；企业家中庸思维在不同年龄段上不存在显著差异；不同学历背景的企业家在中庸思维上具有差异，本科学历的企业家中庸思维得分显著高于研究生及以上学历背景企业家的得分，但在和谐性这个维度上，本科学历的要高于大专和研究生及以上学历；北方的企业家在中庸思维及其各维度的得分上都高于南方企业家，即来自北方的企业家具有更高程度的中庸思维。

第六章

企业家中庸思维对渐进型创新和激进型创新的影响研究

根据强度的不同,创新经常被分为渐进型创新和激进型创新,或称利用式创新和探索式创新(Garcia et al.,2002;Raisch et al.,2008)。渐进型创新主要是指在现有的技术轨道上,对产品或工艺流程等开展的程度较小的改进和提升;激进型创新则是突破现有技术轨道的一种跨越式创新。渐进型创新和激进型创新在创新幅度、收益情况、风险水平和资源需求等方面都存在差异(Jansen et al.,2006;Lin et al.,2015)。基于高阶梯队理论和管理者认知理论可知,企业家是企业战略决策及实施的核心人物,其特质和认知模式将影响着企业的战略决策和组织行为。那么,中庸思维作为中国企业家典型的认知模式,将对企业的创新决策及过程产生影响。企业家中庸思维程度的差异将使不同程度的创新活动存在不一样的选择偏好,从而对渐进型创新和激进型创新的决策及实施过程产生不同的影响。

现有研究也表明,企业领导者的特质、领导风格和领导行为等将对企业渐进型和激进型创新产生影响。例如:Jansen 等(2009)研究发现变革型领导和激进型创新相关,而交易型领导和渐进型创新相关。陈建勋等(2008)基于我国193份的样本实证研究发现,企业高层领导的变革型领导行为将推动探索性组织学习来促进突破性技术创新,而交易型领导风格通

第六章　企业家中庸思维对渐进型创新和激进型创新的影响研究

过促进利用式组织学习进而影响渐进式技术创新的实现。傅晓等(2012)基于双核模型(将创新分为不同的类型)和两栖模型(将创新分为构想产生和行动实施这两个不同的阶段),实证分析了家长式领导对利用式创新和探索式创新的影响,结果表明:威权领导对利用式创新有负向影响,但却能正向调节利用式创新与新产品绩效之间的关系;仁慈领导对利用式创新和探索式创新都有正向的直接影响,且能正向调节利用式创新与新产品绩效的关系,但却会负向调节探索式创新和新产品绩效之间的关系。

为此,本章借鉴 Menguc 和 Auh(2010),以及傅晓等(2012)这两篇整合性研究的分析思路,把 Daft(1978)的双核模型和 Duncan(1976)的两栖模型整合起来,既区分创新活动的不同类型,又划分创新活动的不同阶段。当然,上述两篇整合研究参考了 Daft 把创新活动分为不同类型的做法,但并未采用 Daft 所划分的两种创新类型,而是采用渐进型创新和激进型创新的分类;与此同时,效仿 Duncan 的思路,再分别将渐进和激进创新都分解为创新构想和创新实施两个阶段。借鉴上述分析框架,本章首先根据创新的程度把创新行为分为渐进型创新和激进型创新,然后再根据创新的两阶段模型把渐进型/激进型创新划分为创新构想形成和创新行动实施阶段,最后考察企业家中庸思维对这两种不同程度的创新,以及在创新的不同阶段所产生的影响。

第一节　研究假设

一、创新构想形成阶段

(一)企业家中庸思维对渐进型创新的影响

在数字化时代背景下,人工智能、大数据和物联网等新兴技术对企业的产品和技术创新产生了巨大影响,企业家需要重新思考企业创新的方向和定位,才能更好地应对市场竞争和各种风险挑战,实现可持续发展。渐进型创新指的是企业在既有的技术或者产品基础上进一步改进或优化的创新行为,是一种小幅度的创新,研发周期较短,创新的风险性较低,具有相对稳定的回报(He et al.,2004)。中庸思维既注重从宏观的视野和全局的角度进行思考,而且讲求节制,强调在具体的行动处境中掌握好"度"的分寸,达到恰到好处的最佳状态(张德胜 等,2001)。当前,尽管各种新兴技术和市场趋势层出不穷,许多企业积极追逐新赛道,加快新技术研发,争取努力赶上新科技和新商业的"风口",但是,拥有中庸型思维的企业家既能看到追求全新技术带来的创新性和可能的高收益,也能理性审视其风险和所需要的高成本,而不是盲目追逐各种热点和"风口"。因此,中庸型的企业家会实事求是地立足行业和企业的具体情况,分析当前的创新战略选择与市场接受程度、自身资源能力情况等方面的匹配度,从而做出恰如其分的创新方案。当前,企业的经营面临着日益复杂严峻的局面,企业生存发展面临各种挑战,企业开展创新活动的首要目标是保证企业在稳定的基础上实现新的突破和发展。中庸思维的认知模式在决策时注重稳妥和适度,不走极端(杨中芳,2010)。因此,善于多方权衡、追求稳妥而不过激的中庸型企业家将考虑选择延续现有技术轨道基础上的、强度较小的渐进型创新方案。

基于上述理论分析,本研究提出如下假设:

H6-1:在创新构想阶段,企业家中庸思维对渐进型创新有正向影响。

(二)企业家中庸思维对激进型创新的影响

激进型创新是指企业立足于企业的长远发展,在原有的技术轨迹上进行突破的开发新产品或开拓新市场的创新活动,是一种全新的、探索式的、大幅度的创新(Jansen et al.,2006)。激进型创新如果获得成功,将为企业

第六章 企业家中庸思维对渐进型创新和激进型创新的影响研究

带来高额的投资收益,构建起长期的竞争优势。在新一轮科技革命和产业变革的背景下,人工智能、大数据和物联网等新兴技术层出不穷,各种颠覆性创新的技术、产品和服务持续涌现。例如:特斯拉在电池技术、智能驾驶技术和制造工艺等方面的突破式科技创新,给整个汽车行业带来了颠覆性的革命,为消费者带来了更好的使用体验,也使特斯拉在电动汽车市场成为具有竞争优势的领导者;基于生成性预训练语言模型的聊天机器人ChatGPT在自然语言处理方面的新突破,将算法、算力和数据结合产生强大的人工智能引擎,将对许多相关行业带来重大颠覆。在技术轨道发生重大变革的过程中,涌现出许多新的技术机会窗口,这也对原有的技术创新模式构成了挑战,企业如果能抓住新机遇,开展激进型创新,就有可能开辟出新的道路,从而构筑起新的竞争优势(刘海兵 等,2023)。

中庸思维强调因应时势变通以随时适中,尽可能采取合理的决策以顺应环境变化,并不断进行动态调整(高志强,2021),这意味着当环境发生剧烈变动时,拥有中庸思维的企业家会积极审时度势,密切关注各种引领产业变革的新兴技术发展趋势,积极谋划企业开展突破性的技术创新与变革。而且,中庸之道注重考虑长远利益和全局利益,而非只是眼前和局部的利益(杨中芳,2010),这将有利于中庸型企业家着眼于企业长远发展的需要,做出具有长期导向的创新决策,通过激进型创新来提前谋划和布局新的技术赛道,探索全新的技术,抢抓新的发展机遇,为未来可持续发展奠定基础。由此,注重因时而变、具有长期导向的中庸型企业家将在新一轮科技革命带来产业颠覆式变革的时代背景下积极构思和筹划激进型创新。

但是,值得注意的是,激进型创新是对全新领域的技术探索,研发周期长、资源投入大,具有很大的不确定性和很高的风险性,对资金、人才、技术基础等都具有较高的要求,回报周期也比较长(吴珊 等,2023)。中庸思维强调过犹不及,不走极端,在决策过程中会比较谨慎和稳妥。激进型创新

139

往往具有颠覆性的效果,会对企业现有技术和流程等产生重大影响,容易遭到企业内部不少人的反对。此时,注重和谐和避免偏激的中庸型企业家就会充分考虑激进型创新决策可能带来的后果。而与之相对的渐进型创新更多是在现有技术和产品基础上进行改进优化,研发周期较短,整体风险较小,收益前景也较为明确。因此,在创新驱动发展的时代背景下,拥有中庸思维的企业家既会为了着眼于长远和未来采取激进型创新方案,也会为了稳妥和和谐的需要采取能够带来短期稳定回报的渐进型创新。然而,他们更倾向于立足企业自身实际情况,采取渐进型创新的方式进行创新发展。

基于上述理论分析,本研究提出如下假设:

H6-2:在创新构想阶段,企业家中庸思维对激进型创新有正向影响。

H6-3:在创新构想阶段,相较于激进型创新,企业家中庸思维对渐进型创新具有更强的影响。

二、创新行动实施阶段

(一)渐进型创新对组织绩效的影响

渐进型创新是在企业现有技术和业务的基础上进行小幅度的改变和调整,强调对企业现有的知识、技能、产品等各种资源进行挖掘、改进和提高(Jansen et al.,2006)。通过渐进型创新,企业能够逐步提高现有产品的生产效率,减少生产制造、经营管理过程中的各种浪费,从而有效降低产品成本,提高绩效。渐进型创新还有助于提升产品质量的稳定性,改善产品性能,改进用户体验,使企业在激烈的市场竞争中体现其差异化优势,从而提高消费者的忠诚度,扩大市场份额,继而带动业绩不断提升。渐进型创新主要是响应市场和客户的需求进行创新,是在既有的技术轨道条件下的调整优化和在原有各项资源基础上的延展和整合,因此能为企业带来稳定

第六章　企业家中庸思维对渐进型创新和激进型创新的影响研究

的回报,而且结果是相对可预测的,风险相对较低(Benner et al.,2003)。

董小英等(2018)通过对华为公司的案例分析指出,华为公司在发展过程中借助高强度的渐进型创新活动,能够持续优化已有产品和技术,巩固其在已有市场的优势地位,不断沉淀和扩大已有知识经验的应用范围,从而提高现有活动的效率,降低运营成本,进而促进绩效的提升。之前的许多实证研究也显示企业的渐进型创新对企业绩效的促进作用。例如:李剑力(2009)基于 251 家企业样本的实证数据研究显示,企业渐进型创新和企业绩效呈正相关;陶秋燕和孟猛猛(2018)基于 199 家中国中小企业调查数据进行实证分析发现,渐进型创新对企业组织绩效具有正向影响。

基于上述理论分析和既有研究结论,本研究提出如下假设:

H6-4:在创新实施阶段,渐进型创新对组织绩效有正向影响。

(二)激进型创新对组织绩效的影响

激进型创新是在企业原有的传统技术和产品之外,重新开辟全新的技术、产品或市场的一种创新活动。激进型创新通常是对全新甚至未知领域的探索和突破,脱离现有知识和技术的"舒适区",注重与企业原有学习轨道不同的新知识创造,是一种幅度较大、对现状进行彻底和颠覆性变革的创新。激进型创新有助于企业实现技术轨道的跃迁,开发出新的产品和服务,开拓新的市场,获取新的销售渠道,从而使企业在新的科技革命浪潮下抓住新机遇,在为客户创造新价值的过程中塑造独特的竞争优势,积累新的核心竞争力,并促进企业绩效的提升(Jansen et al.,2006)。特别是当前,以人工智能和大数据等为代表的新一代信息技术发展日新月异,企业面临的技术和市场环境快速变化,激进型创新的方式能敏锐感知前沿技术的发展动态,及时洞察客户的潜在需求,快速推出新产品和新服务,有效适应快速变化的环境,促进企业业绩增长(董小英 等,2018)。

当然,激进型创新是对各种新事物的尝试,将对企业现有的技术、产品和业务模式等构成较大挑战,通常具有一定的冒险性,整体风险较大,回报也存在一定的不确定性(He et al.,2004)。但整体来看,激进型创新能通过新产品和市场的开拓而对组织绩效产生积极影响。例如:苹果公司通过智能手机的激进型创新,特斯拉通过新能源汽车的激进型创新,都对原有的产品实现了颠覆性变革,也给企业带来了高额的回报。许多学者的实证检验也支持了激进型创新对组织绩效的促进作用。例如,Auh 和 Menguc(2005)基于澳大利亚制造业企业的数据发现了激进型创新对企业绩效的正向影响;李忆和司有和(2009)基于397家中国企业的问卷调查数据的实证研究发现激进型创新对企业绩效具有促进作用;崔维军等(2017)基于世界银行对中国制造企业的调查数据的研究结果表明,激进型创新对企业绩效具有显著的正向影响。

基于上述理论分析和已有研究结论,本研究提出如下假设:

H6-5:在创新实施阶段,激进型创新对组织绩效有正向影响。

(三)渐进型和激进型创新对组织绩效影响的差异

虽然渐进型和激进型技术创新对企业组织绩效都有正向的促进作用,但由于两种创新之间存在差异,因此两者对组织绩效的影响作用也有所不同。本研究认为,激进型创新对组织绩效的影响要强于渐进型创新。主要原因体现在:首先,与渐进型创新相比,激进型创新对现有技术和产品进行了大幅度的改进,甚至导致产品主要性能发生巨大跃迁,是一种根本性的创新,将给企业乃至行业带来重大和深刻的影响,使企业在原有范式的竞争下另辟蹊径,构筑起较大程度的差异化优势,为企业带来新的盈利和发展机会(Raisch et al.,2008;王林 等,2014)。其次,激进型创新经常是拥有核心技术的自主性创新,具有较高的专业壁垒和核心竞争力,短时间内难以被其他企业进行模仿和复制,具有收益独占性的特征,能给企业带来较高的收益和回报。而渐进型创新是在企业原有的技术和知识基础上的调整改进,门槛相对较低,容易被其他企业学习和模仿,因此创新所带来的收益很容易被后续跟进的厂商所引发的同质化激烈竞争所侵蚀(March,1991)。胡超颖和金中坤(2017)采用定量文献综述的元分析方法,基于72篇实证研究文献的223个效应值,发现激进型创新对企业的长期竞争优势有着更大的影响。最后,人工智能、物联网、大数据、云计算等突破性技术正在颠覆许多传统技术和商业模式(吴珊 等,2023),在当下科技革命和产业变革的背景下,企业更需要激进型创新去探索新的知识和技术,帮助企业开拓新的市场和开发新的产品,而渐进型创新主要是小幅度的提升改进,难以满足大变局时代背景下的竞争需要,且容易形成路径依赖而难以适应剧烈变化的环境需要。企业开展激进型创新能更好地抓住新科技浪潮的"红利",提升技术创新能力,快速适应市场需求的变化,构建新时代背景下的竞争优势,实现企业业绩的增长。

基于上述理论分析,本研究提出如下假设:

H6-6:在创新实施阶段,相对于渐进型创新,激进型创新对组织绩效的影响更显著。

(四)企业家中庸思维的调节影响

创新的执行和实施过程是创新能否取得成功的关键一环,有研究认为,企业创新的失败并不是创新方案本身,而是执行和实施过程的问题(Zbaracki,1998)。创新的实施过程意味着创造性破坏,是一个传统旧体系的破坏和创造新体系的过程(熊彼特,2000)。在创新的过程中,受固有观念和行为习惯的影响,部分组织成员会出于传统和惯性等原因进行抵制,致使创新实施的效果大打折扣(郭晓彤 等,2013)。无论是渐进型创新还是激进型创新,都意味着通过新的投入来实现新的技术和产品服务,都需要对企业与创新相关的组织结构和流程进行调整,使企业现有资源重新配置,这必然会影响到原有一些部门和员工的切身利益,从而遭到他们的阻扰和反对,使创新在具体实施中面临很大的障碍(周浩 等,2017)。

如何让企业的创新方案得到有效的推进与实施,这在很大程度上考验着企业家等高层领导的智慧和艺术。在创新实施的初期,拥有中庸思维的企业家将积极听取各方意见,从企业发展和外部环境需要等方面进行全局思考,注重与相关组织成员的沟通,做好企业创新活动的宣传和解释工作,营造良好的创新氛围,取得广大员工的理解和支持,为创新的有效开展奠定良好的基础(耿紫珍,2020)。面对创新实施过程中面临的各种冲突和矛盾,中庸型的企业家善于整合资源和协调各方利益,有效化解矛盾(陈建勋 等,2010)。面对创新执行与实施中的复杂局面,具备中庸思维的企业家懂得在坚持大的创新方向的同时,分清轻重缓急,在一些具体操作和小的问题方面进行适度妥协(张红坡 等,2020),他们懂得寻求最大公约数,尽量找到一个各方都能接受的方案,使创新计划主体顺利实施。中庸思维强调"和而不同",鼓励组织成员在和谐的氛围下交流自己的想法,分享信息,并进行知识的共享(魏江茹,2019),这将有助于减少内部沟通的障碍,促进创新所涉及的新知识的传播与应用(郎艺 等,2021),保障创新活动的有效实施。

企业在创新活动过程中,可能会同时采取激进型创新和渐进型创新,企业既需要持续的渐进型创新来满足客户不断变化的需求,以实现企业的持续成长,而且还必须周期性地进行激进型的突破创新来打断正在进行的渐进型创新,推出具有全新性能特征的技术或产品,以保持市场上的动态竞争优势(陈劲 等,2016)。激进型创新将对现有产品和市场进行重大的突破与跃迁,很有可能导致整个产业重新洗牌(付玉秀 等,2004)。激进型创新的实施将给企业现有的技术和管理体系都带来较大的变化和冲击,会面临较大障碍。而渐进型创新是在原有技术轨迹和知识基础上对产品或工艺流程等进行较小幅度的改进和创新,相对变化幅度不大,尽管也会对原

第六章　企业家中庸思维对渐进型创新和激进型创新的影响研究

有产品和市场的利益进行调整,但变革阻力相对小一些。企业家中庸思维强调恰如其分地把握好"度",根据创新程度的差异相机调整领导方式,和组织成员进行良好的沟通,引导大家认识到实施创新的必要性,提升大家对创新决策的情感接受性,顾全大局,以企业整体利益为重,而不是过多只考虑个体利益的得失,并积极参与到创新活动的实施中(Lang et al.,2022)。而且,中庸型企业家能够立足企业实际情况,实事求是地考虑企业渐进型或激进型创新实施的具体步骤与环境的匹配程度,努力调和在实施过程中出现的矛盾和冲突,保障创新进程顺利推进。

基于上述理论分析,本研究提出如下假设:

H6-7:在创新实施阶段,企业家中庸思维正向调节渐进型创新与组织绩效之间的关系。

H6-8:在创新实施阶段,企业家中庸思维正向调节激进型创新与组织绩效之间的关系。

第二节　数据收集和变量测量

本章的研究对象和样本情况与第五章相同,详细情况可参见第五章第二节的内容。在测量方面,为了确保测量数据的信效度,本章所使用的测量工具均为与研究相关的国内外成熟量表,这些量表已经得到学者们的普遍认可。测量采用李克特5点打分法,"1"代表"非常不同意","5"代表"非常同意"。

本章的研究构念主要包括企业家中庸思维、渐进型创新、激进型创新和组织绩效。企业家中庸思维参考吴佳辉和林以正(2005)的研究,采用13个测项进行测量,分别包括多方思考、整合性、和谐性三个维度,具体情况可参见第五章第二节。渐进型和激进型技术创新参考 He 和 Wong

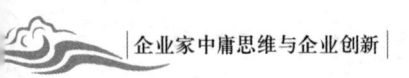

(2004),以及杨治等(2015)的研究,并根据本研究实际做出了一些细微调整,采取8个测项进行测量:渐进型技术创新共4个测项,具体测量企业近3年以来的"企业改进现有产品和服务质量""企业提高了生产或服务流程的灵活性""企业降低现有生产和服务成本""企业提高当前产量或降低能耗";激进型技术创新共4个测项,具体测量最近3年以来的"企业引进新一代的产品和服务""企业拓展新的产品范围""企业开发新的市场""企业进入新的领域"。组织绩效参考余传鹏等(2020)的研究量表,从市场和财务表现两个方面测量,共5个题项。

控制变量参考傅晓等(2012),以及余传鹏等(2020)的研究,将企业的规模、年龄、所有制性质、行业类型作为控制变量。

第三节 数据分析及讨论

一、信度和效度检验

本章采用 SPSS 25.0、Amos 26.0 和 STATA 17.0 软件对数据进行统计分析。首先通过验证性因子分析(CFA)对主要研究变量的信度和效度进行检验。表6-1给出了各变量测量条目标准化的因子载荷、各变量的组合信度(composite reliability,CR)、平均变异数萃取值(average variance extracted,AVE),来反映各个变量的一致性和收敛效度情况。

按照 Hair 等(2009)的意见,各个测量条目的因子载荷(loading)都应该大于0.5。数据显示,本章涉及的测量条目都满足要求。信度检验根据 Cronbach α 和组合信度(CR)的值来进行评价。通常而言,Cronbach α 的取值从0到1,取值为0表示完全不可靠,取值为1代表完全可靠,一般应当在0.7以上才具有较好的内部一致性(Nunnally et al.,1994)。本章各研究变量的绝大多数题项的 Cronbach α 值都大于0.7,满足要求。CR 值指构念内部变异的一致性,变量的 CR 值越高,表示它们都在衡量相同的变量,越能测量出该潜变量。通常来说,组合信度 CR 值应该大于 0.7(Hair et al.,2009)。表 6-1 的数据显示,本研究各变量的 CR 值都在 0.7 以上,说明对各个变量的测量具有较好的内部一致性,符合要求。因此,本章各研究变量的信度情况良好。

表 6-1　测量构念的信度和聚敛效度

变量名称	条目或维度	Loading	Cronbach α	AVE	C.R.
中庸思维	多方思考	0.89	0.875	0.845	0.942
	整合性	0.96			
	和谐性	0.91			
渐进型创新	EI1	0.715	0.806	0.520	0.812
	EI2	0.748			
	EI3	0.637			
	EI4	0.777			
激进型创新	EXI1	0.707	0.803	0.509	0.805
	EXI2	0.762			
	EXI3	0.718			
	EXI4	0.665			
组织绩效	OP1	0.79	0.880	0.595	0.880
	OP2	0.78			
	OP3	0.76			
	OP4	0.74			
	OP5	0.78			

注:Cronbach α 表示内部一致性系数,CR 表示组合信度系数,AVE 表示平均变异萃取值。

效度检验包括内容效度、聚合效度和区分效度三方面。内容效度方面,本章采用的测量条目是在已有成熟量表的基础上,结合本书的研究情境进行修订,然后通过对企业家进行预调查和测试后,对问卷做进一步的修改和调整完善,这样做就保证了研究变量的测量具有较好的内容效度。聚合效度方面,除因子载荷和组合信度(CR)满足条件以外,还须考察平均变异萃取量(AVE)。通常认为平均变异萃取量应该在 0.5 以上,才显示潜变量的测量具有比较理想的聚合效度(Bagozzi et al.,1988)。从表 6-1 的数据分析结果可看出,企业家中庸思维、渐进型创新、激进型创新和组织绩效对应的 AVE 值分别是 0.845、0.520、0.509、0.595,都高于临界值 0.5;各变量的 CR 值分别是 0.942、0.812、0.805、0.880,都高于临界值。因此,本章各个变量的 AVE 值、因子载荷和组合信度值都满足要求,具有较好的聚合效度。

区分效度检查不同潜变量之间是否存在显著差异。首先通过构建竞争性因子模型进行 CFA 分析,具体分析结果如表 6-2 所示。与其他模型相比,四因子模型的拟合效果最好,具体为 $\chi^2/df=1.454$;RMSEA=0.038;CFI=0.961;TLI=0.908;IFI=0.962。此外,通过各变量的平均变异萃取值(AVE)平方根值与该变量与其他所有变量的相关系数进行比较,进一步分析区分效度。表 6-3 中列出了各个变量之间的相关系数矩阵和 AVE 值的平方根。结果显示,对角线上的粗体的数值(AVE 值的平方根)比它们所在的行和列上全部相关系数值都大,这表明本章的研究变量具备较好的构念区分效度。

表 6-2　验证性因子分析结果

模型	χ^2	df	χ^2/df	RMSEA	CFI	TLI	IFI
四因子模型 (ZY,EI,EXI,IP)	421.706	290	1.454	0.038	0.961	0.956	0.962
三因子模型 (ZY,EI+EXI,IP)	565.448	293	1.930	0.054	0.919	0.910	0.920
二因子模型 (ZY+EI+EXI,IP)	728.123	295	2.468	0.068	0.872	0.859	0.873

续表

模型	X^2	df	X^2/df	RMSEA	CFI	TLI	IFI
单因子模型 (ZY+EI+EXI+IP)	859.449	296	2.904	0.078	0.833	0.817	0.834

注：ZY 表示企业家中庸思维，EI 表示渐进型创新，EXI 表示激进型创新，OP 表示组织绩效；"+"表示将多个因子合并为一个因子。

二、共同方法偏差检验

为了尽量减少共同方法偏差，本研究通过问卷基本编排法和受访者信息隐匿法等办法来收集问卷，对问卷进行随机编排和设置测谎条目，并且在问卷收集时告知受访者匿名填写问卷，答案无对错之分，以鼓励其如实作答。同时，本研究按照 Podsakoff 等(2012)的建议，采用 Harman 单因素检验的方法，对核心变量做未旋转的探索式因子分析。结果表明，提取出的特征值大于 1 的因子的第一个因子可解释的总变异量为 35.506%（小于 40%），说明不存在能解释大部分变异量的单一因子，本研究的数据不存在明显的共同方法偏差。

三、描述性统计与相关分析

本研究各变量的均值、标准差以及各变量之间的相关系数如表 6-3 所示。由表可知，渐进型创新和激进型创新的均值分别为 4.116 和 4.001，这表明样本企业都开展了较多的渐进型创新和激进型创新。描述性统计的结果基本符合中国企业的现实情况和本书的研究情境。

各变量之间的 Pearson 系数均小于 0.7，说明不存在共线性问题，可以进一步开展回归分析。在创新构想阶段，企业家中庸思维与渐进型创新之间显著正相关($r=0.559, p<0.01$)，企业家中庸思维与激进型创新之间显著正相关($r=0.543, p<0.01$)；在创新实施阶段，渐进型创新与组织绩效之

间显著正相关($r=0.595, p<0.01$),激进型创新与组织绩效之间显著正相关($r=0.434, p<0.01$),这与本章所提出的主效应假设预期相符。上述相关关系初步验证了本章的主效应假设,为了获得更加稳健的数据分析结果,下一步将通过多元回归分析进行更为精确的统计。

表 6-3 变量均值、标准差和相关性分析

变量	1	2	3	4	5	6	7	8
中庸思维	**0.918**							
激进型创新	0.543***	**0.721**						
渐进型创新	0.559***	0.523***	**0.713**					
组织绩效	0.452***	0.434***	0.595***	**0.771**				
规模	0.221***	0.203***	0.164***	0.178***	1			
年龄	0.155***	0.007	0.069	−0.004	0.429***	1		
所有权	−0.107*	−0.134**	−0.171***	−0.158***	−0.292***	−0.157***	1	
所属行业	−0.208***	−0.073	−0.204***	−0.131**	0.007	−0.091	−0.02	1
均值	4.061	4.116	4.001	3.968	3.435	3.584	1.883	5.457
标准差	0.495	0.549	0.615	0.673	1.477	0.754	0.842	3.861

注:* 表示 $p<0.1$,** 表示 $p<0.05$,*** 表示 $p<0.01$;对角线上粗体数值为 AVE 值的平方根。

四、回归分析

(一)创新构想阶段

在创新构想阶段,主要检验的是企业家中庸思维对渐进型技术创新与激进型技术创新之间的影响及异质性作用,采用 STATA 17.0 软件进行逐步层次回归以验证假设,检验结果如表 6-4 所示。从表 6-4 的模型 2 和模型 4 可知,在对企业规模、年龄、所有制、所属行业进行控制之后,企业家中

庸思维对渐进型技术创新呈现显著正向影响($\beta=0.655, p<0.01$),对激进型技术创新有显著的正向作用($\beta=0.602, p<0.01$),假设 H6-1 和假设 H6-2 都得到验证。这表明,企业家中庸思维对渐进型和激进型创新都具有促进作用。而且,企业家中庸思维对渐进型创新的回归系数大于对激进型创新的系数值,意味着企业家中庸思维对渐进型创新有着更强的影响。在此基础上,我们对实证结果的经济显著性做进一步分析,即通过采用回归系数乘以自变量的一个标准差,再除以因变量的均值来计算。从经济意义的检验结果来看,企业家中庸思维每增加一个标准差,将导致渐进型技术创新增加 8.10%(=0.324/4.001);企业家中庸思维每增加一个标准差,激进型技术创新就会增加 7.24%(=0.298/4.116)。因此,假设 H6-3 得到验证。

表 6-4 创新构想阶段的回归分析

变量	渐进型创新		激进型创新	
	模型 1	模型 2	模型 3	模型 4
中庸思维		0.655*** (0.063)		0.602*** (0.059)
规模	0.172 (0.130)	0.128 (0.111)	0.209* (0.121)	0.168 (0.104)
年龄	−0.071 (0.258)	−0.329 (0.221)	−0.190 (0.240)	−0.428** (0.207)
所有权	−0.197** (0.082)	−0.088 (0.071)	−0.116 (0.077)	−0.015 (0.066)
所属行业	0.033 (0.183)	−0.003 (0.156)	−0.263 (0.170)	−0.296** (0.146)
常数项	4.102*** (0.299)	1.651*** (0.346)	4.581*** (0.278)	2.327*** (0.324)
观测值	315	315	315	315
F 值	3.07	8.10	1.93	6.44

续表

变量	渐进型创新		激进型创新	
	模型1	模型2	模型3	模型4
R	0.217	0.433	0.149	0.377

注：* 表示 p 值<0.1，** 表示 p 值<0.05，*** 表示 p 值<0.01。下同。

（二）创新实施阶段

在创新行动实施阶段，主要探究渐进型技术创新、激进型技术创新与组织绩效之间的关系；同时，考察企业家中庸思维在其中所起的调节作用，检验结果如表6-5所示。在创新实施阶段，如模型2所示，在对公司规模、年龄、所有制、所属行业进行控制之后，渐进型技术创新对组织绩效呈现出显著的正向影响（$\beta=0.180, p<0.01$），假设H6-4得到验证。这说明在现有知识的基础上开展技术创新，利用来自客户、竞争对手和市场的直接知识、信息和反馈，改进现有的设计、扩展现有的产品和服务，以满足客户的现有需求，有助于组织绩效的改进。

表6-5的模型2显示，激进型技术创新对组织绩效呈现出显著的正向影响（$\beta=0.354, p<0.01$），假设H6-5得到验证。这说明激进式技术创新能够通过打破原有技术的藩篱，打开新的市场，发现外部市场价值创造的新机会，从而推动企业绩效的提升。此外，对于渐进型技术创新和激进型技术创新对组织绩效影响的差异，本研究采用T检验的方法进行验证。结果表明，激进式技术创新对创新绩效的影响作用要大于渐进式技术创新的影响作用（$t=3.577, p<0.01$），假设H6-6得到验证。

接下来检验在创新的实施过程中，渐进型和激进型创新对组织绩效的影响关系上，企业家中庸思维所起的调节作用。实证结果如表6-5的模型4所示。企业家中庸思维在渐进型技术创新与组织绩效之间起着显著的正向调节作用（$\beta=0.067, p<0.05$），假设H6-7得到验证。这表明中庸型企

业家在企业开展利用式技术创新能够充分整合资源,协调好各方利益,同时避免不必要的冒险,确保企业平稳持续地改进现有产品和服务,从而提高组织绩效。为了更加直观地理解企业家中庸思维的调节作用,我们还绘制了简单的调节作用示意图,如图 6-1 所示。

表 6-5 中的模型 4 显示,企业家中庸思维在激进型技术创新与组织绩效之间起着显著的正向调节作用($\beta=0.046, p<0.1$),假设 H6-8 得到验证。这说明高水平的企业家中庸思维能在激进型技术创新实施过程中,通过整合内外部资源、解决企业内部冲突与矛盾,助力激进式技术创新顺利实施,从而提高企业绩效。类似地,为了更加直观地体现企业家中庸思维在激进型创新实施过程的调节作用,我们绘制了简单的调节作用示意图,如图 6-2 所示。

表 6-5　创新实施阶段的回归分析

变量	组织绩效			
	模型 1	模型 2	模型 3	模型 4
渐进型创新		0.180*** (0.032)	0.198*** (0.034)	0.210*** (0.034)
激进型创新		0.354*** (0.030)	0.371*** (0.032)	0.359*** (0.033)
中庸思维			−0.051 (0.034)	−0.045 (0.034)
渐进型创新×中庸思维				0.067** (0.028)
激进型创新×中庸思维				0.046* (0.027)
企业规模	0.357** (0.142)	0.171* (0.099)	0.167* (0.099)	0.159 (0.098)

续表

变量	组织绩效			
	模型 1	模型 2	模型 3	模型 4
企业年龄	－0.213 (0.281)	－0.070 (0.195)	－0.022 (0.197)	0.004 (0.198)
所有制性质	－0.197** (0.090)	－0.064 (0.063)	－0.072 (0.063)	－0.077 (0.063)
所属行业	－0.322 (0.199)	－0.162 (0.139)	－0.149 (0.139)	－0.167 (0.139)
常数项	4.548*** (0.325)	4.218*** (0.227)	4.168*** (0.229)	4.162*** (0.228)
F 值	3.21	17.41	16.96	16.24
观测值	315	315	315	315
R	0.225	0.630	0.633	0.640

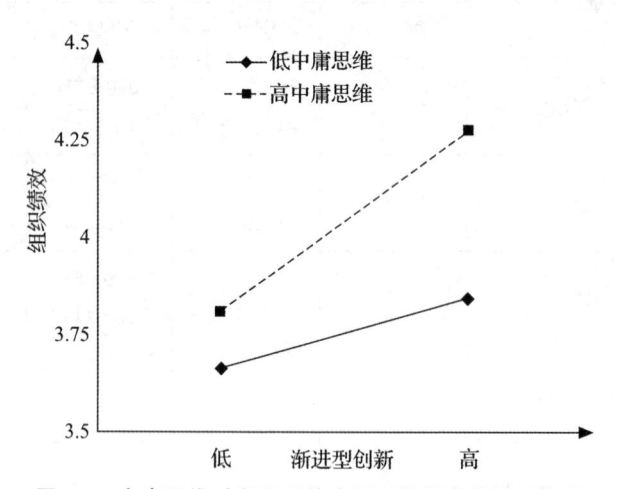

图 6-1 中庸思维对渐进型技术创新的调节作用示意图

第六章　企业家中庸思维对渐进型创新和激进型创新的影响研究

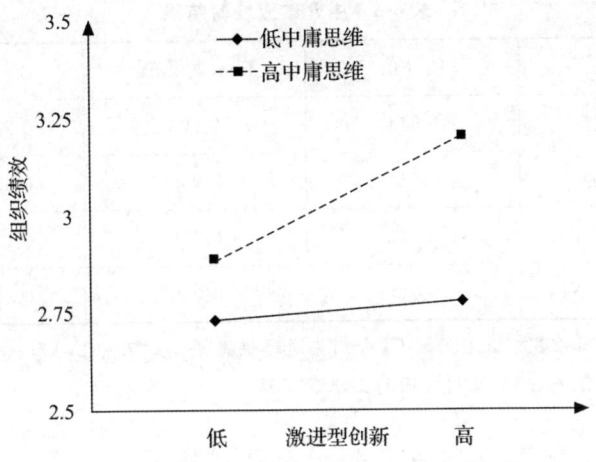

图 6-2　中庸思维对激进型技术创新的调节作用示意图

（三）中介效应检验

为进一步探究渐进型创新和激进型创新在创新过程中的作用，本研究参照 Preacher 和 Hayes(2008)、温忠麟和叶宝娟(2014)的方法检验中介效应，具体采用 Mplus 8.3 软件进行 Bootstrap 检验，设置置信区间为 95%，重复抽样次数为 1000，检验结果见表 6-6。由表 6-6 可知，企业家中庸思维通过渐进型技术创新对企业绩效产生影响的间接效应显著（估计值＝0.417，Boot 95% CI＝[0.248,0.557]）；同样，企业家中庸思维通过激进型技术创新对组织绩效产生影响的间接效应显著（估计值＝0.242，Boot 95% CI＝[0.130,0.357]）。这说明渐进型创新和激进型创新在企业家中庸思维与组织绩效之间起中介作用。此外，企业家中庸思维对组织绩效的直接效应显著（估计值＝0.044，Boot 95% CI＝[0.069,0.310]，表明渐进型技术创新和激进型技术创新在中庸型领导与组织绩效之间起部分中介作用。

表 6-6 中介效应检验结果

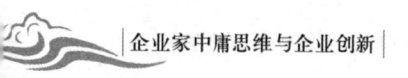

	估计值	Boot 标准误	Boot 95%CI
总效应	0.614	0.128	[0.340, 0.857]
直接效应	0.044	0.065	[0.069, 0.310]
间接效应(EI)	0.242	0.059	[0.130, 0.357]
间接效应(EXI)	0.417	0.085	[0.248, 0.577]

注：Boot 标准误、Boot 95% CI 分别指通过偏差矫正的百分位 Bootstrap 法估计的间接效应标准误差、95%置信区间的上限和下限。

五、讨论

本章的实证检验结果表明，在企业技术创新的决策产生和构想阶段，企业家中庸思维有助于促进企业的渐进型和激进型创新构想的形成。这表明具有中庸思维的企业家既能立足企业实际，权衡各方利弊，采取比较稳妥的渐进型技术创新方案，也能够从长远和全局出发，在新一轮科技革命的背景下及时审时度势，因时而动，构思与谋划激进型创新的方案。这也进一步支持了第五章验证过的"企业家中庸思维有助于促进企业技术创新"的结论。但是，由于中庸思维整体上仍以注重稳妥与和谐为主，因此，相对于激进型创新，中庸型企业家对渐进型创新影响更大。这在一定程度上也支持了之前一些相关研究的观点，如 Lang 等(2022)对团队中庸思维与团队创造力的研究发现，团队中庸思维对团队渐进式创造力的影响要大于对激进式创造力的影响。

研究结果显示，在技术创新的执行和实施阶段，企业家中庸思维对渐进型创新、激进型创新的实施都具有正向调节作用。创新的实施过程是一个打破传统格局、建立新体系的过程，难免会遭遇不少组织成员的抵制和反对，这就需要企业家等高层领导充分运用中庸思维，努力协调各方利益，在各种声音之间寻找动态平衡(杨中芳，2010)，并根据各部门和团队的具

第六章 企业家中庸思维对渐进型创新和激进型创新的影响研究

体情况具体分析,灵活辩证处理问题(陈岩 等,2018),才能使创新得到有效的执行,使创造性的想法冲破重重困难和阻力,实现新产品、新技术或新市场等的最终落地,促进企业业绩的增长。事实上,许多企业尽管拥有不少好的创新性想法,甚至技术专利,但却由于缺乏行之有效的实施方案,最终无法推出契合市场需求的产品或服务,企业的发展因此受到很大的影响。例如,著名的施乐公司在1970年代投入巨资在加利福尼亚创建了"帕洛奥托研究中心",发明了许多关于电脑和互联网方面的先进技术,但因缺乏将这些先进技术商业化的机制与能力,最终并未能给施乐公司带来业绩的增长。

此外,研究还发现,渐进型技术创新和激进型技术创新对组织绩效都有正向的影响,但激进型创新对组织绩效的作用更加显著。这应该是因为当前正处于新的产业革命时代,人工智能、数字化、物联网等各种新兴技术对传统技术和商业模式不断重构,企业如果只是在既有技术轨道上开展小的调整和改进,很可能会面临着整个技术或商业范式的转变而产生的系统性风险,最后被全新的业态所颠覆。因此,在外部环境剧烈变化的时代,企业应当密切关注各种前沿技术和商业趋势,不断突破企业既有的知识体系,持续开展颠覆性的创造性活动,才能在激烈的竞争中立于不败之地。而之前有的研究显示,中小企业的渐进型创新对绩效的影响要强于激进型创新(陶秋燕 等,2018),这一方面是受到中小企业自身资源和能力的限制,另一方面是如果处在比较稳定的环境下,多数企业通过在已有的技术和知识基础上逐步进行优化、拓展和改进,也能够给企业带来效率的不断提升,保持对竞争对手的适度领先。然而,在技术急剧变革的时代,这种渐进型创新的做法经常就显得不合时宜了。企业此时不能只是在传统的范式里面进行改进,而应当从更加全局和长远的战略角度去考虑创新的方向,这也是中庸思维强调的"执两端而允中",以及因时而变的特征。如果仍然沿用传统范式下的旧地图,那么企业将找不到新时代里的新航线,从而很可能在新的科技创新革命时代下陷入迷失的境地。为此,面对"百年未有之大变局"的新机遇和新挑战,企业的创新需要大开大合、大刀阔斧的新思路和新气势。所谓"大舍才能大得,大赌才能大赢",这或许才是处于大变局时代里的企业创新突破应有的气势与选择。

过去数十年里,许多知名企业在创新发展中的变迁也在一定程度上佐证了本章的分析和实证结果。例如:诺基亚公司在传统的功能手机时代,依靠突出的产品设计和创新能力,不断进行渐进型的技术创新,在手机市场上占据领先的市场地位,在高峰期曾经占领手机市场40%的市场份额。但随着智能手机时代的来临,市场发生了跨越式的变化,整个手机行业的技术、商业模式和生态系统都发生了根本性的变化,而诺基亚公司依然固守在产品的硬件和功能方面进行渐进型创新,且受到公司内部官僚化的组织程序的影响,未能及时开展激进型的创新,最后错失转型机会,丧失了手机市场上"遥遥领先者"的优势地位。

第四节 本章小结

本章参考了创新的双核模型和两栖模型,将技术创新分为渐进型和激进型创新进行分析,考察了企业家中庸思维对这两种不同强度的创新在创新过程两个阶段的异质性作用。研究基于315份企业的大样本问卷调查的实证数据,发现在创新的构想阶段,企业家中庸思维对渐进型和激进型创新都具有促进作用。而且,相较于激进型创新,中庸思维对渐进型创新具有更大的影响。在创新的执行实施阶段,渐进型和激进型技术创新对组织绩效都有正向的影响,但是,相对于渐进型创新,激进型创新对组织绩效的影响作用更加显著。在技术创新的实施过程中,企业家中庸思维正向调

第六章　企业家中庸思维对渐进型创新和激进型创新的影响研究

节渐进型创新、激进型创新与组织绩效之间的关系。本章通过研究企业家中庸思维对不同强度、不同阶段的企业创新的差异化影响,深化了对中庸与创新之间更加全面和辩证的认识,丰富了中庸思维和技术创新的理论研究,对企业家更好地匹配合适的思维方式来促进企业创新水平的提高也具有现实启示。

第七章

企业家中庸思维各维度对技术创新和管理创新的影响研究

如前文所述,关于中庸思维与创新之间的关系引发了许多研究的关注,但依然众说纷纭,莫衷一是。其中一个可能的原因是既有研究在考察中庸思维对创新的影响时,通常将中庸的三个基本维度(多方思考、整合性与和谐性)合并为一个单一的复合变量,从而忽视了每个维度的独特、潜在的异质性影响(张红坡 等,2020;Tang et al.,2020)。由于中庸在这些维度内涵上存在差别,他们可能会对创新产生不同的影响。吴士健等(2020)指出,作为一个多维度的构念,中庸思维的不同维度对创造力的影响方向和程度存在差异,因此,未来研究可以对此进行更加细致的研究。

关于中庸思维的维度情况,目前应用广泛的是吴佳辉和林以正(2005)的三维度量表。吴佳辉和林以正基于意见表达情境为背景,将中庸思维定义为"由多个角度来思考同一件事情,在详细地考虑不同看法之后,选择可以顾全自我与大局的行为方式",包括多方思考、整合性与和谐性三个维度。张红坡等(2020)通过心理测量和行为实验的方法发现,中庸思维及其"多方思考"维度与个体创新行为显著相关;整合思维有助于提高创造力,但折中思考方式对创造性思维没有显著性影响。张红坡等的研究细化了关于中庸思维各维度对创新的影响,但该研究考察的是个体层面的中庸思

第七章　企业家中庸思维各维度对技术创新和管理创新的影响研究

维对个体创造力和创新行为的影响。目前仍缺乏企业家层面的中庸思维各维度对企业创新影响的研究。此外,现有文献中仍缺乏中庸思维各维度对创新过程不同阶段的异质性影响研究。

本书的第五章整合了 Daft(1978)的组织双核模型以及 Duncan(1976)的两栖模型创新,考察了企业家中庸思维对技术创新、管理创新在创新构想形成和创新行动实施两个不同阶段的异质性影响。本章在第五章的研究基础上,将企业家中庸思维分为多方思考、整合性和和谐性三个维度,主要探讨:(1)在创新构想阶段,企业家中庸思维三个维度对技术创新和管理创新的直接影响,以及这些影响存在的差异情况;(2)在创新实施阶段,企业家中庸思维三维度对技术创新和管理创新实施过程的调节影响。

第一节　研究假设

一、创新构想形成阶段

（一）多方思考、整合性与和谐性对技术创新的影响

根据高阶梯队理论(Hambrick,1984),管理者的价值观和个体认知对管理沟通、合作和随后的决策过程具有直接影响。企业家的认知模式塑造了他们对环境的评估与判断,从而影响着他们的决策和解决问题的方法。此外,高层管理者的文化和价值取向向内塑造了组织规则、规章制度和内部工作环境(Pian et al.,2024)。在中国文化背景下,中庸思维是一个典型的文化因素(杨中芳,2010),这种认知思维影响着企业对创新的认知和决策,将给企业创新留下重要印记。下面将从中庸思维的多方思考、整合性和和谐性三个维度来论述其对技术创新的影响。

161

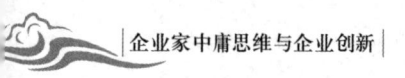

1. 多方思考与技术创新

随着人工智能、大数据和物联网等新兴技术的快速发展,新一轮产业革命使企业的技术和产品的环境遭受剧烈变化。这种快速更迭的技术环境要求企业应根据最新的科技发展趋势,进行客观、综合和辩证的判断,才能做出更加科学合理的创新决策(陈岩 等,2017)。面对新兴技术趋势,许多企业和投资者习惯于盲目跟风,追逐热点和时髦的新技术,但由于新兴科技在技术上还不够稳定,在商业化的应用上也不成熟,这容易使一些企业陷入技术创新的风险"陷阱"。而多方思考的中庸型企业家则能够从整体和全局的角度进行考量,认清外在的信息和企业自身的内在要求,从而对技术变迁有更加深刻和本质的理解(吴佳辉 等,2005;张红坡 等,2020),形成更加契合的技术创新方案。

2. 整合性与技术创新

整合性强调将外部环境的信息和变化等与内部的想法进行整合,使之成为一个有机的整体(张光曦 等,2015)。由于新兴的科技变革使企业面临的技术环境产生了深刻变化,各种新兴技术信息层出不穷,也会在企业内部引发各种新的讨论意见。如果不能协调好内外部的各种资源,企业将无法达成相对一致的技术创新方案。此时,中庸型企业家的整合性思维将有助于其将外部的技术信息和资源与企业内部的资源能力进行连接、整合,协调好各种矛盾与冲突,找到一个更加契合企业实际情况的技术创新方案(魏江茹,2019;Lang et al.,2022)。而且,技术创新的决策经常需要处理好技术领先和市场可行性之间的关系,即既不能过于超前,又必须具有一定的前瞻性,这非常考验决策者的判断和智慧。具备整合思维的企业家擅长度的把握,能避免走极端,在决策中尽可能整合好技术和市场的不同声音,从而有利于形成更加合理的技术创新方案。

第七章　企业家中庸思维各维度对技术创新和管理创新的影响研究

3. 和谐性与技术创新

和谐性以不偏激以及和谐的方式作为行动的准则,强调"和而不同""以和为贵"。要产生新颖性和有创造力的创新性想法需要大量的认知资源,而充满冲突与不和谐的人际环境会减弱技术研发人员投入创造性工作中的认知资源(Amabile et al., 1996;Zhou et al., 2008)。中庸型的企业家注重和谐性的特征,能够和谐地处理好冲突与矛盾,营造良好的人际关系氛围,这有利于研发人员集中认知资源于技术创新工作中,从而产生更多的创意(Jia et al.,2014)。而且,"和而不同"的思维理念有助于研发人员和相关项目成员在和谐的氛围中交流创新性的信息和知识,分享各种创造性的方案,并在此过程中相互学习、取长补短,激发创造性方案的产生(魏江茹,2019)。

基于上述分析,研究提出如下假设:

H7-1:在创新构想阶段,企业家的多方思考思维对技术创新有正向影响。

H7-2:在创新构想阶段,企业家的整合性思维对技术创新有正向影响。

H7-3:在创新构想阶段,企业家的和谐性思维对技术创新有正向影响。

(二)多方思考、整合性与和谐性对管理创新的影响

1. 多方思考与管理创新

多方思考是中庸思维的基本组成部分,是中庸思维的一个核心方面,它强调了个人从多个角度考虑和权衡信息和冲突的重要性(He et al.,2017)。在数字化时代背景下,各种新兴的管理模式和商业模式对传统的企业管理形成了冲击。从多个角度思考的企业家等高层管理者倾向于充分考虑组织内外的多种因素来全面识别和解决当前企业管理面临的挑战。这种多角度的考虑在决策中非常重要,因为它使企业家能够适应不断变化的动态环境以及新、老员工的不同工作偏好和要求。高中庸思维的人

倾向于强调同情而不是以自我中心(Chou et al.,2014)。这样的高层管理人员将致力于更加全面的信息收集,并鼓励团队成员从不同角度贡献新的想法(卿涛 等,2014;马鹏 等,2018),促进知识在创新决策过程中的连接和整合。中庸思维鼓励组织成员之间的信息交流作为创新的催化剂(Wei et al.,2020)。此外,它促使个体在制定决策时积极寻求不同意见和相互矛盾的信息,从而形成一种有利于分析问题和提出创造性解决办法的全方位视角。

2. 整合性与管理创新

整合性是中庸思维中的一个关键维度,在管理创新中扮演着关键角色。整合性是指协调不同想法、观点和论点的倾向和熟练程度。第一,具有整合性思维的企业家表现出融合不同观点的灵活性,从而有助于形成获得利益相关者认可的创新战略(魏江茹,2019)。决策者如果缺乏整合性,会严重影响其决策的质量。第二,整合性强调了适度的原则。有整合思维的企业家能够熟练地驾驭和协调组织内外的冲突。他们关注总体视角和极端之间的平衡,能巧妙地找到一个有利于制定创新管理解决方案的平衡点(Zhou et al.,2020)。第三,具有强大整合能力的企业家表现出更强的开放性,善于整合各方资源,这有助于他们辨别不同元素之间的相互联系,减少认知盲区,避免决策偏差,并最终制定出更科学和全面的管理创新战略(吴佳辉 等,2005)。

3. 和谐性与管理创新

和谐强调多样性中的统一原则。具备和谐性思维的企业家秉持"和而不同"的认知理念,注重强调在"和"的前提下各抒己见,积极营造和谐的组织氛围(陈岩 等,2017)。这种和谐的组织氛围对管理人员和员工之间不受限制地交流创新思想起到了催化剂的作用。它鼓励对企业管理中现存的问题进行公开讨论,促进最新管理见解和知识的共享,从而刺激管理创新

第七章　企业家中庸思维各维度对技术创新和管理创新的影响研究

思想的产生(沈伊默 等,2019)。由于管理创新方案的制定通常是自上而下的(苏中锋 等,2014),容易忽略基层员工的意见。和谐性思维企业家积极促进员工观点的表达(Qu et al.,2018),从而激发了更多来自一线的自下而上的管理创新建议。此外,管理创新的决策过程往往旷日持久,需要跨部门和跨层级的协作。企业家的和谐思维有助于在组织内形成和谐的价值观和人际关系导向。这反过来又有助于减少破坏性冲突和内部摩擦,提高部门间和不同层级间的合作效率,并最终促进管理创新举措的制定和完善。

基于上述分析,研究提出如下假设:

H7-4:在创新构想阶段,企业家的多方思考思维对管理创新有正向影响。

H7-5:在创新构想阶段,企业家的整合性思维对管理创新有正向影响。

H7-6:在创新构想阶段,企业家的和谐性思维对管理创新有正向影响。

二、创新行动实施过程

在创新行动的实施过程中,关于技术创新和管理创新对组织绩效的影响,本书的第五章中已经进行了假设的论证分析,而且得到了实证数据的验证。相关研究假设和实证检验具体可见第五章的有关内容,此处不再赘述。在此本章沿用第五章的假设,即在创新实施阶段,技术创新和管理创新对组织绩效都有正向的影响,并在此基础上提出企业家中庸思维的三个维度对技术创新、管理创新与组织绩效之间关系的调节假设。

(一)中庸思维三维度在技术创新实施过程的调节影响

技术创新的实施是从创新性的技术或产品的创新想法到产品实现市场化的过程,包括研发、测试、制造到商业化的过程。从一个创造性的技术想法或方案转化为在市场上受到认可的产品和服务,需要企业领导者有效的组织和实施(希林,2011)。根据熊彼特的观点,企业家是对旧的生产模式进行"创造性破坏",并通过生产要素的重新组合实现创新的关键人物。企业家等高层管理者的认知思维将影响他们的行为和决策,进而影响到技术创意能否顺利实现。本书第五章提出了企业家中庸思维对企业技术创新与组织绩效的关系具有正向调节的作用,本章将具体分析中庸思维各个维度对技术创新实施过程的调节影响。

多方思考对技术创新与组织绩效之间的关系具有调节影响。技术创新在创意的构想和实施阶段存在较大差异,在技术的创意发明阶段只需要考虑技术的新颖性,而在创新实施阶段还应当考虑应用可行性和经济效益等情况(吴贵生 等,2013)。因此,中庸思维的多方思考认知模式将有利于企业家从整体和全局系统的角度进行考虑与行动,既充分尊重技术开发人员的创意性和技术前沿性,也充分考虑市场的接受程度、产品设计和制造等环节的可行性,才能使好的创新想法转化为有价值的产品或服务。而且,在数字化时代背景下,新兴技术发展日新月异,各种颠覆性的技术层出不穷(刘海兵 等,2023),企业在技术创新开展过程中容易陷入或闭门造车和故步自封,或过于追逐各种技术前沿热点的两难困境,"过犹不及"企业家的多方思考将有助于他们从多个不同视角来全面衡量各方面的技术特点和未来趋势情况,对企业所处环境的机遇和挑战有着比较全面的认识(陈岩 等,2018),使企业的技术创新在实施过程中避免走极端,"执两用中",从而保障技术创新路径的适应性和恰到好处,促进创新价值顺利实现。

整合性对技术创新与组织绩效之间的关系具有调节作用。成功研发新产品或服务是一个跨越了技术、市场、战略、财务、人力资源、销售和法律等部门的执行过程,需要有综合性性的资源整合能力来保障(特罗特,2015)。中庸思维的整合性特征有助于企业家充分协调各方面关系,有效

第七章 企业家中庸思维各维度对技术创新和管理创新的影响研究

整合各方资源,推进技术创新计划的落地与实施。在当前各种新兴技术不断涌现的时代,许多创新项目实施周期的速度持续加快,企业有限的资源无法同时满足所有技术创新项目的需求(道奇森 等,2019),此时更需要企业家充分运用整合性思维,巧妙处理好创新项目之间的资源配置与平衡,重点关注和处理好瓶颈效应,尽可能使各个创新项目都能顺利执行。此外,当前企业的创新日益成为一个开放性的系统,企业的技术创新经常需要与高校、科研院所、政府相关部门、金融机构等不断进行资源、知识和信息的对接、交互,形成创新生态系统,从而对创新实施过程的整合和协调能力提出了更高的要求(雷家骕 等,2012)。整合性思维有利于企业家协调内外部的各种资源和关系,推动创新生态系统中的各方参与者不断进行交互,通过持续的学习和调整,找到一个相对契合的生态结构和行为模式,使创新性的技术创意基于整个创新生态系统加快企业内部的创新活动,并扩大外部市场规模,促进技术创新更快、更好地实现价值(柳卸林 等,2021)。

和谐性对技术创新与组织绩效之间的关系具有调节作用。技术创新从计划方案到具体落地实施通常存在一定的差距,需要在实施过程中不断调整和测试(陈劲 等,2016)。和谐性的认知模式将有助于企业家在执行过程中营造一种和谐的组织氛围(吴士健 等,2020),从而能够容忍差异和冲突,使组织成员能针对技术创新中出现的各种问题进行有效的沟通,畅所欲言,勇于建言(杜旌 等,2016),并求同存异,找到一个大家都比较满意的方案。在创新的过程中,有时候是按照计划循序渐进推动,有时候会在各个阶段之间反复循环,甚而有时候会出现一些问题而需要某个阶段的逆向而行(蒂德 等,2012),这中间需要一线的研发和制造人员根据现场的情况发挥主动性和创造性及时进行相机调整(特罗特,2015),和谐型的企业家在提高员工的积极性方面具有优势,能带领团队一起探索和前行,从而充分激发一线技术人员的工作热情,增强工作自主性,有利于提高创新实施的效率和灵活性,提升应对市场和技术变化的响应速度。在当前新科技革命背景下,技术更迭速度快,创新实施过程存在着许多不确定性,和谐性的思维会让企业家对技术创新实施过程中出现的问题更加包容(陈岩 等,2017),有助于组织成员在和谐宽容的氛围下大胆开展工作,从而促进技术创新方案顺利转化为富有竞争力的产品和服务,促进组织竞争力的提升。

基于上述分析,研究提出如下假设:

H7-7:多方思考在技术创新与组织绩效之间起正向调节作用,即多方思考水平越高,技术创新对组织绩效的作用越强。

H7-8:整合性在技术创新与组织绩效之间起正向调节作用,即整合性水平越高,技术创新对组织绩效的作用越强。

H7-9:和谐性在技术创新与组织绩效之间起正向调节作用,即和谐性水平越高,技术创新对组织绩效的作用越强。

(二)中庸思维三维度在管理创新实施过程的调节影响

在创新的实施阶段,管理创新对组织绩效的改进起着至关重要的作用。管理创新包括引入新的管理实践、流程和结构,意味着背离现有规范,改变组织的职能和活动。它的实施通常需要在组织内进行多方面的变革,这必然会对企业运营的整体效率产生影响(Birkinshaw et al.,2006)。由于创新本身就意味着变革,因此管理创新将面临在组织内实现变革所固有的巨大挑战。正如 Damanpour 和 Aravind(2012)所提出的,管理创新的实施经常会在组织的各个层面遇到阻力。管理创新的实施必然会破坏既定的工作模式和框架,可能会侵犯特定成员和部门的既得利益。这种破坏可能会引发不良反应,最终可能导致失败(林春培 等,2014)。管理创新是一个系统性活动,不仅需要单个职能部门的努力,也需要高层领导的综合规划和协调。管理创新与组织环境之间的密切关系进一步增加了创新的复杂程度,超越了技术创新举措所带来的挑战(苏敬勤 等,2010)。可见,管理创

第七章 企业家中庸思维各维度对技术创新和管理创新的影响研究

新在方案实施阶段面临着较高的失败风险,因此企业家的认知及其统筹协调在其中起着非常重要的作用。本书第五章提出了企业家中庸思维在管理创新的实施过程具有负向调节的影响,但由于中庸思维三个维度的不同特征,这三个维度将对管理创新与组织绩效之间具有差异化的调节影响。

多方思考对管理创新与组织绩效之间的关系具有调节作用。已有研究强调,中庸思维框架内的多方思考倡导全方位地看待任务,从多个角度来处理问题(吴佳辉 等,2005)。企业家多方思考的认知取向将在组织内培养和形成一种全局思考的氛围,这种氛围能激励团队成员进行详尽和全面的信息搜索和分析(Lang et al.,2022)。在中庸思维的指引下,高层管理者在处理工作问题时表现出多角度思考的倾向。他们强调决策过程中多样性和悖论的价值,仔细权衡不同的观点并调和相互冲突的需求(Wei et al.,2020)。面对管理创新实施阶段的内在冲突,这些高层管理者能够秉持公正、公平的态度处理问题,从而避免参与创新的部门或个人的心理状态失衡。而且,他们能够基于管理创新带来的影响,充分考虑替代性的流程和解决方案,使组织成员更能接受创新实施阶段的各项调整和决策,从而促进管理创新成功实施。但是,过度的多方思考也会有负面影响,企业家在运用中庸思维处理创新带来的纠纷时,会考虑多个不同的立场和观点(赵志裕,2011),想尽可能周全地顾及各方利益会导致让步,这会使管理创新实施的进度受到影响,考虑太多反而裹足不前,进而贻误创新任务实施的有利时机(魏江茹,2019),从而弱化了管理创新对绩效的影响。

整合性在管理创新与组织绩效之间的关系中具有调节作用。首先,中庸思维的整合性有助于企业家等公司高管在创新实施中协调各种所需的资源。当面对冲突的观点时,中庸型企业家会进行不断的反思、整合和优化,最终得出可以被大多数利益相关者接受的解决方案(杨中芳,2010)。其次,具备整合思维的人能够以更全面和更加灵活的心态驾驭人和事,他们具有高水平的信息处理能力,能够以更有效的方式处理和整合信息(Chang et al.,2014)。当他们在创新实施阶段遇到不可预见的或突发的情况时,能够熟练地利用内外部信息和资源,更有效地协调并利用它们的综合优势。此外,整合性强调考虑各种相互冲突的因素,如外部环境与内部需求之间的相互作用、探索与利用之间的平衡以及新颖性与实用性的融合,进而产生协同效应。企业家等高层管理者的整合性思维有助于他们积极寻求与集体目标一致的整合方法,使其能够有效应对管理创新实施阶段面临的变化和挑战。这种整合导向增强了他们协调不同元素的能力,为创新的成功实施创造了条件。

和谐性在管理创新与组织绩效之间的关系中具有调节作用。首先,具有和谐性特征的企业家等高层管理者非常重视保持组织的和谐,具有寻求稳定的倾向以减少不确定性,最大限度地减少交易成本,将已有的惯例制度化,并注重领导层和下属之间的沟通,以减少实施过程中的不确定性(陈建勋 等,2010)。管理创新在组织内通常是自上而下的过程(Birkinshaw et al.,2008)。在实施过程中,高层管理者必须放弃既定的做法,转而采用新的流程和方法,这就需要在不同的层级之间进行广泛的沟通。内部沟通是促进组织内思想传播的有效渠道,增加了管理创新实施过程中各种创造性想法的交叉融合和被认可接受(Aiken et al.,1971),并培养了一个有利于新思想产生的内部环境。其次,在整个创新实施阶段,和谐型的企业家经常选择与大多数利益相关者产生共鸣的方法,从而减少员工对新流程、新方法和其他管理创新的抵触和担忧。这种方法可以减少员工的负面情绪,并有助于避免过于激进的观念和对抗行为(杜旌 等,2014),从而增强管理创新的实施效果。第三,倡导和谐的企业家等高层管理者善于在组织内营造和谐的氛围。和谐的组织氛围有利于鼓励成员的参与和发言(沈伊默 等,2019),反过来又促进了管理创新举措的优化,提高了创新计划与环境需求之间的一致性,并促进了组织行为的整合,包括合作行为、信息交换和共同决策等。这些努力最终提高了管理创新的执行效力。但是,由于管理创新与技术创新的实施相比,经常涉及更多的职责和利益调整,容易遭遇各种反对,在组织内部出现各种不和谐的声音。那么,过于注重和谐的特征,很可能使具有和谐思维的企业家在面对管理创新执行过程所引发的抵制和冲突时,容易采取妥协的方式来"息事宁人",避免矛盾激化(魏江茹,2019),这就使管理创新难以有效推进和实施。

根据上述分析,研究提出如下假设:

H7-10:多方思考在管理创新与组织绩效之间呈现倒 U 形的调节作用,即多方思考刚开始将对管理创新的实施产生积极的影响,但这种影响在达到一定阈值之后将逐步减弱,甚而产生负向作用。

H7-11:整合性在管理创新与组织绩效之间起正向调节作用,即整合性水平越高,管理创新对组织绩效的作用越强。

H7-12:和谐性在管理创新与组织绩效之间呈现倒 U 形的调节作用,即和谐性刚开始将对管理创新的实施产生积极的影响,但这种影响在达到一定阈值之后将逐步减弱,甚至产生负向的作用。

第二节 数据收集和实证分析

一、数据收集及测量情况

本章旨在探讨企业家中庸思维的三个维度分别对技术创新和管理创新的影响,研究的对象和样本情况与本书第五章相同,都是采用大样本问卷调查的方法,通过李克特 5 分量表,对具有创新活动的企业进行问卷调查,最终获得 315 份有效样本。本章的研究构念为企业家中庸思维的多方思考、整合性、和谐性三个维度,以及企业的技术创新、管理创新、组织绩效,所采用的测量量表都来自主流的学术期刊,并基于本书的研究情境进行适当调整。具体测量条目可见第五章第二节。

二、信度和效度检验

本章采用 SPSS 25.0、Amos 26.0 和 STATA 17.0 软件对数据进行统计分析。首先通过验证性因子分析(CFA)对主要研究变量的信度和效度进行检验。各变量测量条目标准化的因子载荷、各变量的组合信度(CR)和平均变异数萃取值(AVE)反映各个变量的一致性和收敛效度情况,如表7-1所示。

表7-1 研究变量的信度和聚敛效度

变量名称	条目或维度	loading	Cronbach α	AVE	C.R.
多方思考	TIMW1	0.763	0.694	0.566	0.839
	TIMW2	0.798			
	TIMW3	0.692			
	TIMW4	0.753			
整合性	IN1	0.738	0.734	0.540	0.854
	IN2	0.707			
	IN3	0.662			
	IN4	0.753			
	IN5	0.807			
和谐性	HA1	0.688	0.793	0.534	0.820
	HA2	0.746			
	HA3	0.699			
	HA4	0.786			

第七章　企业家中庸思维各维度对技术创新和管理创新的影响研究

续表

变量名称	条目或维度	loading	Cronbach α	AVE	C.R.
技术创新	TI1	0.74			
	TI2	0.71			
	TI3	0.70			
技术创新	TI4	0.72	0.842	0.510	0.862
	TI5	0.66			
	TI6	0.75			
管理创新	MI1	0.60			
	MI2	0.63			
	MI3	0.59	0.876	0.563	0.882
	MI4	0.79			
	MI5	0.83			
	MI6	0.96			
组织绩效	OP1	0.79			
	OP2	0.78			
	OP3	0.76	0.880	0.595	0.880
	OP4	0.74			
	OP5	0.78			

注：Cronbach α 表示内部一致性系数，CR 表示组合信度系数，AVE 表示平均变异萃取值。

根据 Hair 等(2009)的意见，各个测量条目的因子载荷(loading)都应该大于 0.5，数据显示，本章涉及的测量条目都满足要求。信度检验根据 Cronbach α 和组合信度(CR)的值来进行评价。一般来讲，Cronbach α 值从 0 到 1,0 表示完全不可靠,1 代表完全可靠，通常应当在 0.7 以上才具有

173

较好的内部一致性。本章各研究变量的绝大多数题项的 Cronbach α 值都大于 0.7，满足要求。CR 值指的是构念内部变异的一致性，通常而言，组合信度 CR 值应该大于 0.7。表 7-1 的数据显示，本研究各变量的 CR 值都在 0.7 以上，表明各个变量的测量具有较好的内部一致性，符合要求。因此，本章各研究变量的信度情况良好。

变量的效度检验包含内容效度、聚合效度和区分效度。内容效度上，本章构念所采用的测量条目都是在国内外权威期刊上发表和验证过的，并结合本研究情境进行了适当调整，因此具有较好的内容效度。聚合效度上，除因子载荷和组合信度（CR）满足条件外，还包括平均变异萃取量（AVE）。平均变异萃取量一般应该在 0.5 以上，才显示潜变量的测量具有比较理想的聚合效度。表 7-1 的数据分析结果显示，多方思考、整合性、和谐性、技术创新、管理创新和组织绩效对应的 AVE 值分别是 0.566、0.540、0.534、0.510、0.563、0.595，都高于临界值 0.5；各变量的 CR 值分别是 0.839、0.854、0.820、0.862、0.882、0.880，都高于临界值。为此，本章各个变量的 AVE 值、因子载荷和组合信度值都满足要求，具有较好的聚合效度。

区分效度检查不同潜变量之间是否存在显著差异。首先通过构建竞争性因子模型进行 CFA 分析，分析结果如表 7-2 所示。与其他模型相比，六因子模型的拟合效果最好，具体为 $\chi^2/df=1.877$；$RMSEA=0.053$；$CFI=0.923$；$TLI=0.915$；$IFI=0.923$。此外，通过各变量的平均变异萃取值（AVE）平方根值与该变量与其他所有变量的相关系数进行比较来进一步分析区分效度。表 7-3 中列出了各个变量之间的相关系数矩阵和 AVE 值的平方根。结果显示，对角线上的粗体数值（AVE 值的平方根）比它们所在的行和列上全部相关系数值都大，这显示本章的研究变量具备较好的构念区分效度。

第七章　企业家中庸思维各维度对技术创新和管理创新的影响研究

表 7-2　验证性因子分析结果

模型	χ^2	df	χ^2/df	RMSEA	CFI	TLI	IFI
六因子模型 （MW,IN,HA,MI,TI,OP）	732.053	390	1.877	0.053	0.923	0.915	0.923
五因子模型 （MW,IN,HA,MI+TI,OP）	934.983	395	2.367	0.066	0.879	0.867	0.880
四因子模型 （MW,IN,HA+MI+TI,OP）	1322.868	399	3.315	0.086	0.793	0.774	0.795
三因子模型 （MW,IN,HA+MI+TI+OP）	1529.961	402	3.806	0.095	0.747	0.727	0.748
二因子模型 （MW,IN+HA+MI+TI+OP）	1718.490	404	4.254	0.102	0.705	0.683	0.707
单因子模型 （MW+IN+HA+MI+TI+OP）	1789.655	405	4.419	0.104	0.690	0.667	0.710

注：MW 表示多方思考，IN 表示整合性，HA 表示和谐性，TI 表示技术创新，MI 表示管理创新，OP 表示组织绩效；"+"表示将多个因子合并为一个因子。

三、共同方法偏差检验

为了尽可能地减少共同方法偏差，本研究通过问卷基本编排法和受访者信息隐匿法等办法来收集问卷，同时对问卷进行随机编排和设置测谎条目，并且在问卷收集时告知受访者匿名填写问卷，答案无对错之分，以鼓励其如实作答。本研究按照 Podsakoff 等（2012）的建议，采用 Harman 单因素检验的方法，对核心变量做未旋转的探索性因子分析。结果表明，第一个因子可解释的总变异量为 35.810%，说明不存在能解释大部分变异量的单一因子，因此本章的数据不存在明显的共同方法偏差。

四、描述性统计和相关分析

本章所研究各变量的均值、标准差以及各变量之间的相关系数详见表

7-3。如表所示,多方思考、整合性和和谐性的均值分别为 4.184、4.054 和 3.942,说明样本企业的企业家在中庸思维各个维度得分都较高。技术创新和管理创新的均值分别为 4.162 和 4.019,这显示样本企业都开展了较多的技术创新和管理创新活动。描述性统计的结果基本符合中国企业的现实情况和本研究的情境。

从表中数值可知,各变量之间的 Pearson 系数均小于 0.7,说明不存在共线性问题,可以进一步开展回归分析。在创新构想阶段,多方思考与技术创新之间显著正相关($r=0.544, p<0.01$),整合性与技术创新之间显著正相关($r=0.488, p<0.01$),和谐性与技术创新之间显著正相关($r=0.429, p<0.01$);多方思考与管理创新之间显著正相关($r=0.413, p<0.01$),整合性与管理创新之间显著正相关($r=0.440, p<0.01$),和谐性与管理创新之间显著正相关($r=0.377, p<0.01$)。上述这些相关关系初步验证了本章的主效应假设。在创新实施阶段,技术创新与组织绩效之间显著正相关($r=0.635, p<0.01$),管理创新与组织绩效之间显著正相关($r=0.685, p<0.01$),这与本章在创新实施阶段所研究调节影响的假设基本一致,也和第五章所提出的主假设相符。此外,表格中对角线上的粗体数值为对应变量的 AVE 值的平方根,都大于其所在行列的相关系数值,显示这些构念具有较好的区分效度。

为了获得更加精确的数据分析结果,下一步将通过多元回归分析进行更为精确的统计。

第七章 企业家中庸思维各维度对技术创新和管理创新的影响研究

表7-3 变量均值、标准差与相关分析结果

变量	1	2	3	4	5	6	7	8	9	10
多方思考	**0.752**									
整合性	0.617***	**0.735**								
和谐性	0.488***	0.672***	**0.731**							
技术创新	0.544***	0.488***	0.429***	**0.714**						
管理创新	0.413***	0.440***	0.377***	0.684***	**0.750**					
组织绩效	0.434***	0.373***	0.366***	0.635***	0.685***	**0.771**				
规模	0.187***	0.185***	0.196***	0.194***	0.297***	0.178***	1			
年龄	0.134**	0.159**	0.113**	−0.023	0.074	−0.004	0.429**	1		
所有权	−0.098*	−0.099*	−0.082	−0.208**	−0.235**	−0.158**	−0.292**	−0.157**	1	
所属行业	−0.147**	−0.219**	−0.171**	−0.162**	−0.137**	−0.131**	0.007	−0.091	−0.020	1
均值	4.184	4.054	3.942	4.162	4.019	3.968	3.435	3.584	1.883	5.457
标准差	0.516	0.535	0.673	0.542	0.573	0.673	1.477	0.754	0.842	3.862

注：* 表示 $p<0.1$，** 表示 $p<0.05$，*** 表示 $p<0.01$；对角线上粗体数值为 AVE 值的平方根。

177

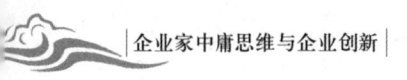

五、回归分析

(一)创新构想阶段

在创新构想阶段,本章检验的是企业家中庸思维的多方思考、整合性与和谐性三个维度对技术创新、管理创新的影响情况。研究采用逐步层次回归方法对假设进行检验,检验结果如表7-4所示。表7-4的模型2、模型3和模型4的数据表明,在对公司规模、年龄、所属行业、所有制等变量进行控制之后,企业家中庸思维的多方思考、整合性、和谐性三个维度对技术创新均呈现显著正向影响($\beta=0.565, p<0.01; \beta=0.454, p<0.01; \beta=0.284, p<0.01$),假设H7-1、假设H7-2和假设H7-3均得到验证。从表7-4的模型6、模型7和模型8可知,企业家中庸思维的三个维度也都对管理创新有着显著的正向影响($\beta=0.398, p<0.01; \beta=0.362, p<0.01; \beta=0.232, p<0.01$),假设H7-4、假设H7-5和假设H7-6均得到验证。这表明,企业家中庸思维的多方思考、整合性和和谐性这三个维度,能够基于整体全局的角度,整合所需的各方资源,激发组织成员的创新激情,推动公司技术创新和管理创新构想和方案的产生。

我们进一步对实证结果开展经济显著性分析。从经济意义的检验结果看,多方思考每增加一个标准差,将导致技术创新增加7%($=0.565\times0.516/4.162$);多方思考每增加一个标准差,管理创新将增加5.10%($=0.398\times0.516/4.019$)。整合性每增加一个标准差,技术创新将增加5.83%($0.454\times0.535/4.162$);整合性每增加一个标准差,管理创新就会增加4.81%($=0.362\times0.535/4.019$)。和谐性每增加一个标准差,将导致技术创新增加4.59%($=0.284\times0.673/4.162$);和谐性每增加一个标准差,将导致管理创新增加3.88%($=0.232\times0.673/4.019$)。从企业家中庸思维的多方思考、整合性和和谐性三个维度分别对技术创新和管理创新的影响系数,以及经济意义的检验结果来看,这三个维度对技术创新的影响都强于管理创新,这意味着中庸思维的三维度都更能驱动企业开展技术创新。

表7-4 创新构想阶段的回归分析结果

变量	技术创新				管理创新			
	模型1	模型2	模型3	模型4	模型5	模型6	模型7	模型8
多方思考		0.565*** (0.047)				0.398*** (0.057)		
整合性			0.454*** (0.050)				0.362*** (0.057)	
和谐性				0.284*** (0.041)				0.232*** (0.045)
企业规模	0.190* (0.109)	0.141 (0.090)	0.175* (0.097)	0.167 (0.101)	0.252** (0.117)	0.217** (0.108)	0.239** (0.109)	0.233** (0.112)
企业年龄	−0.446** (0.217)	−0.660*** (0.178)	−0.717*** (0.194)	−0.505** (0.201)	−0.162 (0.231)	−0.313 (0.215)	−0.377* (0.220)	−0.211 (0.222)
所有权	−0.176** (0.069)	−0.091 (0.057)	−0.096 (0.062)	−0.125* (0.065)	−0.164** (0.073)	−0.104 (0.069)	−0.101 (0.070)	−0.123* (0.071)
行业属性	−0.068 (0.154)	0.0112 (0.126)	−0.137 (0.136)	−0.111 (0.143)	0.159 (0.164)	0.215 (0.152)	0.104 (0.154)	0.124 (0.157)
常数项	4.739*** (0.251)	2.426*** (0.282)	3.181*** (0.281)	3.686*** (0.277)	3.883*** (0.268)	2.253*** (0.340)	2.643*** (0.318)	3.023*** (0.306)
F值	4.51	11.83	8.57	6.87	4.23	6.57	6.12	5.43
观测值	315	315	315	315	315	315	315	315
R	0.289	0.527	0.446	0.393	0.276	0.382	0.365	0.338

注:* 表示 p 值<0.1,** 表示 p 值<0.05,*** 表示 p 值<0.01。

(二)创新实施阶段

首先,检验技术创新和管理创新对组织绩效的影响,从表7-5的模型2

可以看出，技术创新和管理创新对组织绩效有着显著的正向影响（$\beta=0.195, p<0.01; \beta=0.331, p<0.01$），表明技术创新和管理创新的实施对组织绩效的提升有促进作用，印证了技术创新和管理创新在企业经营管理中的重要作用。

接着，检验在技术创新和管理创新的实施过程中，中庸的三维度对技术创新和管理创新与组织绩效之间关系的调节作用，检验结果如表 7-5 所示。多方思考、整合性和和谐性与技术创新和管理创新的交互项检验调节作用结果显示，多方思考与管理创新和技术创新的交互项的系数为正但不显著（$\beta=0.023, p>0.1; \beta=0.017, p>0.1$），而且，管理创新和多方思考平方项的乘积项系数也不显著（$\beta=0.018, p>0.1$），假设 H7-7 和假设 H7-10 都未通过验证。多方思考的调节作用不显著可能是由于决策实施阶段的环境充满不确定性，与决策制定时所面临的情况不同，瞬息万变的市场环境、转瞬即逝的机会和紧迫的政策调整时间对管理者的快速应对提出了很高的要求。而多方思考是尽可能地做到全盘考察、收集多方意见，这与创新的具体实施情境存在矛盾，一定程度上削弱了多方思考带来的积极影响。

整合性与管理创新和技术创新的交互作用系数显著为正（$\beta=0.051, p<0.05; \beta=0.040, p<0.01$），这表明假设 H7-8 和假设 H7-11 得到验证。关于和谐性的调节作用情况，和谐性与管理创新和技术创新的交互作用系数显著为正（$\beta=0.107, p<0.01; \beta=0.071, p<0.05$），但是管理创新与和谐性平方项的乘积项系数不显著（$\beta=0.008, p>0.1$），这意味着和谐性在管理创新和技术创新的实施过程中起着正向调节的作用，假设 H7-9 得到验证，假设 H7-11 得到部分验证。

第七章 企业家中庸思维各维度对技术创新和管理创新的影响研究

表 7-5 创新实施阶段的回归分析结果

变量	组织绩效							
	模型 1	模型 2	模型 3	模型 4	模型 5	模型 6	模型 7	模型 8
管理创新		0.331*** (0.038)	0.329*** (0.038)	0.329*** (0.038)	0.330*** (0.039)	0.321*** (0.039)	0.327*** (0.039)	0.310*** (0.039)
技术创新		0.195*** (0.039)	0.167*** (0.043)	0.167*** (0.044)	0.194*** (0.041)	0.205*** (0.042)	0.181*** (0.040)	0.204*** (0.041)
多方思考			0.049 (0.034)	0.052 (0.035)				
管理创新×多方思考				0.023 (0.036)				
管理创新×多方思考^2				0.018 (0.031)				
技术创新×多方思考				0.017 (0.035)				
整合性					0.002 (0.032)	0.008 (0.032)		
管理创新×整合性						0.051** (0.039)		
技术创新×整合性						0.040*** (0.035)		

181

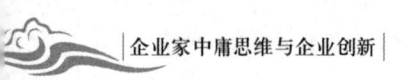

续表

变量	模型 1	模型 2	模型 3	模型 4	模型 5	模型 6	模型 7	模型 8
和谐性							0.039 (0.030)	0.044 (0.030)
管理创新×和谐性								0.107*** (0.033)
管理创新×和谐性²								0.008 (0.031)
技术创新×和谐性								0.071** (0.033)
企业规模	0.069** (0.028)	−0.018 (0.021)	−0.0175 (0.0211)	−0.018 (0.021)	−0.018 (0.021)	−0.021 (0.021)	−0.020 (0.021)	−0.028 (0.021)
企业年龄	−0.084 (0.054)	−0.024 (0.039)	−0.0314 (0.040)	−0.029 (0.040)	−0.025 (0.040)	−0.025 (0.040)	−0.028 (0.039)	−0.013 (0.039)
所有权	−0.102** (0.048)	−0.024 (0.036)	−0.0264 (0.036)	−0.024 (0.036)	−0.024 (0.036)	−0.0220 (0.036)	−0.027 (0.036)	−0.025 (0.035)
行业属性	−0.313 (0.197)	−0.393*** (0.144)	−0.384*** (0.144)	−0.382*** (0.145)	−0.393*** (0.145)	−0.378*** (0.146)	−0.401*** (0.144)	−0.392*** (0.142)
常数项	4.600*** (0.301)	4.538*** (0.222)	4.558*** (0.222)	4.542*** (0.224)	4.540*** (0.225)	4.534*** (0.226)	4.569*** (0.223)	4.539*** (0.220)

组织绩效

第七章 企业家中庸思维各维度对技术创新和管理创新的影响研究

续表

变量	组织绩效							
	模型 1	模型 2	模型 3	模型 4	模型 5	模型 6	模型 7	模型 8
F 值	4.00	19.99	19.21	17.46	18.98	17.38	19.16	18.49
观测值	315	315	315	315	315	315	315	315
R	0.196	0.576	0.579	0.580	0.576	0.579	0.579	0.594

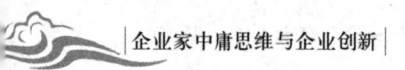

为了更好地理解中庸思维的三个维度在创新实施阶段的调节作用,我们进一步绘制了调节效应示意图,如图 7-1、图 7-2、图 7-3、图 7-4 所示。由此可见,企业领导者的整合性与和谐性水平越高,技术创新和管理创新对组织绩效的促进作用就越强。

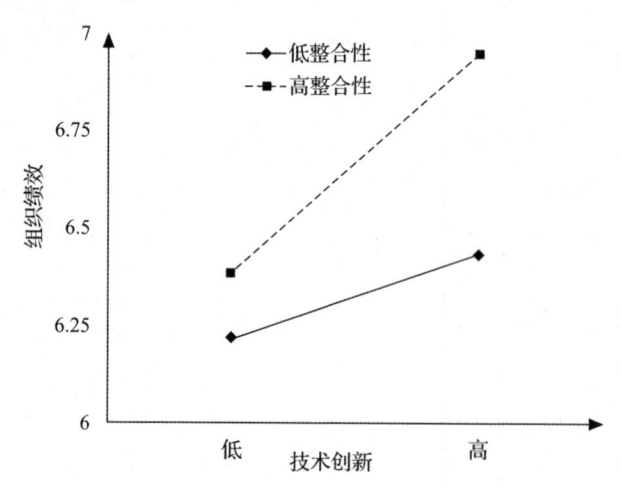

图 7-1 整合性对技术创新与组织绩效的调节示意图

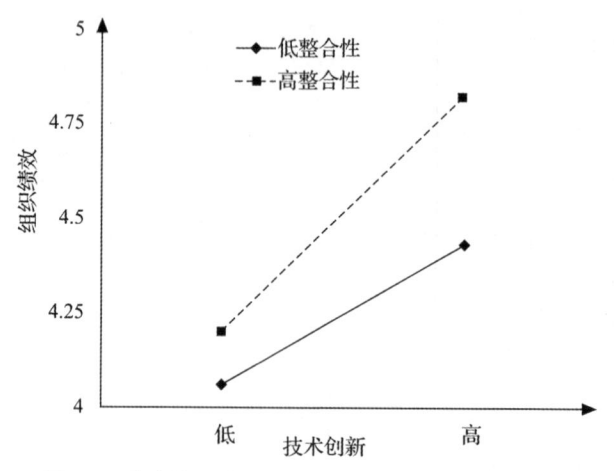

图 7-2 整合性对管理创新与组织绩效的调节示意图

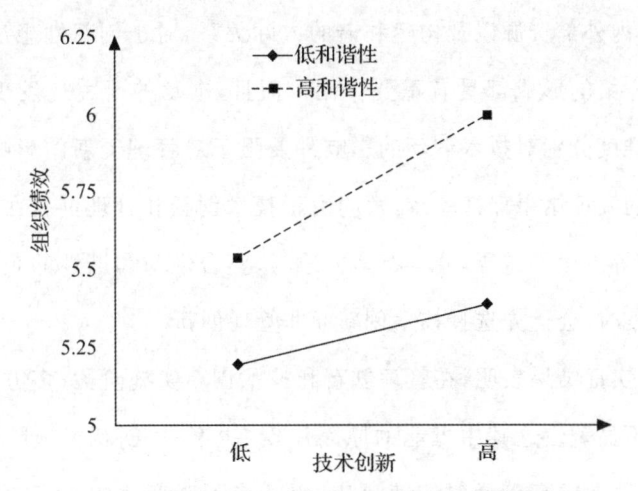

图 7-3　和谐性对技术创新与组织绩效的调节示意图

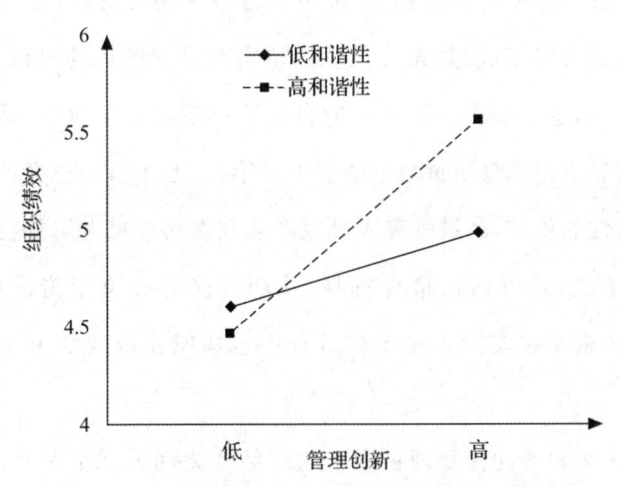

图 7-4　和谐性对管理创新与组织绩效的调节示意图

六、研究讨论

本章探讨了中庸思维的三个维度分别对企业技术创新和管理创新在创新两个阶段过程的不同影响。在创新的构想阶段,各个假设都得到了支持,即中庸思维的多方思考、整合性与和谐性三个维度都对技术创新、管理创新产生了积极的影响,这意味着企业在创新决策过程中,采用的整体性视角、整合内外部资源以及构建和谐的人际关系，对于创新性想法的产生，以及创新方案的形成都具有重要作用。而且，本章的研究还发现，中庸思维的三个维度分别对技术创新的影响都要强于对管理创新的影响，这与本书第五章的实证结果保持一致，表明由于技术创新和管理创新在创新的复杂性、难度等方面的差异，使具有多方思考、整合性与和谐性的企业家在构思创新方案时，会优先选择技术创新而非管理创新。

但是，实证结果表明，在管理创新和技术创新实施阶段，多方思考的调节作用并不显著。这其中可能的原因体现在：第一，创新实施阶段的不确定性增加，这要求高管及时快速反应，以适应不断变化的市场条件。中庸思想中的多方思考强调兼听则明，充分考虑各种情况，这可能会在无意间延误创新方案的实施，使其无法抓住调整实施过程的最佳时机。第二，在创新实施阶段，过度的多方思考可能会导致决策者信息超载，从而削弱其有效筛选信息或识别高质量数据的能力。第三，鉴于市场机遇的短暂性和对管理灵活性的要求，高级管理人员过度强调多角度思考可能会导致优柔寡断、犹豫不决，难以做出最佳选择，从而可能导致决策惰性（李爽 等，2021）。这与企业在实际方案实施过程中迅速抓住机遇的迫切需要构成矛盾。

此外，关于和谐性在管理创新与组织绩效之间的调节关系上，本章原来的假设是一种倒 U 形关系，这主要是考虑到和谐性具有的双刃剑效应，在面对管理创新实施过程中的困难时，和谐性过多也容易使企业家妥协。但是，实证结果却显示，和谐性在管理创新实施过程具有正向的调节作用，而不是假设里的倒 U 形关系，这其中可能的原因是：所调查的企业家群体具有较强的中庸和谐性运用能力，他们能够较好地把握好营造组织和谐氛围的尺度，宽严相济，实现真正的"和而不同"，营造真正的和谐型组织文化，促进管理创新的有效实施。

第七章　企业家中庸思维各维度对技术创新和管理创新的影响研究

综上分析,本章的研究发现,中庸思维的整合性与和谐性维度对企业技术、管理创新和组织绩效之间有正向调节作用,而多方思考维度未能在其中起到调节作用。这表明,在探讨中庸思维对企业创新的影响作用时,要从中庸思维的各维度出发,全面、辩证地进行探讨,避免一概而论。这也回应了张红坡等(2020)、吴士健等(2020)提出的"要对中庸思维的不同维度对创新的影响进一步开展细致研究"的倡议,丰富了关于中庸思维对创新影响的理论研究。

第三节　本章小结

既有文献关于中庸思维对创新影响的研究普遍将中庸思维作为一个整体来考察,忽略了中庸思维三个维度分别对企业创新存在着差异化影响。本章以高阶梯队和管理者认知作为理论基础,探讨了企业家中庸思维的多方思考、整合性、和谐性三个维度对技术创新和管理创新不同阶段的异质性影响。通过对315份调查问卷的实证分析,研究发现:在创新的构想阶段,企业家中庸思维的三个维度都对技术和管理创新产生了显著的正向影响,而且,三个维度对技术创新的影响都强于对管理创新的影响。在创新实施过程中,技术和管理创新对组织绩效有显著的正向影响。中庸的多方思考在技术、管理创新和组织绩效的关系中调节作用不显著,而整合性、和谐性在技术和管理创新与组织绩效的关系中具有显著的调节作用。本章通过区分中庸思维不同维度对企业技术、管理创新的异质性影响的研究,丰富了对中庸思维作用价值的理解,在中庸与创新的理论研究方面作出了贡献,对企业内部创新的成功实施具有现实指导意义。

第八章

企业家中庸思维对绿色创新的影响研究

当前,环境退化是影响人类未来生存面临的主要威胁之一,越来越多的国家和组织开始重视将绿色创新作为实现环境保护和经济增长的战略。中国经历了长期粗放型经济的发展模式后,目前正面临着严峻的资源短缺、环境污染和产能过剩等问题(Wu et al.,2019;Ren et al.,2021)。为此,我国政府近年来强调要通过经济社会发展的绿色化和低碳化来实现高质量和可持续发展,特别是通过绿色创新来推动中国经济新的增长(马骏等,2020)。绿色创新作为一种新型的创新模式,能够帮助企业采用绿色技术来减少污染排放,促进企业同时实现经济利益和环境保护的目标。企业作为创新的主体,积极开展绿色创新,既是企业在市场竞争中获取竞争优势的关键(Kawai et al.,2018),也是新时代我国绿色经济发展和转型的重要内容(席龙胜 等,2022)。

从现有文献来看,大多数研究在探讨企业绿色创新的影响因素时主要集中在外部制度约束和环境法规,忽略了探索公司高管的隐性价值观和认知模式的作用。例如,有研究认为,法规和客户需求是绿色创新的主要驱动因素(Montalvo,2008;Yalabik et al.,2011)。Saunila 等(2018)指出,经济和制度压力推动了绿色创新,并有助于社会发展的可持续性。然而,

Kawai等(2018)发现,利益相关者压力对绿色创新绩效有负面影响。近期,研究重点从外部因素转移到内部因素,如企业高管对绿色创新的影响(Huang et al.,2019)。尹建华和双琦(2023)提出,高管的学术经历有助于企业的绿色创新,也有研究认为女性高管权力的伸展对于企业绿色创新存在正向促进作用(王为东 等,2022)。根据高阶梯队理论,企业领导者的关键特征、价值观和认知会影响企业战略决策(Hambrick et al.,1984)。但现有关于高管与绿色创新之间关系的研究主要关注企业领导者的人口统计学等外显特征,对企业高管的价值观和认知等特质对绿色创新影响的研究十分匮乏。

中庸价值取向作为中华民族传统文化价值体系的核心,是中华民族根深蒂固的文化价值导向(杜旌 等,2014)。在中国情境下,中庸思维是一种典型的价值观和认知方式,强调在思考和处理问题时,要从全局出发,不偏不倚地寻找恰如其分的平衡点,实现整体和谐(杨中芳,2010)。虽然在西方理论中也可以找到类似的概念,如辩证思维(Peng et al.,1999),但中庸思想代表了中国人的一套独特的生活观念和世界观,涉及自我、人际关系、处世等各个方面。随着本土心理学研究的不断发展,对中庸思维的研究已不仅局限于哲学概念的层面,更多地拓展到可量化的实证研究中(Ning et al.,2021)。近期文献越来越多地关注中庸思维对创新的影响(Zhou et al.,2021;Lang et al.,2022;Pian et al.,2024);但关于企业领导者中庸思维对企业绿色创新的影响还缺乏探讨。在中国传统文化背景下,中庸思维强调人与自然、人与环境的和谐共生,注重人类发展与生态的平衡统一,这与企业绿色创新的内涵相一致。管理者认知理论指出,企业领导者的认知风格在塑造企业家行为和公司绩效方面起着关键作用(Doyle et al.,2002;Sadler-Smith,2004;Armstrong et al.,2009),为此,研究领导者的中庸思维对组织绿色创新的影响具有重要的理论和实践意义。

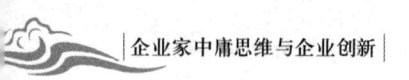

基于上述分析,本章采用高阶梯队理论和管理者认知理论,将制度压力和企业所有制性质作为边界,探讨企业家中庸思维对绿色创新的影响。本章的主要贡献在于:第一,基于高阶梯队理论和管理者认知理论,将企业领导者的认知与企业绿色创新连接起来。现有研究主要关注了环境规制、媒体报道、官员更替等因素对企业绿色创新的影响,而没有关注到传承千年的中庸思维对绿色创新的影响作用,本章丰富了企业绿色创新驱动因素研究。第二,从中国情境下的中庸思维入手拓展中国传统文化对绿色创新影响的研究,拓宽了文化影响企业行为的研究范畴,也为弘扬中华优秀传统文化、推动儒家文化在新时代发挥积极作用提供了理论依据。第三,研究结论具有重要的实践意义。本章的结论有助于理解企业领导者中庸思维这一认知思维对企业绿色创新的影响机理,揭示了中庸思维在绿色发展中的重要作用,提示政府部门在环境治理进程中不仅要加强环境法规等正式制度建设,也应当重视文化等非正式制度的社会治理功能,通过传播和弘扬儒家文化进一步推动国家的生态文明建设。

第一节　研究假设

一、企业家中庸思维与绿色创新

作为一种源于中国传统儒家文化的认知风格,中庸思维对组织、团队和个人都有重大影响(Ma et al.,2018;Pan et al.,2018)。中庸思维通过观念意识渗透,内在影响企业领导者的决策行为。中庸思维里"和"的观念强调人与自然是一个和谐整体,人类应该遵循自然规律,与自然和谐相处,而不是对自然不加保护地一味索取(Pan et al.,2018)。具有中庸思维的领导者应以修身、齐家、治国、平天下为己任,在道德意识和家国情怀驱动下,积极开展绿色创新。研究表明,管理层的关注和认可在绿色创新决策中起着

第八章 企业家中庸思维对绿色创新的影响研究

至关重要的作用(Qi et al.,2010)。企业家等高级管理者作为企业中最具影响力的成员,被认为是公司组织和实施绿色创新的关键因素(Huang et al.,2019;尹建华 等,2023)。受中庸思维影响的企业领导者更加重视人与自然的和谐,将更有可能在绿色方面开展创新,更加致力于环境保护(Suasana et al.,2018)。他们会积极响应环境保护政策,意识到人与自然之间日益紧张的关系及追求和谐共存的必要性,因此会在行为决策中融合更多的保护意愿,对环境保护的承诺也越多。

绿色创新是指企业为实现可持续发展而采取的技术、产品、服务、组织结构或管理模式等方面的创新(Rennings,2000)。创新的驱动及其管理具有许多相同的特征,绿色创新方案的制定也需要与外部组织的合作以及引入外部知识与内部组织相结合(Wagner,2008)。企业家的中庸思维强调内外和谐,有助于增强与外部组织的合作和获取外部知识。中庸思维的整合性特点使企业家能够整合内外部资源和信息,促进外部知识在组织内的学习和渗透(魏江茹,2019)。这一策略有助于将外部知识转化为内部能力,促进绿色创新的成功实施,并提升企业绩效。企业需要积极引进和采纳绿色创新的方法(Chou,2014;Huang et al.,2017),通过员工间知识、经验和技能的交流,创建一种绿色发展导向的企业文化,以实现创新(Roy et al.,2016;Stanovcic et al.,2015;Tseng et al.,2013)。中庸型的企业家善于向员工耐心解释组织的环保理念,鼓励内部沟通,激发员工对绿色发展理念的组织认同,激励员工开展绿色创新行为(Song et al.,2018)。具有中庸思维的企业家对多样化的观点持开放态度,倡导"和而不同"的理念(吴佳辉 等,2005;杨中芳,2010),在组织整体和谐的氛围下注重加强沟通交流,使组织成员能够更好地理解组织的环境保护理念,促进组织内部对绿色方法的接受。

从本质上讲,中庸之道蕴含的"天人合一"和和谐共生等生态智慧有助于形成企业管理者的绿色发展意识,促使企业家等管理者积极维护企业的环保和绿色荣誉,增强企业的环境责任。企业家将通过持续开展绿色技术创新活动,攻坚克难,生产高质量的绿色化产品。当然,有一些其他利益相关者的压力可能会对绿色产品创新或绿色过程创新产生负面影响,这是公司绿色创新的主要障碍之一。基于上述讨论,本章假设具有中庸思维的企业家着重考虑组织与环境的和谐共生,并能够在创新决策过程中,妥善处理好部分利益相关者的压力对绿色创新造成的障碍。

基于上述分析,研究提出如下假设:

H8-1:企业家中庸思维对绿色创新具有正向影响。

二、制度压力的调节作用

制度理论指出,企业嵌入在特定的制度环境中,其创新行为将受到其所处的制度环境的影响和制约(DiMaggio et al.,1983)。合法性是制度理论里的一个关键概念,反映了企业对社会构建的规范、价值和信念的遵循(Suchman,1995)。对企业而言,仅仅满足法律规定或市场需求是不够的,他们还必须与社会规范和价值观保持一致来获取组织的合法性(Alrazi et al.,2015)。特别地,绿色创新不仅源自市场约束,如客户需求或产品生命周期需要,还来自社会和环境的压力及机会(Hall et al.,1995)。环境压力包括政治和市场压力,以及创新资源和能力等内部环境驱动力,这将激励公司采用绿色创新战略,并转变企业家等高层管理者的环境意识(曹洪军等,2017)。环境倡议在很大程度上取决于外部压力,不同类型的外部压力可能导致不同的内部组织反应(Bansal et al.,2004)。在严格的环境法规下,组织的竞争模式和发展战略将随之发生变化。企业高层管理者通过采纳与绿色创新战略相一致的知识管理实践(Qi et al.,2010),开发相应的资源和能力(Dangelico,2016),在员工和管理者中培养绿色企业文化(Chou,

2014),建立绿色创新体系,进而提升绿色创新绩效(Huang et al.,2019)。

在环境政策和企业社会责任要求的推动下,具有中庸思维的企业家会在产品的生产制造、工艺流程和技术研发等环节都采用对环境破坏最小化的方案。这些采用新的绿色创新实践的方式,包括绿色的产品、绿色生产工艺和流程等,能够使企业获得组织合法性,以及更多资源和更多生存空间。制度压力包括规制性压力和规范性压力(Liu et al.,2010)。规制性压力主要是指国家和政府等权力机构通过颁布正式的法律法规以及各种政策文件来监督和管理给组织产生的压力(王海花 等,2023)。为了驱使企业开展绿色创新,各级政府将采取环境规制的方式,包括法律法规、防治污染指标制定、奖励和惩罚政策等给企业形成规制性的制度压力。规范性压力是组织所处场域里的价值观、行为准则等驱使企业形成规范行为的压力(吴波 等,2021)。企业在开展决策和行为过程中,将面临着其所处环境的社区、社会公众、媒体、行业协会、客户等给予的价值观和行为准则的期望,将努力和共同制度场域里的成员在行为规范方面尽量保持一致,以获取社会合法性的认可(徐建中 等,2017)。为此,规制压力和规范压力是中庸思维与绿色创新关系的边界条件,将强化企业家中庸思维对绿色创新的正向影响。

基于上述分析,研究提出如下假设:

H8-2:制度压力正向调节中庸思维与绿色创新之间的关系,即规制性压力和规范性压力分别正向调节中庸思维与绿色创新之间的关系。

三、所有权性质的调节作用

我国的国有企业和民营企业都是社会主义市场经济的重要组成部分,二者相辅相成,相得益彰,相互协作,相互促进,共同发展。但由于国有企业和民营企业在所有权性质、企业治理结构、政策约束等方面存在差异,这导致他们在经营理念和企业战略目标方面也具有不同特征（赵兴庐 等，2014）。由于所有权类型在促进企业绿色创新中扮演着重要角色，因而企业家中庸思维对绿色创新的影响情况在国有企业和民营企业上存在差异。之前的研究也发现，女性董事与环境创新之间的关系在国有企业中比非国有企业更强（Liao et al.，2019），可见所有权类型会影响企业的绿色创新行动。因此，探索企业家中庸思维对绿色创新影响时，考虑所有权性质作为一个因素是合理的。

由于战略目标和商业理念的不同，国有企业可能比非国有企业更倾向于绿色创新（武常岐 等，2011）。国有企业具有更多的政治任务和社会稳定使命，不但要追求经济目标，还要顾及社会目标和经济调控责任。相比之下，民营企业往往主要考虑企业的生存和发展。研究发现，国有企业的经济效率比民营企业低，但国有企业的社会责任绩效则普遍比民营企业高（Tan et al.，2005）。在面对经济效益和社会效益的权衡比较时，国有企业需承担一定的环境责任，而不仅仅是追求经济效益，其管理者在制定相关政策时更注重采用中庸思维所强调的人与自然和谐共生的理念。相反，在民营企业中，由于经济利益优先，因此中庸思维对其绿色创新的决策影响在一定程度上受到限制。

此外，所有权在企业的决策过程和管理者的资源协调方面起着至关重要的作用。国有企业与民营企业的不同之处在于，它们相对而言受到政府较高程度的股权控制，同时拥有更多的政府资源，也经常需要承担一些政府安排的任务（Bruton et al.，2000）。这种外部压力可能会使国有企业的决策自主性受到影响，也增加了决策的时间，以及决策过程中需要协调的各种因素。国有企业经常具有比较复杂的政府多个管理部门或股东，需要协调的部门和程序较多。中庸思维的多方思考和整合性特征促使企业家更重视多方因素的综合，整合协调多方利益和诉求，做出相应的绿色创新决策。相比之下,民营企业的产权清晰,政府不能直接指挥和安排任务,企业家的决策自主权较大,需要在各个上级政府部门和股东之间进行协调的情况比国有企业少。而且,民营企业的经营管理更直接受到市场因素的影响,公司的战略决策、高管变更和人员调整等更多考虑的是经营业绩的情况,以及市场或技术变化的因素。但国有企业的决策和管理层的变动经常会受到政府官员喜好或政策的影响(Li et al.,2013;Megginson et al.,2001)。因此,尽管开展绿色创新将使企业和地方的高质量发展都受益,但国有企业在进行绿色创新的决策及实施时仍然可能会面临抵制(Bar,2015;Peters et al.,2022)。这种抵制可能体现在内部员工的流动或重组,以及与组织实施绿色创新相关的结构性压力。因此,国有企业的领导者必须拥有较高水平的协调能力,以有效应对组织内部的抵制和冲突。中庸思维可以在协调能力的发挥和应对绿色创新所带来的挑战方面发挥重要作用。

基于上述分析的国有企业和民营企业的差异,特别是国有企业在开展绿色创新时面临的独特外部压力和内部挑战。本研究认为,企业家中庸思维在绿色创新决策上所体现的协调和整合优势,将使其对企业绿色创新的影响在国有企业中更加显著。为此,本章提出以下假设:

H8-3:企业中庸思维对绿色创新的正向影响在国有企业里比民营企业更为显著。

第二节　研究设计与样本情况

本章的研究对象和样本情况与第五章一致,具体情况可参见第五章第二节。在测量方面,为了确保测量数据的信效度,本章所使用的测量条目均为与研究相关的国内外权威期刊上发表的成熟量表,这些量表已经得到学术界的普遍认可。笔者还根据本章的具体研究情境对这些量表进行了修改和完善，且在正式进行问卷调查之前，先进行了小规模的预测试，以对条目和措辞进行微调。测量采用李克特 5 点打分法，"1"代表"非常不同意"，"5"代表"非常同意"。问卷的发放与本书前面章节基本类似，但与前面研究内容有所差异的是，本书的第五章、第六章和第七章所研究的涉及创新构想和创新实施的两个阶段，而本章重点研究在创新构想阶段，企业家中庸思维对绿色创新的影响及其边界条件，因此本章不涉及创新实施阶段的数据。但由于本章的问卷量表也与前面各章的问卷一起发放，因此最后采用统一回收的问卷数据，在有效回收的 315 份问卷的基础上开展实证研究。

本章的研究构念主要包括企业家中庸思维、绿色创新、规制性压力和规范性压力。企业家中庸思维使用吴佳辉和林以正(2005)的研究，通过 13 个题项进行测量，分别包括多方思考、整合性、和谐性三个维度，详细情况可见第五章第二节。绿色创新的测量采用了 Wang(2020)开发的一个 4 项指标的量表，该量表结合我国政府提出碳达峰、碳中和的"双碳"目标新情境进行细微调整。这一量表的主题是组织内环境产品开发、流程、技术和管理的绿色创新情况，测量条目包括"我们企业使用更清洁的技术来节约能源，防止水和废物等领域的污染""我们企业使用的材料较少或没有污染/毒性""我们企业为现有产品和新产品改进和设计环保包装""我们企业回收和循环利用我们的报废产品"等。规制性压力的测量借鉴 Liu 等(2010)的 4 项指标量表进行测量，具体条目包括"如果企业违反环境法律，将会面临政府的通报批评""企业意识到对环境不负责任的行为会引发罚款和惩罚""如果企业不符合法定污染标准，将面临法律诉讼的风险""企业若被发现未遵守国家环保法律或政策规定，将给企业带来严重后果"等。规范性压力构念的测量采用了 Liu 等(2010)开发的一个 3 项指标量表,具体条目为"我们行业的客户期望本行业的企业履行好环境责任""我们行业的市场贸易协会/专业协会鼓励企业的环保行为""对环境负责是企业进入本行业市场的一项基本要求"。此外,借鉴之前的相关研究,将企业的规模、年龄、所有制类型和行业类型作为控制变量。

第三节 实证分析与讨论

一、信度和效度检验

本章运用 SPSS 25.0、Amos 26.0 和 STATA 17.0 软件对数据进行统计分析。首先运用验证性因子分析(CFA)对主要研究变量的信度和效度进行检验。各变量测量条目的标准化因子载荷、各变量的组合信度(composite reliability,CR),以及平均变异数萃取值(average variance extracted,AVE)的情况具体可见表8-1,这些数据体现了各变量的一致性和收敛效度水平。

根据 Hair 等(2009)的意见,各个测量条目的因子载荷(loading)都应该大于 0.5,结果显示,本章涉及的测量条目都满足要求。信度检验通过 Cronbach α 和组合信度(CR)的值来进行判断。一般而言,Cronbach α 的取值从 0 到 1,取值为 0 表示完全不可靠,取值为 1 代表完全可靠,数值在 0.7 以上意味着具有较好的内部一致性(Nunnally and Bernstein,1994)。本章各研究变量的 Cronbach α 值都大于 0.7,满足要求。CR 值指的是变量内部变异的一致性,如果变量的 CR 值越高,其测量条目是高度相关的,意味着它们都在衡量相同的变量,越能测量出该潜变量。通常来讲,组合信度 CR 值应该大于 0.7(Hair et al.,2009)。表8-1 的数据表明,本章各变量的 CR 值都在 0.7 以上,显示对各个变量的测量具有较好的内部一致性,符合要求。因此,本章各研究变量的信度情况良好。

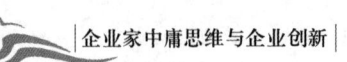

表 8-1 测量变量的信度和聚敛效度情况

变量名称	条目或维度	loading	Cronbach α	AVE	C.R.
中庸思维	TIMW4	0.639	0.895	0.843	0.941
	TIMW3	0.610			
	TIMW2	0.633			
	TIMW1	0.552			
	Integration5	0.493			
	Integration4	0.625			
	Integration3	0.598			
	Integration2	0.648			
	Integration1	0.622			
	Harmony4	0.774			
	Harmony3	0.730			
	Harmony2	0.667			
	Harmony1	0.627			
规制性压力	CP1	0.752	0.864	0.541	0.825
	CP2	0.707			
	CP3	0.737			
	CP4	0.747			
规范性压力	NP3	0.790	0.843	0.598	0.817
	NP2	0.784			
	NP1	0.746			

第八章　企业家中庸思维对绿色创新的影响研究

续表

变量名称	条目或维度	loading	Cronbach α	AVE	C.R.
绿色创新	GI1	0.592	0.774	0.532	0.818
	GI2	0.746			
	GI3	0.813			
	GI4	0.747			

注：Cronbach α 表示内部一致性系数，CR 表示组合信度系数，AVE 表示平均变异萃取值。

效度检验包括内容效度、聚合效度和区分效度三方面。内容效度方面，本章采用的测量条目都是在主流期刊已经发表的成熟量表的基础上，结合本研究的情境进行修订，并通过对企业家进行预调查和测试，对问卷作进一步的修订和完善，以保证各个研究变量的测量具有较好的内容效度。聚合效度方面，除因子载荷和组合信度（CR）满足条件以外，还应当考察平均变异萃取量（AVE）。平均变异萃取量一般应该在 0.5 以上，才显示潜变量的测量具有比较理想的聚合效度（Bagozzi et al.，1988）。表 8-1 的数据分析结果显示，企业家中庸思维、规制性压力、规范性压力和绿色创新对应的 AVE 值分别是 0.843、0.541、0.598、0.532，都高于临界值 0.5；各变量的 CR 值分别是 0.941、0.825、0.817、0.818，都高于临界值 0.7。因此，本章各个变量的 AVE 值、因子载荷和组合信度值都满足要求，数据结果表明，变量测量具有较好的聚合效度。

区分效度通过检查不同潜变量之间是否存在显著差异。首先通过构建竞争性因子模型进行 CFA 分析，具体分析结果如表 8-2 所示。与其他模型相比，四因子模型的拟合效果最好，具体为 $\chi^2/df=1.457$；RMSEA＝0.038；CFI＝0.961；TLI＝0.956；IFI＝0.961。此外，通过各变量的平均变异萃取值（AVE）平方根值与该变量与其他所有变量的相关系数进行比较，以进一步分析区分效度。表8-3中列出了各个变量之间的相关系数矩阵和AVE值的平方根。结果显示,对角线上粗体的数值(AVE值的平方根)比它们所在的行和列上全部相关系数值都大,这表明本章的研究变量具备较好的构念区分效度。

表8-2 验证性因子分析指标情况

模型	χ^2	df	χ^2/df	RMSEA	CFI	TLI	IFI
四因子模型 (ZY,CP,NP,GI)	353.932	243	1.457	0.038	0.961	0.956	0.961
三因子模型 (ZY,CP+NP,GI)	416.681	246	1.694	0.047	0.940	0.933	0.941
二因子模型 (ZY+CP,NP+GI)	714.845	248	2.882	0.077	0.836	0.817	0.838
单因子模型 (ZY+CP+NP+GI)	789.020	249	3.169	0.083	0.810	0.789	0.820

注:ZY表示企业家中庸思维,CP表示规制性压力,NP表示规范性压力,GI表示绿色创新;"+"表示将多个因子合并为一个因子。

二、共同方法偏差检验

为了尽量减少共同方法偏差,本研究通过问卷基本编排法和受访者信息隐匿法等办法来收集问卷,对问卷进行随机编排和设置测谎条目,而且在问卷收集时告知受访者匿名填写问卷,答案无对错之分,以鼓励其如实作答。本研究根据Podsakoff等(2012)的建议,采用Harman单因素检验的方法,对核心变量做未旋转的探索性因子分析。结果显示,提取出的4个特征值大于1的因子中第一个因子可解释的总变异量为37.818%,该数值小于40%,说明不存在能解释大部分变异量的单一因子,因此本研究的数据不存在明显的共同方法偏差。

三、描述性统计与相关分析

本章各研究变量的均值、标准差以及各变量之间的相关系数详见表8-3。表中数值显示，绿色创新的均值为4.109，这表明本研究的样本企业都开展了较多的绿色创新；规制性压力和规范性压力的均值分别为4.076和4.013，这意味着样本企业都面临着较强的制度性压力。描述性统计的结果基本符合中国企业当前的现实情况和本研究的情境。

如表所示，各变量之间的Pearson系数均小于0.7，说明不存在共线性问题，可以进一步开展回归分析。企业家中庸思维与绿色创新之间显著正相关（$r=0.477, p<0.01$），这与本章所提出的主效应假设预期相符。上述相关关系初步验证了本章的主效应假设，为了得到更加稳健的数据分析结果，下一步将通过多元回归分析进行更为精确的统计。

表8-3 变量的均值、标准差和相关性分析

	1	2	3	4	5	6	7	8
1.中庸思维	**0.918**							
2.规制性压力	0.490***	**0.736**						
3.规范性压力	0.365***	0.668***	**0.729**					
4.绿色创新	0.477***	0.503***	0.489***	**0.773**				
5.规模	0.221***	0.378***	0.316***	0.151***	1			
6.年龄	0.155***	0.101*	0.108*	0.019	0.429***	1		
7.所有权	−0.107*	−0.214***	−0.249***	−0.163***	−0.292***	−0.157***	1	
8.行业	−0.208***	−0.038	−0.091	−0.150***	0.007	−0.091	−0.020	1
均值	4.061	4.076	4.013	4.109	3.435	3.584	1.883	5.457
标准差	0.495	0.561	0.574	0.612	1.477	0.754	0.842	3.861

注：* 表示 $p<0.1$，** 表示 $p<0.05$，*** 表示 $p<0.01$；对角线上粗体数值为AVE值的平方根。

四、回归分析

本研究使用 STATA 17.0 软件进行逐步层次回归以验证假设,检验结果如表 8-4 所示。从表 8-4 的模型 1 和模型 2 可知,在对公司规模、年龄、所属行业、所有制情况的变量进行控制之后,企业家中庸思维对绿色创新呈现显著的正向影响($\beta=0.592, p<0.01$),H8-1 得到验证。这表明,企业家中庸思维善于审时度势、因时而变的特征有助于其紧随国家政策,积极响应"双碳"目标,其兼容并包、和而不同的价值取向也能够激发下属开展绿色创新的热情和创造力,推动公司形成绿色创新方案。

H8-2 检验的是规制性压力和规范性压力这两种制度压力在企业家中庸思维与绿色创新之间的调节作用。从表 8-4 的模型 3 可知,在加入企业家中庸思维和规制性压力的交互项后,结果显示交互项呈正向显著($\beta=0.071, p<0.01$),H8-2 得到部分验证。为了更好地了解规制性压力的调节效果,我们绘制了简单的调节效应示意图(如图 8-1 所示),从图中可看到,随着规制压力的程度越来越高,企业家中庸思维与绿色创新之间的正向关系得到强化。从表 6 中的模型 4 可知,在加入企业家中庸思维和规范性压力的调节作用交互项后,结果同样为交互项正向显著($\beta=0.073, p<0.1$),H8-2 全部得到验证。同样,为了更加直观地呈现调节作用的效果,我们绘制了简单的调节效应示意图(图 8-2),从图中可以看出,随着规范压力的强度越来越高,企业家中庸思维对绿色创新的作用效果得到强化。从制度压力的调节结果看,企业领导者在多重制度压力下,更倾向于开展绿色创新。

表 8-4　层次回归分析结果

变量	绿色创新 模型 1	模型 2	模型 3	模型 4
企业家中庸思维		0.592*** (0.074)	0.198*** (0.039)	0.244*** (0.036)
规制性压力			0.244*** (0.041)	
中庸思维×规制性压力			0.071*** (0.025)	
规范性压力				0.224*** (0.035)
中庸思维×规范性压力				0.073*** (0.027)
企业规模	0.270* (0.144)	0.230* (0.130)	0.094 (0.125)	0.129 (0.122)
企业年龄	−0.183 (0.285)	−0.417 (0.260)	−0.351 (0.247)	−0.386 (0.243)
所有制性质	−0.164* (0.091)	−0.065 (0.083)	−0.084 (0.079)	−0.015 (0.078)
所属行业	−0.110 (0.202)	−0.143 (0.183)	−0.095 (0.173)	−0.108 (0.171)
常数项	4.013*** (0.330)	1.797*** (0.406)	4.227*** (0.285)	4.169*** (0.280)
F 值	2.34	5.15	6.64	7.12
观测值	315	315	315	315
R-squared	0.174	0.326	0.403	0.420

注：* 表示 $p<0.1$，** 表示 $p<0.05$，*** 表示 $p<0.01$。下同。

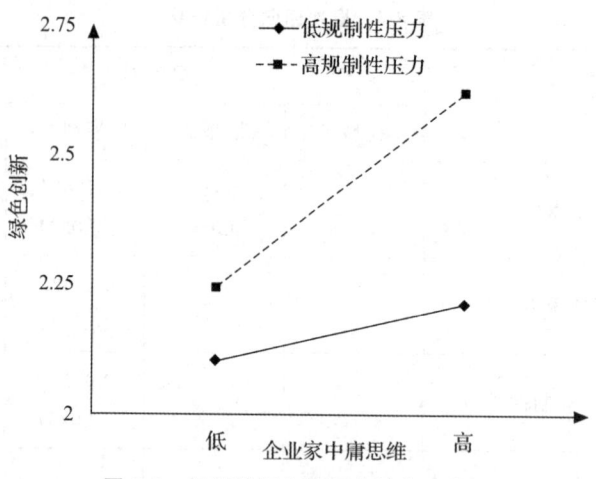

图 8-1　规制性压力的调节效应示意图

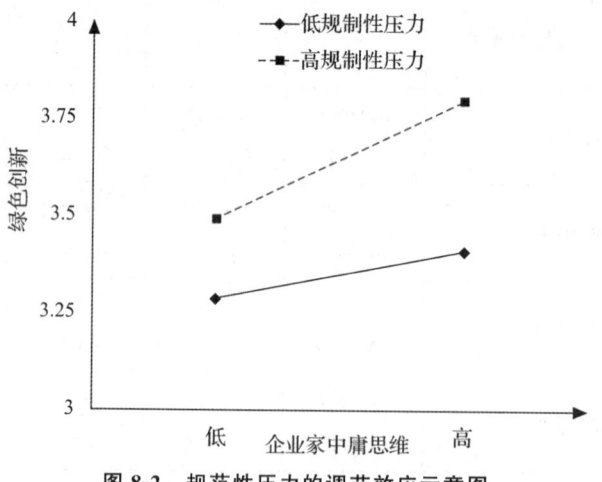

图 8-2　规范性压力的调节效应示意图

以公有制为主体、多种所有制经济共同发展的基本经济制度,是中国特色社会主义制度的重要组成部分,也是完善社会主义市场经济体制的必然要求。改革开放以来,我国经济能够持续发展,国有企业和民营企业都作出了重大贡献,这两种企业相辅相成,共同发展。然而,与民营企业有所不同的是,国有企业在追求经济利益的同时也需要承担更多的社会责任和政治任务。为了理清在国有企业与民营企业中企业家中庸思维不同的作用,本章通过区分国有与民营企业的样本来检验。如表 8-5 的模型 5 和模型 6 所示,在 92 个国有企业样本中控制公司规模、年龄、所属行业等变量后,企业家中庸思维对绿色创新起显著正向影响($\beta=0.849, p<0.01$);同样,如模型 7 和模型 8 所示,在 198 个民营企业样本中,企业家中庸思维对绿色创新也呈现显著正向影响($\beta=0.546, p<0.01$)。但是,我们在对比模型 6 和模型 8 可以发现,企业家中庸思维对国有企业样本的整体模型解释力(国有样本的 R-squared 为 0.381)要明显大于民营企业样本(民营样本 R-square 为 0.317),说明国有企业的绿色创新受企业家中庸思维的影响更大,对政府以及社会的压力也更加敏感,因此本章的 H8-3 获得了数据支持。

表 8-5　子样本层次回归分析结果

变量	国有企业		民营企业	
	模型 5	模型 6	模型 7	模型 8
	绿色创新	绿色创新	绿色创新	绿色创新
企业家中庸思维		0.849*** (0.210)		0.546*** (0.094)
企业规模	−0.081 (0.862)	−0.689 (0.800)	0.239 (0.168)	0.235 (0.154)
企业年龄	−0.153 (0.670)	−0.128 (0.611)	−0.079 (0.348)	−0.475 (0.327)
所属行业	0.958 (0.630)	0.699 (0.578)	−0.119 (0.240)	−0.102 (0.220)
常数项	3.172** (1.208)	0.560 (1.278)	3.801*** (0.370)	1.927*** (0.468)
F 值	1.65	2.88	2.14	4.11
观测值	92	92	198	198
R-squared	0.246	0.381	0.186	0.317

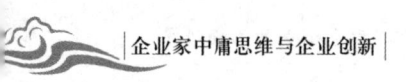

五、研究讨论

基于高阶梯队理论和管理者认知理论,领导者的认知和思维方式将对企业的决策、行为等方面产生影响。作为典型的华人认知思维方式,中庸思维使企业家能够巧妙地在多种力量之间寻求最佳平衡。在当前大力发展绿色经济和努力实现"双碳"目标的背景下,由于外部制度压力和绿色发展需要,中庸型企业家将会积极开展绿色创新。

首先,本章将企业家中庸思维、绿色创新和制度压力纳入同一研究框架,通过315家企业调查数据的实证检验,发现企业家的中庸思维有助于公司进行绿色创新。其次,结果显示,规制性和规范性这两种制度压力正向调节了企业家中庸思维与企业绿色创新之间的关系。最后,研究发现,在国有企业中,企业家的中庸思维对绿色创新的影响比民营企业更为显著。这一结果表明,在中国背景下,国有企业与民营企业在拥有的资源、关系网络以及目标激励方面存在差异,国有企业比民营企业有更多的社会责任,需要应对更加复杂的政府和股东等各方面社会关系。

(一)理论价值的讨论

本章尝试将本土心理学的中庸思维研究成果应用于绿色创新理论的研究之中,以拓展企业绿色创新的驱动前因。先前的研究主要集中在外部因素上,如制度约束和环境法规作为企业绿色创新的驱动力(Li et al.,2017;Qi et al.,2021)。近期的研究逐步从外部视角转向公司高管等内部因素对绿色创新的影响(Su et al.,2020;Zhang et al.,2015)。本章的研究呼应了 Takalo 和 Tooranloo(2021)提出的"应注重从公司高层管理者的视角探讨其如何影响组织或公司内部的绿色创新"。然而,目前这方面的相关研究主要集中在高层管理者的外部显性特征上,如公司领导者的人口统计学特征(王为东 等,2022),而忽视了高管的价值观和认知对绿色创新的影响。本章基于管理者认知理论,扩展了对本土概念中管理认知的研究(Walsh,1995;Kaplan,2011)。由于文化差异,现有的管理者认知理论起源于西方背景,与东方文化背景中领导者认知不同。研究扎根于东方文化的特色情境,从中国传统的中庸思维视角研究其对绿色创新的影响,这契合了关于对企业绿色创新的影响因素进行扩展的理论呼吁(Huang et al.,2016)。这一独特视角不仅增加了对中国企业创新活动中领导者认知思维的理解,丰富了管理者认知理论,也推进了对本土背景下企业绿色创新的研究,为促进企业的可持续发展提供了创新思路。

本章的另一个研究贡献是对传统中庸理念的扩展。作为一个重要构念,中庸思维已被证实了会影响员工的职业态度、行为和绩效等(Qu et al.,2018;Yuan et al.,2011)。然而,之前这些研究大多集中在员工层面,很少基于领导者层面来探寻中庸对企业行为的影响。本章通过探讨企业家中庸思维对企业绿色创新的影响,丰富了中庸思维与创新之间关系的研究,推进了中庸的理论探讨和研究(Ning et al.,2021)。

本章通过考察制度压力和公司所有权结构对企业家中庸思维与绿色创新关系的调节作用,深化了对中庸思维作用效果权变因素的理解。先前的研究强调了制度约束和环境法规等外部因素对公司创新决策的重要性(冯文娜 等,2023;Prajogo et al.,2012)。而在本研究中,我们从制度压力的两个维度——规制性压力和规范性压力——探讨了制度压力对绿色创新的边界作用。此外,研究突出了中国背景的独特性,特别是国有企业和民营企业之间的差异。许多先前的研究在公司绩效、财务行为和企业治理的研究背景下探讨国有与民营企业之间的差异(Lin et al.,2020),而本研究则将它们扩展到绿色创新领域,检验它们对中庸思维与绿色创新关系的调节效应。这些发现有助于进一步认识中庸思维影响绿色创新的边界条件,并扩展了公司绿色创新在制度压力和所有权结构下的研究情境(Berrone et al.,2013)。

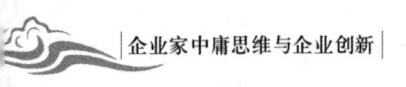

(二)实践启示的讨论

本章的研究有助于加深对中庸思想在绿色创新管理方面作用价值的认识。中庸思维历史悠久、内涵丰富,深刻地影响着中国人思维的塑造和行为的选择,其蕴含的"天人合一"思想能够提高企业的绿色发展意识,对于企业绿色发展具有积极的引导作用。在碳达峰和碳中和的时代背景下,企业家应当在立足于企业自身发展实践的基础上,扬弃地继承传统文化中的中庸思维,取其精华,去其糟粕,形成一条体现中国特色的绿色发展之路,实现经济效益和环境效益的齐驱并进,而不是盲目照搬西方的制度。因此,在推进企业绿色创新的过程中,除建立和完善法律法规、市场交易机制等正式制度外,还应该发挥文化等非正式制度的作用,在企业内部形成学习中庸文化精髓的氛围,以更好地助力企业绿色创新和可持续发展。

高层管理者作为企业的核心力量,在推动绿色创新方面发挥着至关重要和决定性的作用。企业家等高层领导应充分运用中庸智慧,积极履行环保的社会责任,从全局和整体的角度来思考,顺应外部环境、制度、政策变化提出绿色创新的想法。同时,要积极营造和谐的组织氛围,鼓励下属和员工也密切关注外部环境变化,提出各种具体的绿色创新建议,然后在此基础上整合各方意见,充分酝酿,促进绿色创新的成功实施。除此之外,领导者自身也应积极学习优秀的传统文化,努力将中庸思维作为日常管理工作的行为规范,积极履行社会责任,把社会责任融入文化软实力的建设中来,实现新时代儒家文化的传承与创新。

本章的实证结果表明,地方政府可以通过实施顶层设计和利用政府政策及社会压力等方面在引导企业开展绿色创新方面发挥关键作用。具体的举措可能包括:加强环境法规建设,完善能源消耗和废物处置相关的法律法规,投资于区域工业污染控制,增加对污染企业的处罚,促使具有中庸思维的企业领导者为适应环境变化而做出企业管理和创新方面的调整,制定节能减排制度,提升员工绿色创新能力,发挥环境规制的创新驱动作用。此外,政府可以制定和实施与绿色创新相关的绿色激励措施,如补贴、贷款和税收减免,以支持和引导企业积极响应绿色创新政策。

第四节　本章小结

企业绿色创新已经成为践行绿色发展理念和促进企业可持续发展的一种重要创新方式,但注重内外部环境和谐的中庸思维对绿色创新将产生怎样影响的研究仍较为匮乏。本章从理论上阐述了企业家中庸思维对企业绿色创新的影响,并考虑了规制性和规范性压力、企业所有制类型在其中的权变影响。通过对来自全国多个地区的企业调查数据进行实证检验,发现企业家中庸思维对绿色创新具有直接影响,且规制性和规范性这两种制度压力在中庸思维与绿色创新之间起正向调节作用。与民营企业相比,在国有企业里,企业领导人的中庸思维对绿色创新的影响更加显著。本章的研究丰富了中庸思维在绿色创新领域的研究,对我国企业开展绿色创新实践也具有启示作用。

第九章

研究结果及启示

本章首先对全书实证研究结论进行分析、讨论与总结,接着具体阐述其理论价值,然后论述在企业创新实践方面的管理启示,最后指出研究存在的不足之处,并对未来可能的研究方向进行了展望。

第一节 研究结论和讨论

本书基于高阶梯队理论和管理者认知理论,借鉴创新的两栖和双元等模型,考察了企业家中庸思维在创新构想和创新实施两个阶段的重要作用,全面深入地探寻了中庸思维在企业多维创新中所扮演的重要角色,由此得出了相应的结论和值得进一步讨论的问题。

一、企业家中庸思维对技术和管理创新在创新不同阶段具有差异化影响

研究发现,在创新构想阶段,企业家中庸思维对技术创新和管理创新都有显著的正向影响;相较于管理创新,中庸思维对技术创新具有更强的影响力。这表明,在当前数字经济时代,新兴的数字技术诱发了企业的技

术和管理变革,中庸思维使企业家善于审时度势,积极顺应环境变化,进而主动构思和设计企业的技术、管理创新的方案。由于管理创新涉及公司整体的管理理念、管理模式和组织结构等方面的调整,创新的难度和阻力比较大,而技术创新主要集中在产品和技术领域,创新难度相对较小。因此,注重稳妥与和谐的中庸思维将使企业家更倾向于先开展技术创新。

研究显示,企业性质、产业属性、企业规模和企业发展阶段等方面的不同将导致企业家中庸思维对技术创新、管理创新影响存在差异。在企业家中庸思维对技术创新、管理创新的作用关系上,对国有企业的作用效果大于民营企业,对大型企业的促进作用大于中小型企业,对传统企业的影响大于战略性新兴产业,对处于成熟阶段的企业的影响大于成长期的企业。

研究发现,在创新实施阶段,技术创新和管理创新对组织绩效都有显著的正向作用,且管理创新对组织绩效的影响大于技术创新的影响。这意味着,企业通过开展技术和产品创新,有助于提升生产效率,在市场上更好地满足客户需求,提高市场占有率,促进组织绩效的提升;企业推动管理创新有利于提高组织效率,降低运营和管理成本,实现降本增效。而且,管理创新能给企业带来更加系统的变革,形成更加难以复制、难以模仿和替代的差异化竞争优势,因此,管理创新对组织绩效的影响效果大于技术创新。这也与苏中锋和孙燕(2014)的研究结果相一致。

研究发现,在创新的实施过程中,中庸思维在技术创新与组织绩效之间起着正向的调节作用,而中庸思维在管理创新与组织绩效之间起着负向调节作用。这表明,在技术创新的实施过程中,注重全局系统思考和整合资源的中庸思维善于对各方因素进行协调整合,有助于技术创新方案的落实。但在管理创新方案的实施中,中庸思维在协调平衡各方利益时面临着比技术创新更加复杂和困难的形势,持有这样思想的企业家们很可能会为了维持和谐的局面而采取妥协策略,导致管理创新实施效果弱化。这一结

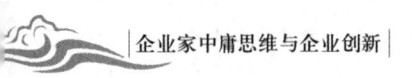

果支持了 Yao 等(2010)关于中庸的人在面对反对意见时容易放弃自我而采取妥协的结论,也验证了中庸"知易行难"的观点(张德胜 等,2001)。

二、企业家中庸思维对渐进型和激进型技术创新在创新不同阶段具有异质性影响

实证研究结果表明,在创新构想阶段,企业家中庸思维对渐进型和激进型技术创新都具有正向的显著影响,而且企业家中庸思维对渐进型技术创新影响更强。这意味着,在企业面临的技术和市场环境同时发生剧烈变化的情境下,具有中庸思维的企业领导者会密切关注产业变革趋势,因应环境变化,积极开展渐进型和激进型的技术创新。但考虑到激进型创新所产生的颠覆性效果可能会面临较大的阻力,注重稳妥和谐的中庸思维将使企业家更多考虑对现有产品和技术进行调整优化的渐进型技术创新。

在技术创新的实施阶段,渐进型和激进型创新对组织绩效都具有正向影响。但是,相比于渐进型创新,激进型创新对组织绩效的影响更为显著。这表明,无论是在现有技术轨道上进行循序渐进扩展和优化的渐进型创新,还是脱离既有轨道实现技术跃迁的激进型创新,技术创新都对组织绩效有促进作用。但是,激进型技术创新通常伴随着核心技术的突破,往往具有较强的收益独占性特征,能给企业带来更多的绩效改进。该结果也与胡超颖和金中坤(2017)通过元分析进行考察后发现激进创新对长期竞争优势更加明显的结论相一致。

研究还发现,企业家中庸思维在渐进型和激进型技术创新的实施阶段都起着正向调节的作用,这表明,具有中庸特征的企业领导者能够在技术创新的实施过程中整合各方资源,营造和谐的创新氛围,协调和平衡好创新过程中出现的各种问题,使企业无论是开展变革幅度较小的渐进型创新,还是变化幅度大的激进型创新,都能够顺利推进。

三、企业家中庸思维三维度对技术和管理创新在创新不同阶段具有不同影响

关于中庸思维的多方思考、整合性与和谐性这三个维度对企业创新影响的实证结果显示,在创新的构想阶段,中庸思维这三个维度对企业技术创新和管理创新都具有正向的显著影响。这表明,在企业创新的决策构想阶段,能够全局系统思考、有效整合内外部资源和营造和谐氛围的企业家,对于企业创新性想法的形成和创新方案的制订都将产生积极影响。而且,研究还发现,中庸思维的三个维度分别对技术创新的影响都要强于对管理创新的影响。

实证研究结果发现,在创新实施阶段,中庸思维的三个维度具有不同的作用。中庸思维的整合性与和谐性维度在企业的技术、管理创新和组织绩效之间有着正向的调节作用,而多方思考维度在其中没能起到调节作用。这可能是由于多方思考会使企业家在行动过程中考虑太多因素,花费太多时间,导致行动有所犹豫或拖延,从而错过解决问题的最佳时机。

四、企业家中庸思维对绿色创新的影响及其边界条件

研究发现,企业家中庸思维有助于公司进行绿色创新,这意味着,源自中国传统文化的中庸思想本身所蕴含的"天人合一"和和谐共生等生态智慧有助于形成企业领导者的绿色发展意识,更注重遵循自然规律,强化企业的绿色创新责任,积极开展绿色创新活动。而且,规制性和规范性这两种制度压力对中庸思维与绿色创新之间关系起正向调节作用,这也体现了制度理论所强调的"企业的创新活动等行为将受到其所处的制度环境的影响与制约"。此外,与民营企业相比,在国有企业里,企业家中庸思维对绿色创新的影响更加显著。这表明,受体制机制的影响,国有企业在开展绿

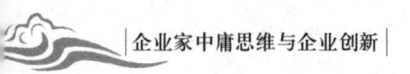

色创新时将面临着更多的压力与挑战,中庸思维所蕴含的协调和整合优势,使其对企业绿色创新的影响在国有企业里更为显著。

五、环境动态性在中庸对创新的影响关系中具有调节作用

实证结果表明,在创新构想阶段,环境动态性在企业家中庸思维与技术、管理创新之间具有正向调节作用。这意味着,外部环境越动荡,中庸思想越能体现出其智慧价值。在创新实施阶段,环境动态性越高,中庸思维对管理创新与企业绩效之间的负向调节作用越弱,而企业家中庸思维对技术创新与企业绩效之间的正向调节作用并未受到环境动态性的影响。这表明,当面临更加复杂动荡的外部环境条件时,企业开展管理创新所面对的形势比技术创新更为复杂,中庸思维所具有的平衡协调和整合资源的特点将更能展现出优势所在,中庸思维在管理创新实施过程的负向作用将得到相应减弱。

六、企业家中庸思维在性别、年龄、学历和地区等不同人口统计学特征方面存在差异

研究发现,男性企业家在中庸思维及各维度上的得分都要大于女性,但是男女性的得分并不存在显著差异;企业家中庸思维在不同年龄段上不存在显著差异;不同学历背景的企业家在中庸思维上具有差异,本科学历的企业家中庸思维得分显著高于研究生及以上学历背景企业家的得分,但在和谐性这个维度上,本科学历企业家的中庸思维得分要高于大专和研究生及以上学历;北方的企业家在中庸思维及其各维度的得分上都高于南方企业家,即来自北方的企业家具有更高程度的中庸思维。

第二节 研究的理论价值

一、丰富了中庸与创新之间关系的理论研究

虽然中庸与创新之间的关系研究在近年来日益受到学术界的重视,但既有研究主要关注员工个体或团队领导者的中庸思维对个体微观创新行为的影响(张光曦 等,2015;魏江茹,2019;Lang et al.,2022),缺乏从企业高层领导的角度去探究中庸思维对组织宏观层面的创新影响的研究;现有文献只考察中庸思维对创造力或技术创新行为的影响,缺乏对企业的管理创新、绿色创新等多维创新的影响(Ning et al.,2021);而且,既有研究对中庸与创新之间关系的研究主要集中在创新构想阶段,对中庸思维在创新实施阶段的作用,以及中庸在创新不同阶段会有何种不同的影响仍缺乏探讨。本研究通过整合了创新两栖模型、创新双元模型等综合视角,跳出传统研究的窠臼,将中庸思维的研究对象从员工或团队拓展至公司高层领导,将创新的研究视角从单维扩展至多维,研究层面从个体提升到企业,通过理论分析和大样本实证检验,探讨了企业家中庸思维对技术创新、管理创新的构想和实施过程的影响,研究了企业家中庸思维对渐进型和激进型技术创新构想和实施的各种影响,探讨了企业家中庸思维三个维度分别对企业技术与管理创新的构想和实施过程的影响,以及研究了企业家中庸思维对企业绿色创新的影响及其边界条件。本书通过这些系统研究,更加全面深入地探寻了企业家中庸思维在企业多维创新中所扮演的各种角色,呈现了中庸思维与创新之间复杂、微妙而辩证的丰富图景,在一定程度上廓清了中庸与创新之间关系的迷雾,是对既有中庸与创新之间关系理论研究的补充和完善。

二、拓展和完善了管理者认知理论

在企业面临的外部环境发生剧烈变化的背景下,企业家等公司高层管理者的认知对企业的战略决策和行为具有重要影响,是企业开展创新与变革的逻辑起点(林春培 等,2023)。管理者认知对理解企业的创新决策、创新行为和竞争优势构建具有重要作用,近年来管理学界也在不断倡导开展对管理者认知理论的研究(尚航标 等,2014)。但现有文献主要基于西方情境下管理者认知的脉络展开研究,忽视了受东方文化影响的中国企业家的独特认知模式。本书基于中华传统中庸认知思维模式的视角,考察了企业家中庸思维对企业创新决策及其实施过程的影响,增加了在外部环境持续动态变化的背景下中国本土企业家认知思维对企业创新发展作用机制的理解,丰富了管理者认知理论在企业创新情境下的应用。而且,通过东西方认知思维的对话,东方传统儒家文化下的中庸认知思维模式能为之前主要在西方文化情境下发展起来的管理者认知理论提供新的视角,从而进一步修正、扩展和完善了管理者认知理论。

三、促进了企业创新理论的发展

企业创新理论十分关注在企业创新驱动和创新过程的各种影响因素,现有研究主要集中在组织结构、组织文化和领导力等方面(Crossan et al.,2010)。本书基于高阶梯队理论和管理者认知理论的视角,探讨了中庸思维这一典型的华人认知模式对企业技术创新、管理创新和绿色创新的驱动作用,以及中庸思维在创新过程中的调节影响,从而揭示了企业创新的各种类型、各个阶段所匹配的企业家思维模式,深化了对企业多维创新影响因素的认识,推动了创新理论的发展。而且,本研究针对之前关于创新的理论研究主要关注技术创新的不足(Khosravi et al.,2019),结合当前数字化和绿色化时代背景下,企业积极开展管理创新和绿色创新的情境,对企业管理创新和绿色创新的驱动前因,以及管理创新实施过程权变因素展开了研究,从而丰富和拓展了管理创新和绿色创新的理论研究。此外,本研究还探讨了中庸思维对渐进型和激进型技术创新的影响作用,为更好地理解这两种不同强度的创新类型的驱动因素和创新过程所匹配的认知方式提供了新的视角。

四、推动了中国本土特色的领导理论和管理理论的发展

文化价值观是人们时刻受到其影响但却难以觉察其存在的文化特性。在不同文化价值观的驱使下,面对同样的企业管理活动,中国的企业家很有可能会秉持和西方企业家不一样的认知和行动原则,两者在判断是非和对错的标准上也将存在差异(余菁,2023)。中国的许多组织,包括企业组织,其实都是中国文化的产物(Peng et al.,2001)。为此,中国本土的领导理论与西方的领导理论存在较大区别。中国企业家领导企业开展的创新实践活动是在中国文化背景下进行的,因此需要发展出中国本土特色的领导理论,才能有效匹配中国企业的管理实践,提高企业的运营效率,为社会创造更多价值。

一些学者基于中国本土文化情境,根据对华人本土企业领导者的特性开展研究,提出了有别于西方文化背景下的领导模式,目前影响较大的主要有家长式领导和悖论式领导。家长式领导是指在一种人治的氛围下,领导者展现出严明的纪律与权威、父亲般仁慈,以及道德廉洁性的领导方式,包含有威权、仁慈和德行三个维度(樊景立 等,2000)。作为华人组织里的一种典型领导方式,家长式领导对组织的绩效、战略和创新等都将产生重要影响,(张建卫 等,2018)。悖论式领导是 Zhang 等(2015)结合西方悖论管理思想和中国传统阴阳哲学提出的一种领导方式,这种领导方式强调

"对立统一",能够整合看起来相互对立但实际上相互联系的需求。悖论式领导能够充分平衡组织结构需求和员工个体需求之间的矛盾,具体包括自我中心与他人中心相结合、既维持亲密又保持距离、对下属既一视同仁又允许个性化、既严格执行工作要求又保持灵活性、既维护决策控制又允许自主性这五个维度(陈海啸 等,2021)。

中庸作为中国本土特色的文化价值取向,将对企业家的领导行为产生重要影响。近年来,开始有学者逐步开展探讨基于中庸的中国领导理论。例如,陈建勋等(2010)将中庸思维拓展至领导理论,分析了企业高层领导的中庸思维对组织绩效的影响,试图建立具有中国本土特色的中庸领导理论。本研究正是延续着关于建构中庸本土领导理论发展的理论脉络,重点针对企业创新管理这个研究情境,深入探讨企业家的中庸领导对创新方案决策、创新实施过程的各种复杂而微妙的关系,对如何通过中庸式领导方式来更好地推动、组织和实施企业创新管理工作有了更加深刻的理解,是对中庸视角的本土领导理论的有益补充和进一步发展。

梁觉和李福荔(2010)在借鉴杨国枢关于有效建立本土心理学的原则基础上,强调建立和发展本土管理学,要充分反映中国人的管理思想,研究者应当以中国人所具有的本土化思想、观点和认知行为方式来思考,进而将这些中国人的思想反映到概念分析和理论构建等内容里。而且,应当尽量将所研究的管理现象和行为置于中国的社会、文化和历史脉络中,仔细理清这些特有的管理现象和行为与中国特定的社会、文化和历史因素之间的关系。本研究正是遵循着这样的原则和呼吁,将企业家在企业创新管理过程中的决策和组织等行为置于中国社会传统文化背景下,探讨中国人独特的中庸思想会对企业创新的激发和执行起到什么样的作用,从而更加清楚中庸智慧的长处与短板。这有助于理解中国当前企业创新出现的各种复杂现象,特别是企业创新的"悖论"。一方面,在当下的中国企业里,创新发展已经成为多数企业的共识,企业纷纷开展各种形式的创新,不断加大创新投入,创新活动日益活跃,中国企业的专利数量持续增长,发明专利的有效量已经居世界首位;但是另一方面,中国企业整体的创新能力依然不强,自主创新能力薄弱。这种复杂的创新现象背后的一个重要原因就是中庸之道等中国文化对企业创新行为所产生的影响。为此,本研究在一定程度上理清了中华传统文化里的企业家中庸思维和企业创新管理之间的关系,发展了中庸视角的本土管理学。

五、促进传统中庸智慧与现代管理的有机融合

习近平总书记在 2016 年 5 月 17 日召开的哲学社会科学工作座谈会上的讲话中指出:"中华民族有着深厚文化传统,形成了富有特色的思想体系,体现了中国人几千年来积累的知识智慧和理性思辨。这是我国的独特优势。中华文明延续着我们国家和民族的精神血脉,既需要薪火相传、代代守护,也需要与时俱进、推陈出新。要加强对中华优秀传统文化的挖掘和阐发,使中华民族最基本的文化基因与当代文化相适应、与现代社会相协调,把跨越时空、超越国界、富有永恒魅力、具有当代价值的文化精神弘扬起来。要推动中华文明创造性转化、创新性发展,激活其生命力,让中华文明同各国人民创造的多彩文明一道,为人类提供正确精神指引。"(习近平,2023)。习近平总书记深谙中华优秀传统文化深厚的内涵和底蕴,也高度重视中华优秀传统文化的创新与发展,多次强调中华优秀传统文化的历史影响及其重要意义,要求赋予其新的时代内涵,以时代精神激活中华优秀传统文化的生命力。为此,以习近平总书记重要讲话精神为指引,挖掘中庸之道等中华传统优秀文化中的管理智慧,实现中国传统思想智慧在现代企业管理的古为今用,具有重要的理论意义。

作为中国传统文化中重要智慧之一的中庸之道,日益引发许多管理学研究领域学者的注意和重视,他们强调,将中庸智慧应用于管理学科是中国本土管理研究的一个重要课题(李平,2014)。长期持续致力于中庸实践思维研究的杨中芳主要的研究领域在于本土心理学,其运用现代心理学的研究方法,将传统文化中的中庸概念付诸实证检验,发现中庸思维在现代中国人的做人处世中仍占有重要的地位,这也是将传统文化和社会科学相结合的典型范例(杨中芳,2009)。杨中芳(2010)进一步指出,需要重视中庸思维的企业管理领域开展研究,认为这是一个值得期待的、非常具有潜力的研究方向。

任何民族成功的现代化,必然是而且主要是在本民族的思想资源的滋养下成功的,这样的现代化才不致是无本无根的现代化(廖晓炜 等,2018)。沙莲香(1990)指出,传统与现代化并不相悖排斥,搞现代化并非要抛弃传统,相反,只有在本民族传统的基础上,建立传统与现代化之间由此达彼的桥梁,把本民族文化中的精髓尽量发挥,民族内部蕴藏着的能量变为趋向现代化的稳定内力,才能使现代化在传统这个根基上立足并得到发展。郭重庆(2008)具体针对管理学科进一步指出,管理思想根植于一个国家的社会组织和民族文化之中,必须进行本土化。要使中国管理学得到发展,对当代世界管理科学产生重大影响,就应该从"照着讲"向"接着讲"转变。"接着讲"的一个重要路径就是"接着中国传统文化讲",中国传统文化是中华民族智慧的宝藏,值得从中寻求中国传统管理的智慧。

本书遵循着上述学者所提出的要挖掘中庸思想等传统文化的现代智慧,构建中国特色的本土管理学的研究方向,通过运用现代管理学的研究方法,将中庸思维与创新之间的关系进行了深入而系统的研究,加深了对中华传统中庸智慧更加全面和辩证的认识,拓展了中庸思想在管理学科特别是创新管理领域的理论研究,使本土管理学"接着中国传统文化讲"得到赓续,促进了中华优秀传统文化和现代企业管理的进一步融合,推动了中华传统文化在管理学领域的创造性转化和创新性发展。因而,本研究具有较为重大的理论意义。

当前,随着中国式现代化建设的推进,如何加快建设中国式管理现代化成为重要议题。余菁(2023)指出,改革开放以来,中国管理学的理论发展主要是沿着中西会通与东西交融的方向进行,从西方管理学理论中吸收学习了许多有益知识,初步完成了中国管理理论知识体系的构建,但仍缺乏发展出独立自主的中国管理理论。要实现中国管理理论创新的突破,需要转变到以"中道"为主且兼具"西用"特质的发展方向。"中道"的重要内容之一就是要坚持基于整体观的均势发展之道,追求实现多元系统平衡且兼顾多重发展目标。余菁(2023)认为,儒家的中庸之道推崇"允执厥中",即"执两端、取其中"的智慧,将世界上的万事万物视为一个整体系统。这样的系统包容两极,二元对立但互不相斥,能够同时并存。为此,中庸之道是整体观视角的重要思想源泉,基于中庸视角对当前企业管理中面临的复杂问题进行探究,有助于突破传统理论所无法揭示的复杂制度环境和管理实践里的多面性、相互矛盾性和差异性等局限。

本书沿着"中道"所需要的整体平衡观的理论发展呼吁,探讨企业家在创新中如何运用中庸智慧的重要议题,即企业家如何既在创新决策时秉持整体性和开放性的认知来构思科学合理的方案,又能在创新执行过程中充分整合各方力量,平衡好利益相关各方的诉求,从而在实现和谐的过程中达至企业创新的目标。正是这样在企业管理中通过中国传统中庸智慧的运用,在一定程度上修正了西方管理理论中只注重追求单向度思维的局限。

中国管理理论发展的"中道"之路还应当充分以中国特有的文化、价值观和精神传统为根基(余菁,2023)。本书以中国传统文化价值观里典型的中庸智慧为依托,探寻企业家的中庸思维在企业创新情境下的实践,能更

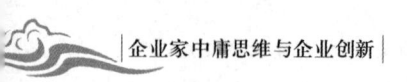

好地理解中华文化背景下的企业实践,也更加贴合中国式现代化的本体属性,有助于去求解中国管理理论发展谜题,从而通过挖掘中国传统文化中的管理智慧,构建中国管理学的自主知识体系。

第三节 研究的实践启示

对企业家等管理者来说,本研究具有重要的实践价值和启示。

一、顺势而为,充分运用中庸智慧来推进企业创新

当前,企业面临的外部环境发生了深刻变化,以人工智能、大数据和物联网等为代表的数字经济革命正对企业运营和管理的传统模式进行重构。与原来的工业时代相比,数字经济时代是由非连续性技术带来的颠覆式变革,是从旧轨道到新轨道的巨大跃迁,致使企业之前形成的组织惯例和运作模式面临着严峻挑战。中庸智慧认为,人和世界处于相互依存的有机联系中,个体的行动选择必须充分考虑周围环境的变化,并维持整个系统的动态平衡。"明者因时而变,知者随世而制"。当外部环境发生变化时,人们应当根据新的环境特征,与时俱进地调整相应的策略和行为,相时而动、随时而中。为此,在环境发生重大变化的背景下,企业家等公司高管要深刻地认识到数字经济时代的新趋势,尽快更新自己的认知模式,主动拥抱环境变化。只有领导者的认知作出改变,才能推动整个组织认知的升级,促进企业创新与变革工作的开展。如果企业领导者的思维和行动不能及时调整和改变,组织早晚将被时代抛弃。

在创新方案的提出和制订过程中,企业家要充分发挥中庸智慧,在组织中营造和谐的氛围,鼓励下属和员工密切关注外部环境变化,根据他们在经营和管理一线掌握的情况,畅所欲言,相互分享相关的信息和知识,积

极为企业创新方案建言献策。企业家等高层领导要广开言路,勇于纳谏,充分听取各方面的意见建议,让广大员工理解和支持企业的创新工作;同时,尊重基层的首创精神,结合公司的顶层设计,有效整合各方的意见,充分讨论和酝酿,提出高水平的创新方案。特别是在数字化时代,许多客户也是企业创新想法的重要源泉,企业要注重在各种用户社群中也营造良好的沟通氛围,密切关注用户对公司各种产品和服务的意见,使其成为企业开展创新的重要推动力。

中庸之道强调"权",即根据实际情况和具体问题具体分析。为此,企业的创新方案切忌教条主义,或者好高骛远、脱离实际,而应当立足于企业现实状况,实事求是地制订行动方案。企业的创新决策既包括技术创新、管理创新和绿色创新等各种创新类型的选择,也有渐进型和激进型等不同创新强度的把握,这就要求企业家等领导者要多方考量,妥善决策,选择契合企业实际的创新方向。在新一代科技革命的驱动下,各种新潮流的创新模式层出不穷,"乱花渐欲迷人眼"让不少企业在面临选择创新方式时无所适从。有些企业在创新潮流面前喜欢追逐热点,为了创新而创新,结果导致创新方案与企业情况不匹配而无法有效实施。为此,企业领导者在面对各种新趋势时要冷静分析,谋定而后动,选择恰当的创新方式。

中庸智慧注重执两用中和全局思考,认为世界万物由矛盾对立的双方构成,人们在处理问题时应当充分兼顾各方利益,努力寻求不偏不倚的解决办法。在数字经济时代,许多企业一方面要积极推动基于各种新兴技术和新模式的创新方案,另一方面又要考虑到已有模式仍然需要保持一定时间的运作。如果企业家只是考虑创新的一面,全部抛弃现有业务,采纳全新的激进型方案,而势必会遭遇到较大的阻力,甚至出现剧烈震荡,影响企业整体的正常运行。而如果企业家过多考虑原来的传统业务,在创新方案的选择上过于保守,那么又很有可能因为缺乏创新而难以适应新时代的需要。因此,在创新方案的构思和选择上,企业家要运用中庸智慧,执两用中,把握好尺度,既立足当前,又谋划长远,在方案中统筹好破旧和立新的关系,坚持传统与创新的辩证统一,使创新方案恰到好处。

二、灵活运用中庸之道来增强企业创新的实施效果

创新在实施的过程中,面临着与创新构想阶段迥异的情境。不论是哪一种类型的创新或者是何种程度的创新,只要涉及创新,必将对原来的工作内容、工作流程甚至企业的制度和结构造成调整、变化,会使组织原有的利益格局被打破,从而遭到相关部门或员工的抗拒乃至反对。特别是,与技术创新主要局限在产品和技术方面的创新不同,管理创新涉及的范围非常广泛,其将对组织整体的价值观、组织制度、工作职责和权力关系等进行调整,推行实施的难度很大。而在技术创新中,相对于渐进型创新,激进型技术创新将对现有的技术和产品进行大幅度的变动甚至颠覆,创新的实施也将面临较大的障碍和风险。

为此,在创新实施阶段,企业家等公司高层领导要积极面对可能出现的各种困难,充分运用中庸智慧,努力协调各方利益,有效化解各种矛盾,使创新方案尽可能按计划有效推进。特别在实施管理创新或者激进型创新等难度较大的创新过程中,企业家要在坚持创新大方向的基础上,在一些细节上学会适当妥协,寻求各方利益的最大公约数。创新是一个打破旧平衡,建立新平衡过程。在创新实施过程中,如何建立新形势下的平衡将考验着领导者的智慧和艺术。企业家应当掌握好创新推进的节奏和速度,既要往前推进创新,又要留有余地。创新方案的实施将使一些部门或团队得到利益,但要注意也不要让受创新与变革影响的相关方损失太大,重要的是通过创新来做大增量,而不是在存量里面进行再次分配,这样才能使创新得到大多数人的拥护,从而使创新活动顺利开展。

中庸思维注重和谐性。在推行创新方案的过程中,要引导公司上下以大局为重,"和而不同",构建和谐稳定的局面。针对创新实施带来的员工利益影响情况,企业家等公司领导应当认真倾听员工的意见和诉求,坦诚沟通,因势利导,营造有利于创新的和谐环境,让他们理解、支持甚至参与创新。特别是在创新遇到反对意见的时候,在推行过程中要注意方式方法,适度妥协和让步,尽量以人为本,减少创新的阻力,避免出现激烈的对抗和冲突。而且要知道,创新是一个循序渐进的过程,不可能一蹴而就。因此,应当在组织内部鼓励各种新探索,允许创新中的试错,容忍创新过程中可能出现的失误,营造宽容挫折和失败的和谐氛围。要在"和"的氛围里逐步推进创新,在创新中寻求"和"的局面。

三、在管理实践中持续努力,不断修炼中庸领导力

中庸思维在注重"达变"的同时,还强调必须"持经",即坚守一些不变的原则基础上的灵活变化,"择善而固执之",而不是无原则的妥协和"和稀泥"。因此,企业家等领导者需要在创新实践中注意拿捏好尺度,掌握好分寸,才能彰显中庸智慧的实践价值。但是,在实践过程中,要达到既坚持原则,又能实现恰到好处、不偏不倚的"中庸之道",具有较高的难度,属于典型的知易行难,需要持续不断去实践、反思和持续改进,才能具有较高的中庸领导力。

孔子曾经说过:"天下国家可均也,爵禄可辞也,白刃可蹈也,中庸不可能也。"孔子认为要有坚毅的精神和意志,持之以恒去实践,才能把握好度,不偏不倚地实现中庸之道。为此,企业家等企业领导者在创新管理工作中在运用中庸思维时,也要注意在实践的过程中反复练习,不断复盘和修正,才能够真正掌握中庸智慧的精髓,实现"极高明而道中庸"。

中庸智慧不是一种静态的平衡,而是要求持续地"用中",根据情况灵

活调整,实现动态平衡。在当前数字经济时代背景下,各种新技术和新模式层出不穷,但大多数还不够成熟和完善,而且充满了模糊和不确定性。为此,企业家等领导者在具体的实践过程中,要根据新的变化趋势和各种反馈情况及时做出调整,小步快跑,快速迭代,不断调整创新的方案,助力企业创新成功。

当然,作为中华传统文化典型认知的中庸思维,在长期的历史发展演变中也经常被认为含有消极保守或折中妥协等负面的元素,尽管这并非典籍里和孔子所认为的中庸之本义。这就要求企业家等领导者在运用中庸智慧开展管理工作时,必须客观认识到中庸之道可能具有的这些消极元素,从而在创新活动中有意识地规避中庸可能的一些负面因素,重点彰显中庸智慧优秀的一面,在管理实践中不断体会和修炼,才能更加娴熟地拿捏好分寸,真正做到取其精华去其糟粕,为现代企业管理作出积极的贡献。

第四节 研究局限和展望

本书通过研究得到了一些有价值的结论,对相关理论的发展作出了贡献,而且对企业如何更加有效地开展创新实践具有管理启示,有助于中华优秀传统文化里的中庸思想的创新性转化和创造性发展。但是,本研究仍然存在着一些研究局限,值得在未来的研究中进一步深化和完善。本书主要的局限和未来研究方向主要体现在:

第一,关于企业家中庸思维的变量测量在量表和评价方式上都有值得改进优化之处,以更加精准地测度企业家中庸思维的内涵。本书所采用的中庸思维测量借鉴的是吴佳辉和林以正(2005)的经典量表,但该量表的开发主要基于中国台湾的大学生样本,而且是以团队沟通决策中的意见表达情境为背景所开发的量表,尽管后来中国大陆的一些研究开发出了不同的

第九章 研究结果及启示

中庸思维量表,但主要仍是基于大学生、MBA 和企业员工的样本归纳得出。这些量表能否适用于企业家在企业创新中的思维模式还有待进一步探讨和检验。未来的研究可以立足于企业家等公司高管群体,深入观察和分析企业家在运营管理企业过程中所体现的中庸思维的主要特征,探索出企业家中庸思维的内涵和维度,开发出相应的量表,并在实证分析的基础上进行验证和完善。

第二,企业的创新是一个长期反复的过程,但本书的研究主要关注因果关系的检验,缺乏对创新过程进行细致的刻画。创新的过程中可能面临着各种复杂甚至突发的局面,需要企业家等高层领导充分运用智慧去妥善解决。那么,中庸思维对创新的具体作用机制是什么?中庸思维作为一种知易行难的中华传统智慧,如何在现代企业创新的复杂情境下发挥作用?企业领导者在纷繁复杂的局面下是如何有效践行中庸智慧,拿捏好分寸呢?中庸与创新决策、创新实施过程之间复杂而微妙的关系仍有大量的"黑箱"待进一步去挖掘和探讨,未来可以考虑采用案例研究或民族志等方法,对中庸思维与创新的关系展开更加深入系统的研究。

第三,在企业家中庸思维与企业的管理创新、技术创新之间的作用关系上,本书主要考虑了环境动态性这一外部环境的调节变量,这只反映了环境因素的一个方面,可能存在一定片面性。由于中庸的作用价值是高度情境依赖的,因此未来的研究可以考虑更多维度的环境变量的权变影响。这里既可以考虑环境复杂性、环境丰裕度等反映环境特征的变量,也可以是政府政策、营商环境等相关的正式制度环境,还可以是社会文化等非正式制度环境的影响。通过考虑更加全面的环境因素,必然会对中庸与创新之间的关系有更加辩证的认识,有助于进一步廓清中庸与创新之间的迷雾。

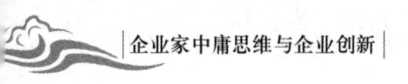

参考文献

奥斯特瓦德,皮尼厄.商业模式新生代[M].王帅,毛心宇,严威译.北京:机械工业出版社,2011.

毕重增.关系流动性与自信:中庸实践思维的领域和过程[J].西南大学学报(社会科学版),2018,44(4):120-128,195.

蔡尚思.论孔子中庸及其变革思想的实质[J].学术月刊,1963(11):51-56.

蔡霞,耿修林.基于自我保护动机的内隐建言信念对员工沉默的影响——一项中国情境的研究[J].科学学与科学技术管理,2016,37(10):153-163.

曹洪军,陈泽文.内外环境对企业绿色创新战略的驱动效应——高管环保意识的调节作用[J].南开管理评论,2017,20(6):95-103.

陈海啸,关浩光.悖论式领导如何促进员工工作—家庭平衡?[J].外国经济与管理,2021,43(1):92-107.

陈建勋,傅升,王涛.高层领导行为与技术创新的关系——基于组织学习视角的实证研究[J].经济管理,2008(Z3):61-67.

陈建勋,凌媛媛,刘松博.领导者中庸思维与组织绩效作用机制与情境条件研究[J].南开管理评论,2010,13(2):132-141.

陈劲,郑刚.创新管理[M].北京:北京大学出版社,2016.

陈来.《中庸》的地位、影响与历史诠释[J].东岳论丛,2018,39(11):46-55,191.

陈来.朱熹《中庸章句》及其儒学思想[J].中国文化研究,2007(2):1-11.

陈荣捷.中国哲学文献选编[M].杨儒宾等译.北京:北京联合出版公司,2018.

陈卫平.论儒学对于传统科技发展的两重性[J].中国哲学史,1998(2):21-27.

陈岩,陈忠卫,蒋兵.中庸思维能够提升创业团队决策效果吗?——行为整合的中介作用[J].科学决策,2017(7):85-104.

陈志武.金融的逻辑[M].北京,中信出版社,2020.

崔淼,苏敬勤.中国企业管理创新的驱动力——兼与西方企业的比较[J].科学学研究,2012,30(5):755-765.

崔维军,傅宇,王文婧.探索式创新、利用式创新与中国制造业企业创新绩效——基于世界银行调查数据的实证分析[J].产经评论,2017,8(1):45-54.

道奇森,甘恩,菲利普斯.牛津创新管理手册[M].陈劲,李纪珍,译.北京:清华大学出版社,2019.

邓昕才,潘枭骁,叶一娇.跨界搜索、组织惯例更新、管理创新及组织绩效关系[J].贵州社会科学,2017(8):96-102.

邓新明,刘禹,龙贤义,等.管理者认知视角的环境动态性与组织战略变革关系研究[J].南开管理评论,2021,24(1):62-73,88-90.

蒂德,贝赞特.创新管理——技术变革、市场变革和组织变革的整合[M].陈劲,译.北京:中国人民出版社,2012.

董小英,晏梦灵,胡燕妮.华为启示录:从追赶到领先[M].北京:北京大学出版社,2018.

杜旌,段承瑶.中庸影响个体的作用机制:基于任务和关系视角的研究[J].珞珈管理评论,2017,13(1):77-90.

杜旌,刘芳.平衡与和谐之美:中庸价值取向对员工幸福感影响实证研究[J].珞珈管理评论,2014,(1):27-37.

杜旌,刘芳.中庸与员工建言:建言预期和地位知觉的调节作用[J].管理学季刊,2016,1(Z1):110-122.

杜旌,裘依伊,尹晶.中庸抑制创新吗?——一项多层次实证研究[J].科学学研究,2018,36(2):378-384.

杜旌,冉曼曼,曹平.中庸价值取向对员工变革行为的情景依存作用[J].心理学报,2014,46(1):113-124.

杜旌,姚菊花.中庸结构内涵及其与集体主义关系的研究[J].管理学报,2015,12(5):638-646.

杜维明.中庸:论儒学的宗教性[M].段德智,译.北京:生活·读书·新知三联书店,2013.

段锦云,凌斌.中国背景下员工建言行为结构及中庸思维对其的影响[J].心理学报,2011,43(10):1185-1197.

樊景立,郑伯埙.华人组织的家长式领导:一项文化观点的分析[J].本土心理学研究,2000(13):127-180.

冯军,雷原.论中庸管理学理论体系的构建[J].经济管理,2007(8):9-15.

冯文娜,穆耀,曲睿.外部绿色压力、环境承诺与制造企业绿色创新战略——组织冗余的调节作用[J].东北大学学报(社会科学版),2023,25(1):35-46.

冯友兰.新世训[M].北京:北京大学出版社,2011.

付玉秀,张洪石.突破性创新:概念界定与比较[J].数量经济技术经济研究,2004,(3):73-83.

傅家骥.技术创新学[M].北京:清华大学出版社,1998.

傅晓,李忆,司有和.家长式领导对创新的影响:一个整合模型[J].南开管理评论,2012,15(2):121-127.

高鹏斌,吴伟伟,于渤.基于元分析的管理创新与企业绩效的关系研究[J].软科学,2017,31(2):5-8.

高志强.中庸的文化心理特征及其实践理路[J].心理科学,2021,44(4):1018-1023.

耿天成,李朋波,梁晗.内生与外生动机视角下新生代员工的游戏化管理——以罗辑思维公司为例[J].中国人力资源开发,2017,(6):108-115.

耿紫珍,赵佳佳,丁琳.中庸的智慧:上级发展性反馈影响员工创造力的机理研究[J].南开管理评论,2020,23(1):75-86.

古志辉,曹廷求,郝项超.李约瑟之谜再思考:儒家抑制创新了么?[J].管理科学学报,2023,26(9):1-22.

郭侃,曾维希.大学生中庸思维在情绪调节和情绪间的作用[J].中国健康心理学杂志,2012,20(7):1101-1103.

郭晓彤,张建宇,张英华.创新实施:被忽略的理论元素[J].科技进步与对策,2013,30(24):1-6.

郭重庆.中国管理学界的社会责任与历史使命[J].管理学报,2008(3):320-322.

何轩.互动公平真的就能治疗"沉默"病吗?——以中庸思维作为调节变量的本土实证研究[J].管理世界,2009(4):128-134.

何兹全.中国文化六讲[M].郑州:河南人民出版社,2004.

胡超颖,金中坤.探索式创新、利用式创新与企业绩效关系的元分析[J].企业经济,2017,36(5):79-85.

胡新平,廖冰,徐家运.员工中庸思维、组织和谐与员工绩效的关系研究[J].

西南大学学报(社会科学版),2012,38(5):166-172,176.

怀特,布鲁顿.吴晓波,等.技术与创新管理[M].北京:机械工业出版社,2012.

黄金兰,林以正,杨中芳.中庸信念——价值量表之修正[J].本土心理学研究,2012(38):3-41.

黄敏儿,唐淦琦,易晓敏,孙莎莎.中庸致和:情绪调节灵活性的作用[J].2014(2):88-112.

黄少安,王维,白彩全.非正式制度与中国南北经济差距——基于儒家文化的解释[J].学术月刊,2023,55(3):45-57.

黄卓,陶云清,刘兆达,等.智能制造如何提升企业产能利用率——基于产消合一的视角[J].管理世界,2024,40(5):40-59.

姜晓星.孔子中庸思想新探[J].学习与研究,1982(7):59-61.

蒋文凯,贾良定,刘德鹏.领导成员交换关系:中庸思维和高承诺工作系统的影响研究[J].珞珈管理评论,2016(1):1-17.

解学梅,朱琪玮.企业绿色创新实践如何破解"和谐共生"难题?[J].管理世界,2021,37(1):128-149,9.

康乐,等.高质量发展呼唤原始创新[N].中国科学报,2018-05-28(6).

匡亚明.孔子评传[M].南京:南京大学出版社,1990.

郎艺,尹俊.中庸不利于创新吗?中庸领导行为对团队创新影响的理论建构[J].中国人力资源开发,2021,38(6):24-42.

雷家骕.洪军[M].北京:机械工业出版社,2012.

黎红雷."中庸"本义及其管理哲学价值[J].孔子研究,2013(2):36-47.

李德永."中庸"剖判——简论孔子的形而上学思想的时代特征[J].武汉大学学报(哲学社会科学版),1978(6):14-20.

李工.也谈"李约瑟问题"[J].读书,2015(6):173-175.

李广培.技术创新社会成本初探[J].科学学研究,2013,31(4):605-610.

李海舰,李文杰,李然.新时代中国企业管理创新研究——以海尔制管理模式为例[J].经济管理,2018,40(7):5-19.

李剑力.探索性创新、开发性创新与企业绩效关系研究——基于冗余资源调节效应的实证分析[J].科学学研究,2009,27(9):1418-1427.

李平.中国本土管理研究与中国传统哲学[J].管理学报,2013,10(9):1249-1261.

李平.中国智慧哲学与中庸之道研究[J].中国社会心理学评论,2014(2):237-255.

李启明,陈志霞.中庸思维对社会适应的影响:心理弹性和情绪调节的中介作用[J].人类工效学,2016,22(1):11-15.

李瑞达,王钧力,郑莉,等.管理创新对专精特新企业创新绩效的实证研究[J].现代管理科学,2024(1):109-119.

李爽,康钰晴,许正权.决策者中庸思维对决策惰性的影响[J].软科学,2021,35(5):104-110.

李忆,司有和.探索式创新、利用式创新与绩效:战略和环境的影响[J].南开管理评论,2008(5):4-12.

李玉刚,叶凯月,方修园.技术创新对企业增长影响的研究综述与展望[J].技术经济与管理研究,2022(6):24-28.

李原.压力性生活事件对在职者主观幸福感的影响:中庸思维的调节作用[J].中国社会心理学评论,2014(2):184-194.

李约瑟.中国科学技术史(第1卷)[M].袁翰青,等译.北京:科学出版社,1990.

梁觉,李福荔.中国本土管理研究的进路[J].管理学报,2010,7(5):642-648.

廖冰,董文强.知识型员工中庸思维、组织和谐与个体创新行为关系研究

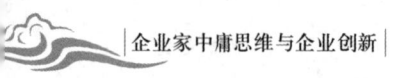

[J].科技进步与对策,2015,32(7):150-154.

廖晓炜,郭齐勇.改革开放40年儒学研究[J].孔学堂,2018(3):5-14.

林春培,朱晓艳,余传鹏,等.高管外部变革认知、能力重构与企业破坏性创新[J].科学学与科学技术管理,2023,44(8):164-182.

林春培,庄伯超.家长式领导对管理创新的影响:一个整合模型[J].科学学研究,2014,32(4):622-630,638.

林剑.李约瑟难题与钱学森之问的文化诠释[J].人文杂志,2017(12):1-6.

林玮芳,黄金兰,林以正.来得早不如来得巧:中庸与阴阳转折的时机[J].中国社会心理学评论,2014(1):89-107.

刘昌.中庸之可能与不可能:兼论中庸心理实证研究之困境[J].南京师大学报(社会科学版),2019(5):65-74.

刘海兵,刘洋,黄天蔚.数字技术驱动高端颠覆性创新的过程机理:探索性案例研究[J].管理世界,2023,39(7):63-81,99,82.

刘蔚华.中庸之道是反辩证法的思想体系[J].武汉大学学报(哲学社会科学版),1980(5):64-70.

刘先海,谭力文.企业应实施中庸管理[J].经济管理,2003(5):28-30.

柳卸林,王倩.创新管理研究的新范式:创新生态系统管理[J].科学学与科学技术管理,2021,42(10):20-33.

鲁迅.华盖集[M].北京:人民文学出版社,2021.

罗瑾琏,易明,钟竞.双元领导对亲社会性沉默的影响[J].管理科学,2018,31(2):105-119.

罗仲伟,任国良,焦豪,等.动态能力、技术范式转变与创新战略——基于腾讯微信"整合"与"迭代"微创新的纵向案例分析[J].管理世界,2014(8):152-168.

吕迪伟,冉启斌,蓝海林.认知学派与战略管理思想演进、发展与争鸣[J].南开管理评论,2019,22(3):214-224.

马骏,朱斌,何轩.家族企业何以成为更积极的绿色创新推动者?——基于社会情感财富和制度合法性的解释[J].管理科学学报,2020,23(9):31-60.

马鹏,蔡双立.家长式领导对员工建言行为激励内化机制研究——中庸思维调节下的跨层次分析[J].财经论丛,2018,(7):88-96.

马晓苗."中庸思维"的自组织涌现机理——基于"一分为三"的分析框架[J].系统科学学报,2021,29(4):28-33.

南怀瑾.话说中庸[M].北京:东方出版社,2022.

牛莉霞,刘勇.双元领导的双刃剑效应:矛盾体验与中庸思维的作用[J].中国人力资源开发,2021,38(3):63-73.

庞朴.敬答《对〈"中庸"平议〉的意见》[J].中国社会科学,1980(5):100.

庞朴.孔子思想的再评价[J].历史研究,1978(8):48-57.

庞朴."中庸"平议[J].中国社会科学,1980(1):75-100.

戚聿东,肖旭.数字经济时代的企业管理变革[J].管理世界,2020,36(6):135-152,250.

钱穆.中国学术思想史论丛(卷二)[M].北京:生活·读书·新知三联书店,2019.

卿涛,刘崇瑞.主动性人格与员工建言行为:领导-成员交换与中庸思维的作用[J].四川大学学报(哲学社会科学版),2014,(1):127-134.

邱存平.关于鲁迅对中庸思想的批判[J].鲁迅研究动态,1987(10):4-9.

沙莲香,干春松,等.中国人百年:人格力量何在[M].北京新华出版社,2001.

沙莲香.沿着中庸的美与丑——中国民族性研究随笔[M].北京:中国人民大学出版社,2019.

沙莲香.中国民族性(二):1980年代中国人的"自我认知"[M].北京:中国人

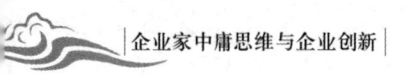

民大学出版社,1990.

沙莲香,等.社会学家的沉思:中国社会文化心理[M].北京:中国社会出版社,1998.

尚航标,黄培伦,田国双,等.企业管理认知变革的微观过程:两大国有森工集团的跟踪性案例分析[J].管理世界,2014(6):126-141,188.

申辰.再论"中庸"[J].国内哲学动态,1985(2):18-21

沈道初.释"中庸"[J].南京大学学报 1983(2):73.

沈伊默,马晨露,白新文,等.辱虐管理与员工创造力:心理契约破坏和中庸思维的不同作用[J].心理学报,2019,51(2):238-247.

苏敬勤,林海芬.中国企业管理创新研究[M].北京:科学出版社,2013.

苏中锋,孙燕.不良竞争环境中管理创新和技术创新对企业绩效的影响研究[J].科学学与科学技术管理,2014,35(6):110-118.

孙冠臣.现代性视域中的"李约瑟问题"与中国[J].中国社会科学评价,2020(1):109-117,159.

孙旭,严鸣,储小平.坏心情与工作行为:中庸思维跨层次的调节作用[J].心理学报,2014,46(11):1704-1718.

唐君毅.中国哲学原论·原道篇[M].北京:中国社会科学出版社,2006.

唐泽钰.中庸之道有无可取之处[J].学习与探索,1982(2):36-40,35.

陶锋,朱盼,邱楚芝,等.数字技术创新对企业市场价值的影响研究[J].数量经济技术经济研究,2023,40(5):68-91.

陶秋燕,孟猛猛.探索式创新和利用式创新对组织绩效的影响——基于中国中小企业的实证[J].北京理工大学学报(社会科学版),2018,20(2):102-108.

特罗特.创新管理与新产品开发[M].陈劲,译.北京:清华大学出版社,2015.

王法周.孔子中庸含义析[J].郑州大学学报(哲学社会科学版),1985(4):

99-105.

王飞雪,刘思思.中庸思维对自我一致性和自我矛盾冲突感的影响[J].中国社会心理学评论,2014,(1):131-152.

王海花,谭钦瀛,李烨.数字技术应用、绿色创新与企业可持续发展绩效——制度压力的调节作用[J].科技进步与对策,2023,40(7):124-135.

王欢欢,杜跃平.中庸价值取向对个体绿色创新行为的影响——知识共享与组织绿色创新支持感知的作用[J].科技进步与对策,2023,40(7):102-112.

王林,沈坤荣,吴琼,等.探索式创新、利用式创新与新产品开发绩效关系——环境动态性的调节效应研究[J].科技进步与对策,2014,31(15):24-29.

王为东,沈悦,王笑楠,等.女性高管权力与企业绿色创新[J].华东经济管理,2022,36(12):54-64.

王艺霖,王益民.基于高阶理论视角的战略双元研究[J].华东经济管理,2015,29(7):102-107.

王岳川."中庸"的超越性思想与普世性价值[J].社会科学战线,2009(5):133-150.

韦感恩."中庸"——孔子的矛盾方法论[J].汕头大学学报,1986(1):101-106.

魏江茹.中庸思维程度、知识共享与员工创新行为[J].经济管理,2019,41(5):88-104.

温忠麟,叶宝娟.中介效应分析:方法和模型发展[J].心理科学进展,2014,22(5):731-745.

吴波,陈盈,郭昊男,等.制度压力的组织响应机制实证研究:离散身份的调节效应[J].南开管理评论,2021,24(4):96-102,127,103-104.

吴贵生,王毅.技术创新管理[M].北京:清华大学出版社,2013.

吴桂就,全秋菊.孔子"中庸"辨正[J].孔子研究,1988(2):29-35.

吴国胜.科学的历程[M].长沙:湖南科学技术出版社,2013.

吴佳辉,林以正.中庸思维量表的编制[J].本土心理学研究,2005(24):247-300.

吴珊,邵剑兵.管理者超额薪酬与企业双元创新[J].东北大学学报(社会科学版),2023,25(5):36-48.

吴士健,孙专专,权英.中庸思维对知识隐藏与员工创造力的影响机制研究[J].管理学报,2020,17(4):527-535.

吴晓波,穆尔曼,黄灿,等.华为管理变革[M].北京:中信出版社,2017.

吴延兵.企业规模、市场力量与创新:一个文献综述[J].经济研究,2007(5):125-138.

吴以桥.论中国传统文化对我国技术创新的消极影响[J].南京师大学报(社会科学版),2009(2):32-37.

吴泽.论孔子的中庸思想[J].学术月刊,1962(9):26-33.

武常岐,钱婷.集团控制与国有企业治理[J].经济研究,2011,46(6):93-104.

武亚军."战略框架式思考"、"悖论整合"与企业竞争优势——任正非的认知模式分析及管理启示[J].管理世界,2013(4):150-163,166-167,164-165.

希林.技术创新的战略管理[M].谢伟,王毅,李培馨,等译.北京:清华大学出版社,2011.

习近平.在文化传承发展座谈会上的讲话[J].求是,2023(17):4-11.

席龙胜,赵辉.高管双元环保认知、绿色创新与企业可持续发展绩效[J].经济管理,2022,44(3):139-158.

谢小云,左玉涵,胡琼晶.数字化时代的人力资源管理:基于人与技术交互的视角[J].管理世界,2021,37(1):200-216,13.

辛杰,屠云峰.中国文化背景下的中庸型领导:概念、维度与测量[J].西南大学学报(社会科学版),2020,46(4):58-66,194.

熊彼特.经济发展理论:对于利润、资本、信贷、利息和经济周期的考察[M].何畏,易家祥,张军扩,等译.北京:商务印书馆,2000.

徐复观.中国思想史论集[M].上海:上海书店出版社,2004.

徐建中,贾君,林艳.制度压力、高管环保意识与企业绿色创新实践——基于新制度主义理论和高阶理论视角[J].管理评论,2017,29(9):72-83.

徐克谦."中庸"新探[J].学术月刊,1984(10):73-76.

徐志祥,李金山.孔子研究四十年[M].成都:巴蜀书社,1990.

阳中华,杨中芳.中庸思维对家庭功能之影响:初探[J].中国社会心理学评论,2014,(1):153-176.

阳中华.中庸实践思维与家庭功能和心理健康关系研究[D].长沙:中南大学,2012.

杨晶照,杨东涛,孙倩景.组织文化类型对员工创新行为的作用机理研究[J].科研管理,2012,33(9):123-129,153.

杨椅伊,贾良定,刘德鹏.感知成员间深层次差异对员工建言行为的影响——感知涌现状态的机制研究[J].经济管理,2017,39(4):97-112.

杨治,郭艳萍,张鹏程.企业间信任对组织双元创新的影响[J].科研管理,2015,36(9):80-88.

杨中芳,林升栋."中庸信念/价值量表"到底在测什么?[J].中国社会心理学评论,2014(1):59-77.

杨中芳,林升栋.中庸实践思维体系构念图的建构效度研究[J].社会学研究,2012,27(4):167-186,245.

杨中芳,韦庆旺.华人本土心理学与中国心理学自主知识体系建构——杨中芳教授专访[J].苏州大学学报(教育科学版),2024,12(3):86-94.

杨中芳,阳中华,丁宇."中庸构念图"之建构效度再检验[J].中国社会心理学评论,2014,(1):18-42.

杨中芳,赵志裕.中庸实践思维初探[G].第四届华人心理与行为科际学术研讨会,1997.

杨中芳.本土心理研究取径论丛[M].台北:远流出版公司,2008.

杨中芳.传统文化与社会科学结合之实例:中庸的社会心理学研究[J].中国人民大学学报,2009,23(3):53-60.

杨中芳.中庸实践思维体系探研的初步进展[J].本土心理学研究,2010(34):3-96.

杨中芳.中庸研究与华人本土心理学[J].中国社会心理学评论,2014(2):304-319.

姚淦铭.中庸智慧[M].济南:山东人民出版社,2010.

叶晓璐,张灵聪.中庸思维对不同情境决策行为的影响[J].中国社会心理学评论,2014,(2):77-87.

叶子.对孔子中庸思想的一点剖析[J].河北学刊,1982,(2):82-83.

殷鼎."中""和"之辨[J].新疆大学学报(哲学社会科学版),1983,(3):41-46.

尹洪英,李闯.智能制造赋能企业创新了吗？——基于中国智能制造试点项目的准自然试验[J].金融研究,2022,(10):98-116.

尹建华,双琦.CEO学术经历对企业绿色创新的驱动效应——环境注意力配置与产学研合作赋能双重视角[J].科技进步与对策,2023,40(3):141-151.

余传鹏,林春培,张振刚,等.专业化知识搜寻、管理创新与企业绩效:认知评价的调节作用[J].管理世界,2020,36(1):146-166,240.

余菁.中道西用:中国管理学自主知识体系构建方向[J].经济管理,2023,45(10):5-26.

喻登科,严红玲.技术创新与商业模式创新二元耦合组织成长路径:华为30年发展历程研究[J].科技进步与对策,2019,36(23):85-94.

袁少冲.真假"中庸"及鲁迅的"中庸"之道[J].鲁迅研究月刊,2023,(9):14-24.

张柏春.对"李约瑟之问"的再思考——张柏春研究员访谈[J].中国科学院院刊,2017,32(12):1397-1400.

张岱年.正道:中国文化传统[M].北京:北京大学出版社,2023.

张岱年.中国古典哲学概念范畴要论[M].北京:中华书局,2017.

张德胜,金耀基,陈海文等.论中庸理性:工具理性、价值理性和沟通理性之外[J].社会学研究,2001(2):33-48.

张光曦,古昕宇.中庸思维与员工创造力[J].科研管理,2015,36(S1):251-257.

张红坡,李明珠,周治金.见仁见智?中庸与创造性的关系探析[J].中国社会心理学评论,2020(2):12-27,236.

张建卫,李海红,刘玉新,等.家长式领导对多层面创造力的作用机制[J].心理科学进展,2018,26(7):1319-1330.

张军伟,龙立荣.服务型领导对员工人际公民行为的影响:宽恕氛围与中庸思维的作用[J].管理工程学报,2016,30(1):43-51.

张庆垒,刘春林,施建军.动荡环境下技术多元化与企业绩效关系[J].管理学报,2014,11(12):1818-1825.

张汝伦.《中庸》研究:第一卷:《中庸》前传[M].上海:上海人民出版社,2023.

张少峰,徐梦苏,朱悦,等.技术创新、组织韧性与制造企业高质量发展[J].科技进步与对策,2023,40(13):81-92.

张延,姜腾凯.哈耶克与熊彼特——两派奥地利学派经济周期理论介绍、对比与评价[J].经济学家,2018(7):96-104.

张燕.战略领导力研究:最近 20 年的进展与未来研究方向[J].管理学季刊,
2021,6(1):1-15.

张振刚,户安涛,叶宝升.制造企业数字创新如何促进企业绩效提升[J].科
技进步与对策,2024,41(11):44-54.

张志学,张三保,易希薇.战略领导力:中国企业运作的理念、过程和效果
[M].北京:北京大学出版社,2023.

张志学,赵曙明,施俊琦,等.数字经济下组织管理研究的关键科学问题——
第 254 期"双清论坛"学术综述[J].中国科学基金,2021,35(5):774-781.

章凯,李朋波,罗文豪,等.组织—员工目标融合的策略——基于海尔自主经
营体管理的案例研究[J].管理世界,2014(4):124-145.

赵可汗,贾良定,蔡亚华,等.抑制团队关系冲突的负效应:一项中国情境的
研究[J].管理世界,2014(3):119-130.

赵兴庐,刘衡,张建琦.市场化程度的感知、产权制度与企业创新精神:国有
和民营企业的比较研究[J].南方经济,2014(5):25-41.

赵志裕.文化社会心理学[M].北京:中国人民大学出版社,2011.

赵志裕.中庸思维的测量:一项跨地区研究的初步结果[J].香港社会科学学
报.2000,18:33-54.

郑金军,邹必颖.生成式人工智能再造企业管理[J].企业管理,2024(1):
23-25.

郑晔,杨世文.儒家文化与近代科学——"李约瑟之谜"再思考[J].四川大学
学报(哲学社会科学版),2003(4):45-50.

钟南山.培养诺奖得主中国不缺苗子缺"土壤"[N].广州日报,2011-06-01
(1).

钟肇鹏,范宁.《对〈"中庸"平议〉的意见》[J].中国社会科学,1980(3):130.

周浩,马前.创新的临门一脚:创新实施的前因、后果与内在机制[J].南大商

学评论,2017,14(1):110-128.

周祺家.《中庸》教育思想初探[J].中州学刊,1983(5):95-98.

Aiken M, Hage J. The organic organization and innovation[J]. Sociology, 1971, 5(1): 63-82.

Alrazi B, De Villiers C, Van Staden C J. A comprehensive literature review on, and the construction of a framework for, environmental legitimacy, accountability and proactivity[J]. Journal of Cleaner Production, 2015, 102: 44-57.

Alshumrani S, Baird K, Munir R. Management innovation: the influence of institutional pressures and the impact on competitive advantage[J]. International Journal of Manpower, 2022, 43(5): 1204-1220.

Amabile T M, Conti R, Coon H, et al. Assessing the work environment for creativity[J]. Academy of Management Journal, 1996, 39(5): 1154-1184.

Amit R, Zott C. Creating value through business model innovation[J]. MIT SloanManagement Review, 2012,53(3): 41-49.

Armstrong S J, Hird A. Cognitive style and entrepreneurial drive of new and mature business owner-managers[J]. Journal of Business and Psychology, 2009, 24: 419-430.

Auh S, Menguc B. Balancing exploration and exploitation:the moderating role of competitive intensity[J]. Journal of Business Research, 2005, 58(12): 1652-1661.

Bagozzi R P, Yi Y. On the evaluation of structural equation models[J]. Journal of the Academy of Marketing Science, 1988, 16: 74-94.

Bansal P, Clelland I. Talking trash:legitimacy, impression management, and unsystematic risk in the context of the natural environment[J]. Academy of Management Journal, 2004, 47(1): 93-103.

Bar E S. A case study of obstacles and enablers for green innovation within the fish processing equipment industry[J]. Journal of Cleaner Production, 2015, 90: 234-243.

Benner M J, Tushman M L. Exploitation, exploration, and process management: The productivity dilemma revisited[J]. Academy of Management Review, 2003, 28(2): 238-256.

Berrone P, Fosfuri A, Gelabert L, et al. Necessity as the mother of 'green' inventions: Institutional pressures and environmental innovations[J]. Strategic Management Journal, 2013, 34(8): 891-909.

Birkinshaw J M, Mol M J. How management innovation happens[J]. MIT SloanManagement Review, 2006, 47(4): 81-88.

Birkinshaw J, Hamel G, Mol M J. Management innovation[J]. Academy of Management Review, 2008, 33(4): 825-845.

Bruton G D, Lan H, Lu Y. China's township and village enterprises: Kelon's competitive edge[J]. Academy of Management Perspectives, 2000, 14(1): 19-27.

Bunjak A, Bruch H, Černe M. Context is key: the joint roles of transformational and shared leadership and management innovation in predicting employee IT innovation adoption[J]. International Journal of Information Management, 2022, 66: 102516.

Cai Y, Jia L, Li J. Dual-level transformational leadership and team information elaboration: the mediating role of relationship conflict and moderating role of middle way thinking[J]. Asia Pacific Journal of Management, 2017, 34: 399-421.

Chang T Y, Yang C T. Individual differences in Zhong-Yong tendency and processing capacity[J]. Frontiers in Psychology, 2014, 5: 1316.

Chen Y S. The driver of green innovation and green image-green core competence[J]. Journal of Business Ethics, 2008, 81: 531-543.

Child J. Organizational structure, environment and performance: the role of strategic choice[J]. Sociology, 1972, 6(1): 1-22.

Chou C J. Hotels' environmental policies and employee personal environmental beliefs: Interactions and outcomes[J]. Tourism Management, 2014, 40: 436-446.

Chou L F, Chu C C, Yeh H C, et al. Work stress and employee well-being: the critical role of Zhong-Yong[J]. Asian Journal of Social Psychology, 2014, 17(2): 115-127.

Crossan M M, Apaydin M. A multi-dimensional framework of organizational innovation: A systematic review of the literature[J]. Journal of Management Studies, 2010, 47(6): 1154-1191.

Daft R L. A dual-core model of organizational innovation[J]. Academy of Management Journal, 1978, 21:193-210.

Damanpour F, Aravind D. Managerial innovation: conceptions, processes and antecedents[J]. Management and Organization Review, 2012, 8(2): 423-454.

Dangelico R M. Green product innovation: where we are and where we are going[J]. Business Strategy and the Environment, 2016, 25(8): 560-576.

Dawson J F, Richter A W. Probing three-way interactions in moderated multiple regression: development and application of a slope difference test[J]. Journal of Applied Psychology, 2006, 91(4): 917-926.

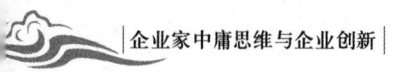

Dearborn D W C, Simon H A. Selective perception: a note on the departmental identifications of executives[J]. Sociometry, 1958, 21(2): 140-144.

Dess G G, Beard D W. Dimensions of organizational task environments[J]. Administrative Science Quarterly, 1984, 29(1): 52-73.

Dewar R D, Dutton J E. The adoption of radical and incremental innovations: an empirical analysis[J]. Management Science, 1986, 32(11): 1422-1433.

DiMaggio P J, Powell W W. The iron cage revisited: Institutional isomorphism and collective rationality in organizational fields[J]. American Sociological Review, 1983, 48(2): 147-160.

Doyle W, Fisher R, Young J D. Entrepreneurs: relationships between cognitive style and entrepreneurial drive[J]. Journal of Small Business & Entrepreneurship, 2002, 16(2): 2-20.

Duncan R B. The ambidextrous organization: designing dual structures for innovation. KILMANN R H, PONDY L R, SLEVIN D P.(Eds.) The Management of Organization: Strategy and Implementation[C]. New York: North-Holland, 1976: 167-188.

El-Kassar A N, Singh S K. Green innovation and organizational performance: the influence of big data and the moderating role of management commitment and HR practices[J]. Technological Forecasting and Social Change, 2019, 144: 483-498.

Fornell C, Larcker D F. Evaluating structural equation models with unobservable variables and measurement error[J]. Journal of Marketing Research, 1981, 18(1): 39-50.

Foss N J, Saebi T. Fifteen years of research on business model innovation:how far have we come, and where should we go? [J]. Journal of Management, 2017, 43(1): 200-227.

Gao R, Huang S, Yao Y, et al. Understanding Zhongyong using a Zhongyong approach: re-examining the non-linear relationship between creativity and the Confucian doctrine of the mean[J]. Frontiers in Psychology, 2022, 13: 903411.

Garcia R, Calantone R. A critical look at technological innovation typology and innovativeness terminology: A literature review [J]. Journal of Product Innovation Management, 2002, 19(2):110-132.

Guo S, Hu Q. Be zhongyong and be ethical: dual leadership in promoting employees'thriving at work[J]. Chinese Management Studies, 2022, 16(5): 1021-1042.

Hair J F, Black W C, Babin B J, et al. Multivariate Data Analysis[M]. New Jersey: Prentice-Hall,2009.

Hall B H, Mairesse J. Exploring the relationship between R&D and productivity in French manufacturing firms[J]. Journal of Econometrics, 1995, 65(1): 263-293.

Hambrick D C, Mason P A. Upper echelons:the organization as a reflection of its top managers[J]. Academy of Management Review, 1984, 9(2): 193-206.

Hambrick, D. C. Upperechelons theory: an update[J]. Academy of Management Review, 2007, 32(2): 334-343.

Hannan M T, Freeman J. The population ecology of organizations[J]. American Journal of Sociology, 1977, 82(5): 929-964.

He C, Gu J, Wu W, et al. Social media use in the career development of graduate students: the mediating role of internship effectiveness and the moderating role of Zhongyong[J]. Higher Education, 2017, 74: 1033-1051.

He Z L, Wong P K. Exploration vs. exploitation: an empirical test of the ambidexterity hypothesis[J]. Organization Science, 2004, 15(4): 481-494.

Henao-García E A, Cardona Montoya R A. Fostering technological innovation through management and marketing innovation. The human and non-technological linkage[J]. European Journal of Innovation Management, 2023, 26(1): 183-206.

Huang J W, Li Y H. Green innovation and performance: the view of organizational capability and social reciprocity[J]. Journal of Business Ethics, 2017, 145: 309-324.

Huang X, Hu Z, Liu C, et al. The relationships between regulatory and customer pressure, green organizational responses, and green innovation performance[J]. Journal of Cleaner Production, 2016, 112: 3423-3433.

Huang Z, Liao G, Li Z. Loaning scale and government subsidy for promoting green innovation[J]. Technological Forecasting and Social Change, 2019, 144: 148-156.

Jansen J J P, Van Den Bosch F A J, Volberda H W. Exploratory innovation, exploitative innovation, and performance: Effects of organizational antecedents and environmental moderators[J]. Management Science, 2006, 52(11): 1661-1674.

Jansen J J P, Vera D, Crossan M. Strategic leadership for exploration and exploitation: The moderating role of environmental dynamism[J]. The Leadership Quarterly, 2009, 20(1): 5-18.

Jia L, Shaw J D, Tsui A S, et al. A social – structural perspective on employee – organization relationships and team creativity[J]. Academy of Management Journal, 2014, 57(3): 869-891.

Kaplan S. Research in cognition and strategy: reflections on two decades of progress and a look to the future[J]. Journal of Management Studies, 2011, 48(3): 665-695.

Kawai N, Strange R, Zucchella A. Stakeholder pressures, EMS implementation, and green innovation in MNC overseas subsidiaries[J]. International Business Review, 2018, 27(5): 933-946.

Khosravi P, Newton C, Rezvani A. Management innovation: a systematic review and meta-analysis of past decades of research[J]. European Management Journal, 2019, 37(6): 694-707.

Kiani A, Ali A, Kanwal S, et al. How and when entrepreneurs' passion lead to firms' radical innovation: moderated mediation model[J]. Technology Analysis & Strategic Management, 2020, 32(4): 443-456.

Kim S, Noh G, Miao S. Authentic leadership and employee voice behavior: the effect of Chinese employees' Zhongyong thinking[J]. International Journal of Organization Theory & Behavior, 2022, 25(3/4): 167-185.

Lang Y, Zhang F, Yin J. Team Zhongyong thinking and team incremental and radical creativity[J]. Journal of Innovation & Knowledge, 2022, 7(3):100196.

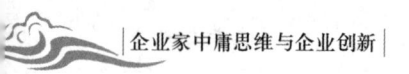

Li D, Zheng M, Cao C, et al. The impact of legitimacy pressure and corporate profitability on green innovation: evidence from China top 100[J]. Journal of Cleaner Production, 2017, 141: 41-49.

Li Q, Luo W, Wang Y, et al. Firm performance, corporate ownership, and corporate social responsibility disclosure in China[J]. Business Ethics: A European Review, 2013, 22(2): 159-173.

Li Y, Su Z F, Liu Y. Can strategic flexibility help firms profit from product innovation? [J]. Technovation, 2010, 30(5-6): 300-309.

Liao Z, Zhang M, Wang X. Do female directors influence firms' environmental innovation? The moderating role of ownership type [J]. Corporate Social Responsibility and Environmental Management, 2019, 26(1): 257-263.

Lin C, Chang C C. A patent-based study of the relationships among technological portfolio, ambidextrous innovation, and firm performance[J]. Technology Analysis & Strategic Management, 2015, 27(10): 1193-1211.

Lin H, Chen M, Su J. How management innovations are successfully implemented? An organizational routines' perspective[J]. Journal of Organizational Change Management, 2017,30(4):456-486.

Lin K J, Lu X, Zhang J, et al. State-owned enterprises in China: a review of 40 years of research and practice[J]. China Journal of Accounting Research, 2020, 13(1): 31-55.

Liu D, Han S, Zhang J. The golden mean: Research on the mechanism of customer participation in employee service innovation[J]. Journal of Retailing and Consumer Services, 2022, 68: 103040.

Liu H, Ke W, Wei K K, et al. The role of institutional pressures and organizational culture in the firm's intention to adopt internet-enabled supply chain management systems[J]. Journal of Operations Management, 2010, 28(5): 372-384.

Ma C, Gu J, Liu H. Entrepreneurs' passion and new venture performance in China[J]. International Entrepreneurship and Management Journal, 2017, 13: 1043-1068.

Ma C, Liu H, Gu J, et al. How entrepreneurs' Zhong-yong thinking improves new venture performance: the mediating role of guanxi and the moderating role of environmental turbulence[J]. Chinese Management Studies, 2018, 12(2): 323-345.

March J G. Exploration and exploitation in organizational learning[J]. Organizationscience, 1991, 2(1): 71-87.

Marquis C, Tilcsik A. Imprinting: Toward a multilevel theory[J]. Academy of Management Annals, 2013, 7(1): 195 - 245.

Megginson W L, Netter J M. From state to market: a survey of empirical studies on privatization[J]. Journal of Economic Literature, 2001, 39(2): 321-389.

Menguc B, Auh S. Development and return on execution of product innovation capabilities: the role of organizational structure[J]. Industrial Marketing Management, 2010, 39(5): 820-831.

Montalvo C. General wisdom concerning the factors affecting the adoption of cleaner technologies: a survey 1990 - 2007[J]. Journal of Cleaner

Production, 2008, 16(1): 7-13.

Nadkarni S, Barr P S. Environmental context, managerial cognition, and strategic action: An integrated view[J]. Strategic Management Journal, 2008, 29(13): 1395-1427.

Ning B, Omar R, Ye Y, et al. The role of Zhong-Yong thinking in business and management research: a review and future research agenda[J]. Asia Pacific Business Review, 2021, 27(2): 150-179.

Nunnally J C, Bernstein I H. Psychometric Theory (3rd ed.)[M]. New York: McGraw-Hill, 1994.

Pan W, Sun L Y. A self-regulation model of Zhong Yong thinking and employee adaptive performance[J]. Management and Organization Review, 2018, 14(1): 135-159.

Peng K, Nisbett R E. Culture, dialectics, and reasoning about contradiction[J]. American Psychologist, 1999, 54(9): 741-754.

Peng M W, Lu Y, Shenkar O, et al. Treasures in the China house: a review of management and organizational research on Greater China[J]. Journal of Business Research, 2001, 52(2): 95-110.

Peters K, Buijs P. Strategic ambidexterity in green product innovation: obstacles and implications[J]. Business Strategy and the Environment, 2022, 31(1): 173-193.

Pian Q, Zhang L, Zhang L, et al. The cultural drive of innovative behavior: cross-level impacts of Leader-Employee's Zhong-Yong orientation [J]. Innovation: Organization & Management, 2024, 26(1): 115-144.

Podsakoff P M, MacKenzie S B, Podsakoff N P. Sources of method bias in social science research and recommendations on how to control it[J].

Annual Review of Psychology, 2012, 63(1): 539-569.

Powell T C, Lovallo D, Fox C R. Behavioral strategy[J]. Strategic Management Journal, 2011, 32(13): 1369-1386.

Prajogo D, Tang A K Y, Lai K. Do firms get what they want from ISO 14001 adoption?: an Australian perspective[J]. Journal of Cleaner Production, 2012, 33: 117-126.

Preacher K J, Hayes A F. Asymptotic and resampling strategies for assessing and comparing indirect effects in multiple mediator models[J]. Behavior Research Methods, 2008, 40(3): 879-891.

Qi G Y, Shen L Y, Zeng S X, et al. The drivers for contractors' green innovation: an industry perspective[J]. Journal of Cleaner Production, 2010, 18(14): 1358-1365.

Qi G, Jia Y, Zou H. Is institutional pressure the mother of green innovation? Examining the moderating effect of absorptive capacity[J]. Journal of Cleaner Production, 2021, 278: 123957.

Qu Y, Wu W, Tang F, et al. Why do I conform to your ideas? The role of coworkers' regulatory focus in explaining the influence of zhongyong on harmony voice[J]. Chinese Management Studies, 2018, 12(2): 346-368.

Raisch S, Birkinshaw J. Organizational ambidexterity: antecedents, outcomes, and moderators[J]. Journal of Management, 2008, 34(3): 375-409.

Ren S, Hao Y, Xu L, et al. Digitalization and energy: how does internet development affect China's energy consumption?[J]. Energy Economics, 2021, 98: 105220.

Rennings K. Redefining innovation—eco-innovation research and the contributionfrom ecological economics[J]. Ecological Economics, 2000, 32 (2): 319-332.

Roy M, Khastagir D. Exploring role of green management in enhancing organizational efficiency in petrochemical industry in India[J]. Journal of Cleaner Production, 2016, 121: 109-115.

Sadler-Smith E. Cognitive style and the management of small and medium-sized enterprises[J]. Organization Studies, 2004, 25 (2): 155-181.

Saunila M, Ukko J, Rantala T. Sustainability as a driver of green innovation investment and exploitation[J]. Journal of Cleaner Production, 2018, 179: 631-641.

Sheng G, Xie F, Gong S, et al. The role of cultural values in green purchasing intention: empirical evidence from Chinese consumers[J]. International Journal of Consumer Studies, 2019, 43(3): 315-326.

Simon H A. A behavioral model of rational choice[J]. The Quarterly Journal of Economics, 1955, 69(1): 99-118.

Simon H A. Rational decision making in business organizations[J]. The American Economic Review, 1979, 69(4): 493-513.

Song M, Chen M, Wang S. Global supply chain integration, financing restrictions, and green innovation: analysis based on 222,773 samples[J]. The International Journal of Logistics Management, 2018, 29 (2): 539-554.

Sonnenfeld J A. Shedding light on the Hawthorne studies[J]. Journal of Organizational Behavior, 1985, 6(2): 111-130.

Stanovcic T, Pekovic S, Bouziri A. The effect of knowledge management on environmental innovation: the empirical evidence from France[J]. Baltic Journal of Management, 2015, 10(4): 413-431.

Su X, Xu A, Lin W, et al. Environmental leadership, green innovation practices, environmental knowledge learning, and firm performance[J]. Sage Open, 2020, 10(2): 2158244020922909.

Suasana I G A K G, Ekawati N W. Environmental commitment and green innovation reachingsuccess new products of creative industry in Bali[J]. Journal of Business and Retail Management Research, 2018, 12(4): 246-250

Suchman M C. Managing legitimacy: strategic and institutional approaches [J]. Academy of Management Review, 1995, 20(3): 571-610.

Takalo S K, Tooranloo H S. Green innovation: a systematic literature review[J]. Journal of Cleaner Production, 2021, 279: 122474.

Tan J, Tan D. Environment-strategy co-evolution and co-alignment: a staged model of Chinese SOEs under transition[J]. Strategic Management Journal, 2005, 26(2): 141-157.

Tang C, Ma H, Naumann S E, et al. Perceived work uncertainty and creativity during the covid-19 pandemic: the roles of Zhongyong and creative self-efficacy[J]. Frontiers in Psychology, 2020, 11: 596232.

Tseng M. L, Tan R R, Siriban-Manalang A B. Sustainable consumption and production for Asia: sustainability through green design and practice[J]. Journal of Cleaner Production, 2013, 40: 1-5.

Vaccaro I G, Jansen J J P, Van Den Bosch F A J, et al. Management innovation and leadership: the moderating role of organizational size[J].

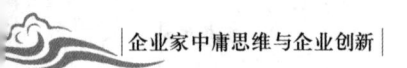

Journal of Management studies, 2012, 49(1): 28-51.

Varnum M E W, Grossmann I, Kitayama S, et al. The origin of cultural differences in cognition: the social orientation hypothesis[J]. Current Directions in Psychological Science, 2010, 19(1): 9-13.

Wagner M. Empirical influence of environmental management on innovation: evidence from Europe[J]. Ecological Economics, 2008, 66(2-3): 392-402.

Walsh J P. Managerial and organizational cognition: notes from a trip down memory lane[J]. Organization Science, 1995, 6(3): 280-321.

Wang B, Liu Y, Parker S K. How does the use of information communication technology affect individuals? A work design perspective[J]. Academy of Management Annals, 2020, 14(2): 695-725.

Wang C H. An environmental perspective extends market orientation: Green innovation sustainability[J]. Business Strategy and the Environment, 2020, 29(8): 3123-3134.

Wang G, Jiang X, Yuan C H, et al. Managerial ties and firm performance in an emerging economy: tests of the mediating and moderating effects [J]. Asia Pacific Journal of Management, 2013, 30(2): 537-559.

Wei J, Chen Y, Zhang Y, et al. How does entrepreneurial self-efficacy influence innovation behavior? Exploring the mechanism of job satisfaction and Zhongyong thinking [J]. Frontiers in Psychology, 2020, 11: 708.

Wu H, Hao Y, Weng J H. How does energy consumption affect China's urbanization? New evidence from dynamic threshold panel models[J]. Energy Policy, 2019, 127: 24-38.

参考文献

Yalabik B, Fairchild R J. Customer, regulatory, and competitive pressure as drivers of environmental innovation[J]. International Journal of Production Economics, 2011, 131(2): 519-527.

Yang D, Wang A X, Zhou K Z, et al. Environmental strategy, institutional force, and innovation capability: A managerial cognition perspective[J]. Journal of Business Ethics, 2019, 159: 1147-1161.

Yao X, Yang Q, Dong N, et al. Moderating effect of Zhong Yong on the relationship between creativity and innovation behaviour[J]. Asian Journal of Social Psychology, 2010, 13(1): 53-57.

Zacharias N A, Six B, Schiereck D, et al. CEO influences on firms' strategic actions: A comparison of CEO-, firm-, and industry-level effects [J]. Journal of Business Research, 2015, 68(11): 2338-2346.

Zbaracki M J. The rhetoric and reality of total quality management[J]. Administrative Science Quarterly, 1998, 43(3): 602-636.

Zhang B, Wang Z, Lai K. Mediating effect of managers' environmental concern: Bridge between external pressures and firms' practices of energy conservation in China[J]. Journal of Environmental Psychology, 2015, 43: 203-215.

Zhang Y, Waldman D A, Han Y L, et al. Paradoxical leader behaviors in people management: antecedents and consequences[J]. Academy of Management Journal, 2015, 58(2): 538-566.

Zhou H, Yang Y. How does employees' Zhong-Yong thinking improve their innovative behaviours? The moderating role of person-organisation fit[J]. Technology Analysis & Strategic Management, 2022, 34(7): 803-814.

Zhou J, Shalley C. Handbook oforganizational creativity [M]. New Jersey, EC: Lawrence Erlbaum Associaties, 2008.

Zhou Z, Hu L, Sun C, et al. The effect of Zhongyong thinking on remote association thinking: an EEG study[J]. Frontiers in Psychology, 2019, 10: 207.

Zhou Z, Zhang H, Li M, et al. The effects of zhongyong thinking priming on creative problem-solving [J]. The Journal of Creative Behavior, 2021, 55(1): 145-153.

附录

企业家认知思维与企业创新情况调查问卷

尊敬的先生/女士,您好!

这是一份学术问卷,旨在研究企业家认知思维和企业创新的问题,以更好了解企业经营管理情况,助力创新发展。问卷题项没有对错之分,请您按照实际情况填答。

我们承诺依据《中华人民共和国统计法》对您及贵企业的信息予以严格保密。问卷采集仅作为学术研究之用,绝不用于其他用途!衷心感谢您的支持与帮助!祝您身体健康,工作顺利!

第一部分 领导者认知思维

下列问项中,数字1~5表示:1=非常不同意;2=不同意;3=一般;4=同意;5=非常同意

以下问题并无是非、对错之分,请根据企业实际情况进行选择。

——请根据企业负责人(您本人或者贵司领导者)的工作习惯,判断以下描述的符合程度:

		非常不同意 ←——→ 非常同意
多方思考	意见讨论时,企业负责人会兼顾相互争执的意见	1　2　3　4　5
	企业负责人习惯从多方面的角度来思考同一件事情	1　2　3　4　5
	在意见表决时,企业负责人会听取所有的意见	1　2　3　4　5
	做决定时,企业负责人会考量各种可能的状况	1　2　3　4　5
整合性	企业负责人会试着在意见争执的场合中,找出让大家都能够接受的意见	1　2　3　4　5
	企业负责人会试着在自己与他人的意见中,找到一个平衡点	1　2　3　4　5
	企业负责人会在考虑他人的意见后,调整原来的想法	1　2　3　4　5
	企业负责人期待在讨论的过程中,可以获得具有共识的结论	1　2　3　4　5
	企业负责人会试着将自己的意见融入他人的想法中	1　2　3　4　5
和谐性	企业负责人通常会以委婉的方式表达具有冲突的意见	1　2　3　4　5
	决定意见时,企业负责人会试着以和谐方式让少数人接受多数人的意见	1　2　3　4　5
	企业负责人在决定意见时,通常会考量整体气氛的和谐性	1　2　3　4　5
	做决定时,企业负责人通常会为了顾及整体的和谐,而调整自己的表达方式	1　2　3　4　5

第二部分　企业创新情况

——请对企业三年内的下列技术创新情况进行评价：

		非常不同意←——→非常同意				
技术创新	最近三年内,企业开发出具备很强创新性的新技术	1	2	3	4	5
	最近三年内,企业开发出打破了产业传统思路的新技术	1	2	3	4	5
	最近三年内,企业开发出给产业带来新思路和新理念的新技术	1	2	3	4	5
	最近三年内,企业开发出令消费者和竞争对手很感兴趣的新技术	1	2	3	4	5
	最近三年内,企业开发出给企业带来新思路和新理念的新技术	1	2	3	4	5

——请评价贵公司管理创新的程度：

		非常不同意←——→非常同意				
管理创新	我们企业内的规则和程序会定期更新	1	2	3	4	5
	我们对员工的任务和职能会定期进行调整	1	2	3	4	5
	我们企业会持续引进新的管理技术或手段	1	2	3	4	5
	我们企业的考核和薪酬政策在过去三年里进行了调整	1	2	3	4	5
	我们企业内部的沟通渠道会定期调整	1	2	3	4	5
	我们企业组织结构的部分元素会定期进行调整	1	2	3	4	5

——请对企业三年内下列技术或产品创新状况进行评价：

		非常不同意←——→非常同意				
渐进型技术创新	最近三年内,企业改进了现有产品和服务质量	1	2	3	4	5
	最近三年内,企业提高了生产或服务流程的灵活度	1	2	3	4	5
	最近三年内,企业降低了产品或服务的成本	1	2	3	4	5
	最近三年内,企业提高了产量或降低了原材料的消耗量	1	2	3	4	5

续表

激进型技术创新	最近三年内,企业引进了新一代的产品或服务	1	2	3	4	5
	最近三年内,企业拓展了新的产品(或服务)范围	1	2	3	4	5
	最近三年内,企业开辟了新市场	1	2	3	4	5
	最近三年内,企业进入了新的领域	1	2	3	4	5

——请评价企业绿色创新的状况:

		非常不同意←——→非常同意
绿色创新	我们企业使用更清洁的技术来节约能源,防止水和废物等领域的污染	1　2　3　4　5
	我们企业使用的材料较少或没有污染/毒性	1　2　3　4　5
	我们企业为现有产品和新产品改进和设计环保包装	1　2　3　4　5
	我们企业回收和循环利用我们的报废产品	1　2　3　4　5

——请评价贵公司所处外部环境的状况:

		非常不同意←——→非常同意
环境动态性	我们的竞争对手经常推出新产品	1　2　3　4　5
	我们的客户的需求很难预测	1　2　3　4　5
	企业的竞争对手所占的市场份额不稳定	1　2　3　4　5
	我们所处行业的技术正在迅速发生变化	
规制性压力	如果企业违反环境法律,将会面临政府的通报批评	1　2　3　4　5
	企业意识到对环境不负责任的行为会引发罚款和惩罚	1　2　3　4　5
	如果企业不符合法定污染标准,将面临法律诉讼的风险	1　2　3　4　5
	企业若被发现未遵守国家环保法律或政策规定,将给企业带来严重后果	1　2　3　4　5

续表

规范性压力	我们行业的客户期望本行业的企业履行好环境责任	1	2	3	4	5
	我们行业的市场贸易协会/专业协会鼓励企业的环保行为	1	2	3	4	5
	对环境负责是企业进入本行业市场的一项基本要求	1	2	3	4	5

——过去三年综合来看，与同行企业相比，贵企业的经营状况：

	很差	较差	一般	较好	很好
销售收入增长	1	2	3	4	5
现金流增长	1	2	3	4	5
利润增长	1	2	3	4	5
市场份额增长	1	2	3	4	5
顾客满意度增长	1	2	3	4	5

第三部分　企业基本信息情况

此部分为您及您所在企业的基本资料，这些资料仅供学术研究分析使用，将绝对保密，请放心填写。

1. 您的性别：□男　□女

2. 您的年龄：□25 岁及以下　□26～30 岁　□31～40 岁　□41～50 岁　□51～60 岁　□61 岁以上

3. 您的学历：□初中及以下　□高中　□大专　□本科　□硕士及以上

4. 您在企业的任职时间：□1 年及以下　□1～3 年　□3～6 年　□6 年以上

5. 您在企业担任的职务：□高层管理人员　□中层管理人员　□其他：　　　　；

6. 企业员工人数：□50 人及以下　□51～100 人　□101～200 人　□201～300 人　□301 人及以上

7.企业年龄:□3年及以下　□3～6年　□6～10年　□10年及以上

8.企业所有制类型:□国有企业　□民营企业　□港澳台资企业　□外资企业　□其他:_____;

9.企业目前所处阶段:□投入阶段　□成长阶段　□成熟稳定阶段　□衰退阶段

10.根据所在行业的特征选择贵企业的规模:

□大型企业　□中型企业　□小型企业　□微型企业

11.贵企业所在行业的产业属性:□战略性新兴产业　□传统产业

12.贵企业属于以下哪种类型(可多选):

□高新技术企业　□科技"小巨人"企业　□科技中小企业　□专精特新企业

□其他类型

13.您认为自己对企业的战略和创新问题的熟悉程度是:

□完全不熟悉　□不熟悉　□一般熟悉　□比较熟悉　□非常熟悉

14.贵企业所在行业:

□农林牧渔业;□采矿业;□制造业;□电力、热力、燃气及水生产和供应业;建筑业;□批发零售业;□交通运输、仓储和邮政业;□住宿和餐饮业;□信息传输、软件和信息技术服务业;□金融业;□房地产业;□租赁和商务服务业;□科学研究和技术服务业;□水利、环境和公共设施管理业;□居民服务、修理和其他服务业;□教育;□卫生和社会工作;□文化、体育和娱乐业;□公共管理、社会保障和社会组织;□国际组织;

15.若贵企业为制造业,请选择具体的制造业类型(制造业企业填写,其他企业无须填写):

□农副食品加工业;□食品制造业;□酒、饮料和精制茶制造业;□烟草制品业;□纺织业;□纺织服装、服饰业;□皮革、毛皮、羽毛及其制品和制鞋业;□木材加工和木、竹、藤、棕、草制品业;□家具制造业;□造纸和纸制品业;□印刷和记录媒介复制业;□文教、工美、体育和娱乐用品制造业;□石油、煤炭及其他燃料加工业;□化学原料和化学制品制造业;□医药制造业;□化学纤维制造业;□橡胶和塑料制品业;□非金属矿物制品业;□黑色金属冶炼和压延加工业;□有色金属冶炼和压延加工业;□金属制品业;□通用设备制造业;□专用设备制造业;□汽车制造业；□铁路、船舶、航空航天和其他运输设备制造业；□电气机械和器材制造业；□计算机、通信和其他电子设备制造业；□仪器仪表制造业；□其他制造业；□废弃资源综合利用业；□金属制品、机械和设备修理业；

16.贵企业的名称是：_____

17.我们的研究团队会利用社会实践的机会，为企业提供战略与创新、人力资源和数字化转型等方面的公益咨询服务。如果您有这方面的需求，欢迎留下您的联系方式。我们也将在今后向您赠送课题组的研究报告或出版书籍以示感谢！

　　手机号码：_____（选填）

　　　　　　　　　　　　　　　调查完毕，再次感谢您的支持与配合！顺颂商祺！

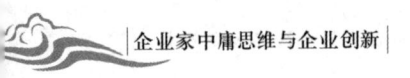

后　记

　　本书是课题组全体成员共同努力和智慧的结晶。项目组负责人尤成德提出了研究的总体思路、框架和内容，组织了课题组对企业的访谈，设计了调查问卷并完成了问卷的发放与回收。本书各章写作分工如下：前言、绪论、第一章、第二章、第四章、第九章由尤成德撰写；第三章、第七章由余梦园和尤成德撰写；第五章由尤成德、梁永洹、皮卓杰撰写；第六章由尤成德、余梦园和皮卓杰撰写；第八章由尤成德、赵子雯和余梦园撰写。尤成德对全书进行了统稿、修改和定稿，余梦园对全书进行了校对。

　　厦门大学出版社社长郑文礼教授和编辑潘瑛老师对本书的出版给予了大力支持和帮助，对此我们表示诚挚的谢意！中山大学张建琦教授、刘衡教授对本书的有关内容多次提出了指导性意见；厦门大学的林升栋教授为本研究提供了宝贵的研究资料，并对课题研究一直给予鼓励和指导；在调研和问卷发放中，得到了中山大学、厦门大学和集美大学校友们，厦门市和泉州市的有关政府部门，以及许多企业家朋友的支持和帮助；在写作过程中，刘云龙、仕海霞、黄艺琼等参与了本书部分内容的排版和校对工作。在此，一并表示诚挚的谢意！

　　本书得到了这些项目的资助与支持：教育部人文社会科学研究项目

后记

"企业家中庸思维对企业创新的影响:基于多维创新视角的纵向研究"(18YJC630231);厦门市集美区委托项目"集美区产业环境体验及优化提升研究"(HW21187);福建省科技计划创新战略研究项目"福建省传统制造业数字化转型的障碍与对策研究"(2021R0068);福建省本科高校教育教学研究项目"基于学科交叉和产教融合的'商学+工海'特色研究生创新创业教育改革"(FBJY20230232);集美大学"四新"建设研究与改革实践项目"'商学+工海'融合的'创新管理'课程建设研究"(C150813)。感谢这些项目的支持,让我们在科教融合、产教融合等方面开展尝试和创新,并取得了一些进展,也为今后的研究、教学和服务社会打下了基础。

当然,由于作者水平的局限,本书的论述和分析难免挂一漏万,恳请读者不吝批评指正,以便我们在今后的研究中持续改进和完善。

作 者

2024 年 12 月